Uwe Wesel · Risiko Rechtsanwalt

UWE WESEL

Risiko Rechtsanwalt

KARL BLESSING VERLAG

Umwelthinweis:
Dieses Buch und der Schutzumschlag wurden
auf chlorfreiem Papier gedruckt.
Die Einschrumpffolie (zum Schutz vor Verschmutzung) ist aus
umweltschonender und recyclingfähiger PE-Folie.

Der Karl Blessing Verlag
ist ein Unternehmen der Verlagsgruppe Bertelsmann.

2. Auflage
© Copyright 2001 by Karl Blessing Verlag GmbH, München
Umschlaggestaltung: Design Team, München,
unter Verwendung eines Fotos von Christine Strub, München
Satz: Uhl + Massopust, Aalen
Druck und Bindung: Wiener Verlag
Printed in Austria
ISBN 3-89667-065-4
www.blessing-verlag.de

Inhaltsverzeichnis

Weltenanfang 7
Das Bild der Kindergärtnerin 13
Die große Maschine 19
Der Übersetzer 24
Einer wird Anwalt – wie und warum? 27
Wat wolln Se denn von dem? 32
Risiko Rechtsanwalt 37
Der Mandant von heute ist der Gegner von morgen 39
Vater hat ungern gezahlt 45
Eine ungeeignete Computeranlage 50
Die Anwaltsschwemme 57
Ein ganz normaler Schriftsatz 65
Die Unabhängigkeit der Justiz 73
Auf der Suche nach dem richtigen Anwalt 78
Anwalt oder Anwältin? 85
Schwarz und Weiß 89
Der sicherste Weg in die Zukunft 93
Die ältere Geschichte 99
Die Fehler des Hof-Advocaten Wedekind
   in Eisenach 1754 106
Die Freie Advokatur 114
Anwälte unter Adolf Hitler 121
Die Bundesrepublik 127
DDR und was danach kam 133
Der tödliche Krankentransport 139
Einer gegen drei 145
Die Verteidigung des Staatsratsvorsitzenden 151
Notare 159
Honorare, Rechtsschutzversicherungen, PKH 163

Die Party 168
Auch nach dem Ende des Mandats 172
Anwaltskammern und Ehrengerichte 177
Die wunderbare Einbauküche 185
Der Fehler mit dem Steuerrecht 191
Mediation 196
Das Misstrauen des Werner Rinkowski 203
Die großen und die kleinen Kanzleien 210
Hotline 0190 und noch eine Neuigkeit 215
Zwei Anwältinnen – stärker als ein Gesetz 220
Europa und die Anwaltschaft 225
Die Robe 231

Nachweise 235
Register 247

Weltenanfang

> Dem Bürger fliegt vom spitzen Kopf der Hut,
> in allen Lüften hallt es wie Geschrei.
> Dachdecker stürzen ab und gehn entzwei,
> und an den Küsten – liest man – steigt die Flut.
>
> Jakob van Hoddis, *Weltende*, 1911

Was macht eine Frau, die das Abitur bestanden hat, in Blankenese? Caroline Reinhard brauchte nicht nachzudenken. Sie wusste seit langem, dass sie Jura studieren würde und auch, was das bedeutet. Arbeit und Anstrengung, Ausdauer und Angst. Denn sie war klug und ihr Vater Anwalt in Hamburg. Für einen Studienplatz im Fach Rechtswissenschaft hatte sie sich beworben an den Universitäten München und Freiburg bei jener Stelle in Dortmund, die solche Plätze verteilt. Es wurde Freiburg. Sie blieb dort zwei Jahre und ging dann nach München. Da studierte einer Architektur, den sie mochte. Sie arbeitete viel – nach gewerkschaftlichem Vorbild –, Montag bis Freitag von morgens früh bis Feierabend, und das ist selten bei Studenten in diesem Fach, hörte Vorlesungen, auch schlechte, schrieb gute Hausarbeiten und gute Klausuren in Übungen und hielt Referate im Seminar bei einem Herrn, der war Professor und vertraut mit dem Recht von Aktiengesellschaften. Ihr Vater zahlte gut und gern, und sie hatte es nie nötig, Geld nebenbei zu verdienen. Der Repetitor sei langweilig gewesen, meinte sie später, ging aber hin wie die anderen, denn sie fürchtete die Konkurrenz auf dem juristischen Markt, der eng geworden war in der Mitte der Neunzigerjahre.

In keinem anderen Fach sind Angst und Anstrengung so groß bei der Vorbereitung auf das juristische Examen. Caroline Reinhard wusste, dass dies mehr eine Probe der Belastbarkeit als der Intelligenz war. Sie hielt durch, und das Ergebnis war weit über dem Durchschnitt. Mit dem jungen Architekten war sie inzwischen verheiratet, und er hat sich vorzüglich benommen in dieser schweren Zeit, im Gegensatz zu vielen anderen männlichen Gefährten von Studentinnen des Rechts. Sie ist Referendarin geworden in München, schrieb eine Doktorarbeit bei jenem Herrn mit dem Seminar über das Recht von Aktiengesellschaften, wurde promoviert an der juristischen Fakultät der Universität und bestand das zweite Staatsexamen noch besser als das erste, mit einem »Gut«. Das war 1997.

München leuchtete. Weltenanfang. Der Bürgerin Reinhard flog nicht vom spitzen Kopf der Hut. Sie wollte Richterin werden, und die bayerische Justiz hatte sogar darum gebeten, dass sie sich schnell bewerben möge. Es sei eine Stelle für sie frei. Was nur wenigen passiert, nämlich jenen oberen drei Prozent, die in der Bundesrepublik das Assessorexamen bestehen mit »gut« oder »sehr gut«. Der Lohn der Angst.

Sie hat sich nicht beworben, weil Herr Reinhard, Anwalt in Hamburg, seiner Tochter den Rat gab, sie solle ins Ausland gehen, bevor sie beruflich sesshaft würde. Jetzt könne nichts mehr passieren. Die Konkurrenz sei geschlagen und würde völlig beseitigt, wenn sie zurückkäme aus Japan oder China, Frankreich oder den Vereinigten Staaten mit einem weiteren akademischen Grad. Er würde zahlen, gut und gern. Dr. Caroline Reinhard entschied sich für London, denn sie war schließlich verheiratet mit einem jungen Architekten in München, und es sollte nicht so weit sein.

An der Londoner Universität können Ausländer Jura studieren und in englischer Sprache ein Examen machen als LLM. Das ist eine Abkürzung für *legum master*, eine komische Kombination von Englisch und Latein. Die beiden L sind eine Pluralverdoppelung. *Lex* ist Lateinisch und heißt Gesetz. *Legum* ist der Genetiv Plural: der Gesetze. Und *master* ist ein englisches Wort: Meister, Herr, Gebieter, Sieger, Arbeitgeber, Kapitän. So das Wörterbuch von Langenscheidt. LLM frei übersetzt heißt also Magister des Rechts. Man braucht dafür ein Jahr. Sie war also ein Jahr in London, zwischendurch manchmal in München bei ihrem Mann. Er war ab und zu bei ihr, zum Schluss mehrere Wochen bis zum Examen. Und sie ist dann Richterin geworden in München? Und wenn sie nicht gestorben sind, dann leben sie heute noch? Nein, es geht weiter.

Frau Dr. Reinhard hatte in London einen Anwalt kennen gelernt, einen Mitarbeiter einer großen Kanzlei in Düsseldorf, der beeindruckt war von ihrer Intelligenz, Bescheidenheit und juristischen Energie. Kurz vor ihrer Prüfung kam ein Brief mit der Einladung zu einem Gespräch am Rhein. Auch der Ehemann sollte mitkommen, denn man hatte sich einiges überlegt. Von London nach Düsseldorf hin und zurück mit Lufthansa und abgeholt am Flughafen. Die Kanzlei war unaufdringlich luxuriös, ein Arbeitszimmer für sie vorgesehen, klein, aber bequem, und daneben ein Sekretariat, die Bibliothek vorzüglich. Fast so gut wie in der Universität. Dafür hatte sie einen Blick, hatte von ihrem Vater gelernt, dass man die Kompetenz eines Anwalts an seiner Bibliothek erkennt. Bücher sind teuer, sagte er immer, aber es lohnt sich. Auch für den Ehemann hatten die Anwälte in Düsseldorf eine Stelle gefunden bei einem Bauunternehmen. Das gehörte zu ihren Mandanten. Sie sagten Ja. Also lebt Caroline Reinhard jetzt in Düsseldorf, 31 Jahre alt, zufrieden mit ihrer Arbeit, auch wenn sie einiges komisch findet in dem Riesenbüro. Zum Beispiel hat sie einen Abteilungsleiter wie in einer Behörde. Die Gespräche mit Mandanten führt er allein. Danach kommen die Akten auf ihren Tisch, und ihre langen Schriftsätze unterschreibt er, nicht die Rechtsanwältin Reinhard mit einem Anfangsgehalt von monatlich 12 000,– DM. Es ist so ähnlich wie früher in Freiburg oder München, sagt sie: Sie sitzt in der Bibliothek oder in ihrem Zimmer an langen Arbeiten, die jetzt allerdings in Reinschrift gebracht werden von ihrer Sekretärin und überprüft nicht mehr von einem Korrekturassistenten der Universität, sondern dem Leiter ihrer Abteilung. Der ist nun genauso zufrieden wie die Korrekturassistenten damals. In ein oder zwei Jahren soll sie selbst mit den Mandanten verhandeln, auch unterschreiben. Und wenn sie nicht gestorben sind, dann leben sie noch heute. Wahrscheinlich sehr gut.

Aber bei Steffi Grothe ist alles ganz anders gelaufen. Nicht evangelisch und liberal war die Welt, in der sie aufgewachsen ist, sondern katholisch und eng, ein kleiner Ort im Sauerland. In Bonn war Helmut Schmidt noch Bundeskanzler, und die Schülerin Reinhard besuchte bereits zwei Jahre das Gymnasium in Blankenese, als Steffi Grothe Krankenschwester wurde in Werdohl an der Lenne, 22 000 Einwohner, überwiegend Metall und Edelstahl verarbeitende Industrie, erstmals erwähnt 1101 n. Chr. Kein schlechter Beruf meinte sie, denn sie hatte die Neigung, den Menschen zu helfen. Das Problem war ihr Freund. Er machte Abitur und ging zum Studium nach Münster. Aber Krankenhäuser gibt es dort auch, und nun lebte sie nach Feierabend in der Welt von Studenten. Deren Politik war der orthodoxe Marxismus-Leninismus der Deutschen Demokratischen Republik.»Anregend war das schon«, sagt sie heute, blieb aber politisch distanziert und arbeitete lieber in der Gewerkschaft Öffentliche Dienste, Transport und Verkehr.

Langsam löste sich die Freundschaft, und es zog sie nach Westberlin. Warum eigentlich? Das weiß sie heute auch nicht mehr. In Münster wollte sie nicht bleiben, war ihr zu katholisch. Nach Hause wollte sie auch nicht mehr. Im Grunde sei es egal gewesen wohin. Zum ersten Mal hatte sie eine eigene Wohnung und machte ihr Abitur neben der Arbeit auf der Station 010 des Klinikums Steglitz der Freien Universität Berlin. Leicht war das nicht. Aber ihre Energie ist bis heute ungebrochen. Auch wusste sie genau, was sie studieren wollte. Das hatte sie in der ÖTV gelernt. Wer sich politisch durchsetzen will, muss juristisch argumentieren können. Außerdem würde sie als Anwältin den Menschen helfen können wie auf dieser Station, wo sie als Studentin weiterbeschäftigt wurde mit Ferienvertretungen und Nachtdiensten, weil das BAföG-Stipendium nicht ausreichte für eine Frau, die schon ein richtiges Gehalt gehabt hatte und ihre Zweizimmerwohnung nicht aufgeben wollte.

Als sie Weihnachten nach Hause kam und erzählte, dass sie nun Jura studiert, blieben ihre Eltern skeptisch. Das ist nichts für uns, musste sie hören. Das ist nicht unsere Welt. Dafür sind wir nicht geboren, und du bist auch nicht intelligenter als wir. Schuster bleib bei deinen Leisten. Mit diesen Ermunterungen fuhr sie zurück nach Berlin, und tatsächlich, die Universität ist nicht ihre Heimat geworden. Sie fühlte sich fremd. Das hatte weniger zu tun mit jenen Stimmungen ihrer Eltern als mit dem Leben, das sie hinter sich hatte in der harten Wirklichkeit einer Station für herzkranke Menschen. Hier waren alle gesund und lebten in höheren Sphären. Politische Gruppen hatte sie unter den Studenten auch nicht gefunden. Alles zu abgehoben für sie, die aus der Gewerkschaft kam. Also blieb sie zusammen mit fünf oder sechs anderen, die sich kennen gelernt hatten in der Studienberatung und im Hörsaal des ersten Semesters. Sie heiratete einen Studenten der Medizin, hörte Vorlesungen, schrieb Hausarbeiten und Klausuren in den Übungen, ging zum Repetitor wie die anderen und übte den Spagat zwischen Nachtdienst und Vorbereitung auf das Examen. Der Ehemann war hilfreich.

Trotzdem. Herr und Frau Grothe in Werdohl an der Lenne sahen sich bestätigt in ihren gesellschaftlichen Vorurteilen. Das erste juristische Staatsexamen war für ihre Tochter kein Erfolg. Sie fiel durch. »Siehstu«, sagten die Eltern, »das ist nichts für uns.« Die alte Angst auch bei ihr. Weltenende? In allen Lüften hallt es wie Geschrei? Nicht für Steffi Grothe. Wieder Nachtdienste, wieder Ferienvertretungen, wieder Klausurenkurse und Repetitor und der zweite Anlauf nach einem Jahr. Sie besteht mit »Ausreichend«. Zwei Jahre Referendardienst, Trennung vom Ehemann, zweites juristisches Staatsexamen, wieder bestanden, wieder mit »Ausreichend«. Weltenanfang, 1997. Sie war am Ziel, 40 Jahre alt, ein wenig erschöpft, aber ungebrochen.

Was aber macht eine vierzigjährige Frau mit zwei juristischen Staatsexamen, die ausreichend sind in der Note, jedoch unbrauchbar für eine Bewerbung? Denn die Konkurrenz war ja härter geworden auf dem juristischen Markt. Auch Anwaltskanzleien beschäftigen bekanntlich gern junge Juristen im Angestelltenverhältnis. Aber inzwischen waren da viele mit besserem Examen, für die der Staat kein Geld mehr hatte, sie einzustellen als Richter, Staatsanwälte oder Verwaltungsbeamte. Sie drängten in die Anwaltschaft, und die Kanzleien hatten die Wahl. Die fiel nicht auf Frau Grothe. Zweimal nur »Ausreichend«? Keine Chance. Und nun?

Steffi Grothe stellt einen Antrag beim Senator für Justiz auf Zulassung als Rechtsanwältin. Der Antrag wird genehmigt, denn darauf hat sie einen Anspruch nach dem Gesetz. Es reichen zwei Staatsexamen, unabhängig von der Note. Ausreichend ist ausreichend. Nur wovon soll sie leben? Sie braucht Räume für eine

Kanzlei und Mandanten. Der Ehemann hatte sich scheiden lassen und will nicht zahlen. Aber Steffi Grothe hatte schon immer eine zupackende Intelligenz und das Problem vorhergesehen. Berlin war seit langem überfüllt mit jungen Juristen, die das erste Examen hinter sich hatten und warten mussten auf die Einstellung in den Dienst als Referendar, oft mehrere Monate oder noch länger. Sie hatte in dieser Zeit wieder eine Stelle gefunden in einem Krankenhaus. Dort war sie ein Jahr und wurde dann Referendarin. Kurz vor dem zweiten Staatsexamen hat sie beim Kammergericht einen Antrag gestellt, einen Antrag auf Entlassung aus dem Referendardienst zwei Monate vor dem Examen. Beim Kammergericht hatte man das noch nicht erlebt. Denn damit verzichtete sie auf einige Monate Gehalt. Was man dort nicht sah, hatte die Referendarin Grothe gesehen. Erstens kann man das zweite Staatsexamen machen, auch wenn man nicht mehr Referendarin ist. Zweitens erhält man Arbeitslosengeld, wenn man in den letzten drei Jahren zwölf Monate gearbeitet hat. Der Referendardienst zählt nicht mit, aber die zwölf Monate als Krankenschwester davor. Die drei Jahre liefen ab, zwei Monate vor dem zweiten Staatsexamen. Deshalb ihr Antrag. Sie erhielt Arbeitslosengeld und später Arbeitslosenhilfe, im Prinzip unbegrenzt. Das war das Startkapital, von dem sie leben konnte als Rechtsanwältin.

Sie fand einen Raum in einer Bürogemeinschaft mit anderen und wurstelt sich durch. Über eine Hilfsorganisation für Gefangene kommt hier mal eine kleine Strafverteidigung, über Krankenhäuser mal eine Scheidung, über eine Mietergemeinschaft ab und zu ein Mandat oder von der ÖTV ein Streit vor dem Arbeits- oder Sozialgericht. Sie ist beschäftigt, hat ein ziemlich geringes Einkommen, dafür aber keinen Abteilungsleiter, darf alles selbst unterschreiben, spricht mit den Mandanten, und mit dem, was das Arbeitsamt zahlt, kommt sie aus. Rechtsanwältin Grothe hat ein Bruchteil dessen, was Frau Dr. Reinhard in Düsseldorf verdient, bleibt guten Mutes, voller Energie und geht fröhlich ihres Weges.

Das Bild der Kindergärtnerin

Si vir es atque vires, cape vires et rape vi res.
Wenn du ein Mann bist und bei Kräften,
nimm deine Kräfte zusammen und setz dich
energisch durch.

Lateinischer Spruch des Mittelalters

Das Bundesgesundheitsamt hatte gewarnt vor gefährlichem Kinderspielzeug, kleinen bunten Tieren aus Plastik. Das ging durch die Presse, und eine Illustrierte berichtete ausführlich darüber. In dem Artikel wurde ein Kölner Amt genannt, das solche Plastiktiere sogar in zwei städtischen Kindergärten gefunden hatte. Dazu ein Foto fröhlicher Kinder mit einer Betreuerin und darunter der Satz: »Sogar in Kindergärten wurden Gifttiere gefunden.«

Das Bild war von einem Berufsfotografen in München gemacht worden, der seine Tochter morgens immer in diesen – privaten – Kindergarten brachte. Die Inhaberin, die auf dem Bild mit den Kindern zu sehen war, hatte es ihm erlaubt. Sie wusste auch, dass er Berufsfotograf war, und als dann in einer Münchener Tageszeitung zu einem Bericht über Kindergärten in der Stadt das Bild erschien, freute sie sich sogar. Sie war zum ersten Mal in einer Zeitung und wurde daraufhin von vielen angesprochen. Jetzt aber sah es anders aus. Ganz bewusst hatte sie diese Plastiktiere längst aus ihren Räumen entfernt, weil sie selbst den Verdacht hatte, sie seien gefährlich. Lange bevor das Bundesamt Alarm gab. Und ausgerechnet in diesem Zusammenhang wurde sie nun abgebildet in einer großen Illustrierten; auch diesmal wurde sie wieder von vielen angesprochen und musste ständig Erklärungen abgeben.

Also geht sie zu einem Anwalt, der einen Brief schreibt an den Verlag der Illustrierten.

»Sehr geehrte Damen und Herren,
Frau Hueber aus München hat mich mit der Wahrnehmung ihrer Interessen betraut. In der Nummer 17 Ihrer Zeitschrift vom 28. April 1998 haben Sie meine Mandantin auf Seite 74 abgebildet, und zwar im Zusammenhang mit einem Bericht über giftiges Spielzeug. Meine Mandantin ist Inhaberin und Leiterin des abgebildeten Kindergartens und deutlich zu erkennen. Ein unbefangener Leser muss davon ausgehen, dass die gefährlichen Plastiktiere in ihrem Betrieb gefunden worden sind.
Frau Hueber hat niemals eingewilligt, dass dieses Bild veröffentlicht wird. Die Abbildung in Ihrer Zeitschrift verstößt also gegen § 22 KUG [= Kunsturhebergesetz, U. W.]. Außerdem ist es eine schwere Verletzung ihres allgemeinen Persönlichkeitsrechts, weil damit die Behauptung verbunden ist, die giftigen Plastiktiere seien in ihrem Kindergarten gefunden worden und sie hätte ihre Sorgfaltspflichten gegenüber den Kindern verletzt. Ich fordere Sie deshalb auf, mir bis zum 1. Juni 1998 eine Erklärung mit folgendem Inhalt zukommen zu lassen:

1. Sie verpflichten sich, das auf Seite 74 in der Nummer 17 Ihrer Zeitschrift wiedergegebene Foto meiner Mandantin nicht wieder zu veröffentlichen, und zwar bei Vermeidung einer für jeden Fall der Zuwiderhandlung an Frau Hueber zu zahlenden Vertragsstrafe von 10000,- DM.

2. Sie verpflichten sich, an Frau Hueber als Ausgleich für die schwere Verletzung ihres Persönlichkeitsrechts ein Schmerzensgeld von 10000,- DM zu zahlen.

Falls die Erklärung nicht rechtzeitig eingeht, werde ich auftragsgemäß Klage erheben.
Hochachtungsvoll
Dr. Hilgruber«

Der Verlag bespricht sich mit dem Fotografen, der das Bild gemacht hat, und antwortet dem Anwalt der Kindergärtnerin in München, dass er das Foto in Zukunft nicht wieder veröffentlichen und es aus seinem Archiv entfernen werde, im Übrigen aber

Ansprüche nicht anerkennen könne, weil Frau Hueber das Fotografieren im Kindergarten erlaubt hatte und den Beruf des Fotografen kannte, womit sie stillschweigend zu erkennen gegeben habe, sie sei mit einer Veröffentlichung einverstanden. Das würde sich auch daraus ergeben, dass sie keine Einwendungen vorgebracht hat, als das Bild in einer Münchener Tageszeitung erschien. Schließlich könne man die Bildunterschrift in der Illustrierten auch nicht so verstehen, dass es der Kindergarten von Frau Hueber sei, in dem giftiges Spielzeug gefunden worden ist.

Es folgt ein kleines Hin und Her. Der Verlag erklärt noch einmal rechtsverbindlich, er werde das Bild nicht mehr veröffentlichen. Aber das genügt dem Anwalt von Frau Hueber nicht. Er erhebt Klage vor dem Münchener Landgericht auf Unterlassung und Schmerzensgeld. Der Anwalt des Verlages schreibt eine Klageerwiderung. Und dann kommt es zur mündlichen Verhandlung vor dem Gericht.

Die Richter geben zu erkennen, dass die Klage auf Unterlassung wohl berechtigt sei, und meinen, der Anwalt des Verlages sollte das doch besser anerkennen. Bei der Klage auf Schmerzensgeld sind sie eher skeptisch. Die sei wohl nicht sehr aussichtsreich. Was machen die Anwälte? Der von Frau Hueber bleibt dabei. Verlangt Unterlassung und Schmerzensgeld. Der Anwalt des Verlages druckst ein wenig herum, erkennt den Unterlassungsanspruch nicht an und beantragt die vollständige Abweisung der Klage. Dann kommt nach kurzer Beratung das Urteil. Die Klage auf Unterlassung hat Erfolg. Der Verlag wird verurteilt. Die Klage auf Schmerzensgeld wird abgewiesen.

Warum, fragt der juristisch nicht gebildete Zeitgenosse, ist denn der Verlag auf Unterlassung verurteilt worden, obwohl er vorher zweimal rechtsverbindlich erklärt hat, er werde das Foto nicht mehr veröffentlichen, also eine eindeutige Unterlassungserklärung abgegeben hat? Auf den ersten Blick ist das doch grotesk. Auf den zweiten auch. Aber der Jurist hat einen dritten. Und die Lösung des Problems ist auch ganz einfach. Denn in solchen Fällen genügt es nicht, wenn jemand versichert, es nie wieder zu machen. Das kann jeder sagen. Man muss dem anderen auch eine gewisse Sicherheit geben. Die hat der nur, wenn gleichzeitig versprochen wird, für den Fall, dass ich es trotzdem tun sollte, zahle ich dir ein Strafgeld von soundso viel. Die 10 000 Mark, die der Anwalt der Kindergärtnerin in seinem ersten Brief dafür genannt hat, sind da schon die richtige Summe. Im Urteil heißt es dann immer »bei Vermeidung eines ... Ordnungsgeldes bis zu 500 000,– DM«. Das bedeutet, das Gericht setzt bei der ersten Zuwiderhandlung eine geringere Summe fest, vielleicht etwa ein- oder zweitausend Mark, und geht dann allmählich höher, wenn es wieder passiert. Juristen sagen, die freiwillige Unterlassungserklärung des Verlags war nicht strafbewehrt. Da lag der Hase im Pfeffer. In solchen Fällen muss man dem anderen auch noch eine Sicherheit dafür geben, dass in Zukunft auch wirklich nichts mehr passiert, also zum Beispiel mit dem Zusatz »bei Vermeidung einer Vertragsstrafe von 3000,– DM für jeden Fall der Wiederholung«. Das hatte der Verlag nicht erklärt, und das war der Fehler. Deshalb hätte sein Anwalt die Klage sofort anerkennen müssen, nachdem sie erhoben war, spätestens in der mündlichen Verhandlung. Damit hätte er dem Verlag nämlich Kosten erspart. Auch das gehört zu seinen Pflichten. Und so bleibt die Frage: Warum hat er das nicht gemacht?

Es gibt zwei Antworten. Die eine wäre, er hat es nicht gewusst. Ganz unwahrscheinlich ist es nicht. Denn es gibt auch Anwälte, die selbst solche juristischen Banalitäten nicht kennen. Aber hier? Nachdem die Richter ihn im Gerichtssaal sozusagen mit der Nase in seine rechtswissenschaftliche Pfütze gestoßen haben? Also ist die zweite Möglichkeit die wahrscheinlichere: Geldgier. Ein Anwalt erhält nämlich für einen Zivilprozess in der Regel zwei Gebühren. Eine Prozessgebühr und eine Verhandlungsgebühr. Ihre Höhe richtet sich nach dem Streitwert. In diesem Fall ging es um die Verhandlungsgebühr, also die für die Verhandlung vor dem Gericht. Wenn ein Anwalt in einer mündlichen Verhandlung anerkennt, dass eine Klage berechtigt ist, ergeht ein Anerkenntnisurteil. Es hat für die Richter den Vorteil, dass sie es nicht weiter zu begründen brauchen und sich einfach auf das Anerkenntnis berufen können. Für den Anwalt hat es den Nachteil, dass er für die Verhandlung nur eine halbe Gebühr bekommt. So steht es in der Gebührenordnung für Rechtsanwälte, § 33. Wenn er nicht anerkennt, gibt es eine volle. Das ist bei Unterlassungsklagen nicht wenig. Der Streitwert ist meistens ziemlich hoch. Vom Gericht war er hier auf 25000,- DM festgesetzt. Eine volle Gebühr dafür sind an sich 1025,- DM. Der Anwalt hätte also 512,50 DM verloren. Also hat er rumgedruckst und nicht anerkannt, um die halbe Gebühr zusätzlich zu verdienen, und zwar auf Kosten seines Mandanten, des Verlages, der das zahlen muss, weil er verurteilt worden ist. Derjenige nämlich, der einen Prozess verliert, muss die ganzen Kosten tragen.

Die ganzen Kosten bedeutet in diesem Falle: Der Verlag muss diese 512,50 DM nicht nur an seinen eigenen Anwalt zahlen, sondern auch an den der Kindergärtnerin, denn der hat nun auch Anspruch auf diese zusätzliche halbe Gebühr, weil die Klage nicht anerkannt, sondern »streitig« verhandelt wurde. Mit anderen Worten: Der Verlag verliert eine ganze Gebühr, eine halbe für den eigenen Anwalt, eine halbe für den von Frau Hueber. Dazu kommen noch die höheren Gerichtsgebühren. Beim Anerkenntnis sind sie viel niedriger, insgesamt etwa 2000,- DM. Der Verlag jedenfalls wird nichts gemerkt haben. Wie sich aus dem weiteren Verlauf ergibt. Aber vorher noch eine zusätzliche Erklärung zum Unterlassungsanspruch und zum Schmerzensgeld.

Der Unterlassungsanspruch der Kindergärtnerin war tatsächlich berechtigt. Sie hatte damals zwar stillschweigend eingewilligt, dass das Bild veröffentlicht wird. Das ergibt sich aus dem ganzen Zusammenhang, nämlich aus dem Beruf des Fotografen und ihrem Verhalten nach der ersten Veröffentlichung in München. Aber man muss auch sagen, dass sie das nur getan hat für die Illustration von freundlichen Berichten über Kinder oder Kindergärten, wie jener in der Münchener Zeitung. Sie wollte natürlich nicht erscheinen im Zusammenhang von Fehlern, die da gemacht würden. Insofern war ihre Einwilligung – juristisch gesprochen – eingeschränkt. Nachdem das nun geschehen war, hatte sie deshalb auch das Recht, die eingeschränkte Einwilligung zu widerrufen, um solche Wiederholungen für die Zukunft zu vermeiden. Daher ein allgemeiner Unterlassungsanspruch, ganz einfach und ohne juristische Schwierigkeiten.

Ebenso einfach die Frage des Schmerzensgeldes. Das kann man

nur verlangen bei schwer wiegenden Eingriffen in den persönlichen Bereich. So schwer aber war der Eingriff hier nicht, und zwar aus zwei Gründen. Erstens war das Bild nicht ganz ohne jede Einwilligung in das Archiv des Verlages und dann in die Illustrierte gekommen. Zweitens war Frau Hueber persönlich nicht unmittelbar betroffen, denn ihr Name war in der Bildunterschrift nicht genannt. Nur wer sie kannte, konnte sie erkennen. Dann wusste er aber auch, dass sie in München lebt und nicht in Köln, wo der Fehler passiert war. So stand es ausdrücklich im Bericht der Illustrierten. Also kein schwerer Eingriff. Also kein Schmerzensgeld.

Die Geschichte ging jedoch, wie schon angedeutet, weiter. Und auch dabei spielen die Anwälte nicht gerade eine rühmliche Rolle. Denn nun sagt der eine dem Verlag, was das für eine Ungerechtigkeit ist, dass man zu einer Unterlassung verurteilt wird, die man längst erklärt hat. So sind die Richter eben heute, aber er, der Anwalt, bleibt standhaft, kämpft weiter und wird Berufung einlegen beim Oberlandesgericht. Ein moralischer Salto mortale, der der Empörung des Mandanten entgegenkommt. Damit kann man viel Geld verdienen.

Und der andere sagt der Kindergärtnerin dasselbe. Wie ungerecht es sei, dass sie kein Schmerzensgeld erhalten soll, obwohl sie so viel Ärger gehabt hat. So sind die Richter eben heute, aber er, der Anwalt, bleibt standhaft, kämpft weiter und wird Berufung einlegen zum Oberlandesgericht. Was unter anderem den Vorteil hat, dass dort auch die Gebühren für Anwälte noch etwas höher sind als in der ersten Instanz. Und die stehen ihnen zu, völlig unabhängig davon, ob sie den Prozess gewinnen oder verlieren. Entweder vom eigenen Mandanten, wenn man verliert. Oder vom anderen, wenn man gewinnt. So kam es dann auch. Das Oberlandesgericht entschied genauso wie das Landgericht. Kindergärtnerin und Verlag mussten zahlen, teilten sich die Kosten. Denn beide hatten den Prozess teilweise verloren. Der Verlag hatte ihn verloren, weil er zur Unterlassung verurteilt wurde. Frau Hueber hatte verloren, weil ihre Klage auf Schmerzensgeld abgewiesen worden war. Volle Gewinner waren die beiden Anwälte. Jeder bekam vier Gebühren, zwei für die erste Instanz und zwei etwas höhere für die zweite. Nur wer was leistet, kann sich was leisten.

Die große Maschine

Longa dies homini docuit parere leones.

Vieler Tage bedarf's, bis die Löwen den
Menschen gehorchen.

Tibull, *Elegien* 1.4.17

»Der Rechtsanwalt ist ein unabhängiges Organ der Rechtspflege«, sagt § 1 der Bundesrechtsanwaltsordnung. Also, er ist unabhängig wie ein Richter. In eigener Verantwortung soll er arbeiten und braucht keine Weisungen zu befolgen, die von oben kommen. Anders als ein Staatsanwalt, der gebunden werden kann durch Anordnungen von Vorgesetzten. Natürlich steht jedermann irgendwo in irgendwelchen Abhängigkeiten. Ein Rechtsanwalt braucht Aufträge von Mandanten, wie ein Unternehmer angewiesen ist auf Bestellungen von Kunden. Aber ein Unternehmer braucht nicht jeden Auftrag anzunehmen. Auch ein Anwalt kann Nein sagen, wenn er einen Fall nicht bearbeiten will. Gibt es Schwierigkeiten mit einem Mandanten, kann er sogar später noch das Mandat niederlegen. Er muss dann nur dafür sorgen, dass Fristen nicht versäumt werden oder anderes nicht unterlassen wird, das bald ansteht. Wenn er allerdings einen Auftrag angenommen und das Mandat nicht niedergelegt hat, ist er in seinem Verhältnis nicht mehr so frei, wie es aussieht nach § 1 der Rechtsanwaltsordnung. Dann muss er sich weitgehend im Rahmen dessen halten, was ihm sein Mandant vorgibt, darf nicht einen Vergleich schließen gegen dessen Willen oder dem Gericht Tatsachen vortragen, die der Mandant geheim halten will. Er kann ihm zwar von gewissen Dingen abraten. Aber wenn der klagen will, muss er klagen. Oder er muss eben das Mandat niederlegen.

Das Wort »unabhängig« in § 1 der Rechtsanwaltsordnung meint in Wirklichkeit nicht das Verhältnis zum Mandanten, sondern die Stellung des Anwalts als »Organ der Rechtspflege«, als Teil der Justiz. Denn der Anwalt hat eine Doppelrolle, ist etwas

19

Besonderes. Zum einen arbeitet er wie ein privater Unternehmer, muss sich selbst finanzieren, zum anderen ist er Teil jener großen Maschine, die Justiz heißt. Er ist auch ein Amtsträger in ihrem Räderwerk mit Rechten und Pflichten. Wobei die Pflichten nach Meinung der Justiz überwiegen. § 1 ist auch eine Vorschrift zur Disziplinierung von Anwälten.

Dieses Räderwerk, die Justiz, die große Maschine, das ist, was im Grundgesetz als »Gewalt« bezeichnet wird oder als Organ. Artikel 20 Absatz 2:

»Alle Staatsgewalt geht vom Volke aus. Sie wird vom Volke in Wahlen und Abstimmungen und durch besondere Organe der Gesetzgebung, der vollziehenden Gewalt und der Rechtsprechung ausgeübt.«

Die Justiz ist die dritte Staatsgewalt neben Parlament und Regierung. Bei uns ist sie – bis auf die Bundesgerichte – Sache der Länder, und oft wird sie unterschätzt neben den beiden anderen Gewalten. Sie hat entscheidende Bedeutung für das Funktionieren von Staat und Gesellschaft. Von ihr hängt unser ganzer Wohlstand ab. Ohne sie würde unsere Wirtschaft nicht arbeiten können, auch wenn sie anscheinend von selber läuft. Im Hintergrund steht immer die Justiz. Eine Staatsgewalt, die notfalls das Recht durchsetzt, wenn jemand sich nicht an die Regeln hält. Rationalität hat Max Weber das genannt. Berechenbarkeit ist vielleicht verständlicher. Moderne Wirtschaft muss langfristig planen und braucht Berechenbarkeit. Die wird von einem Recht garantiert, das in möglichst einheitlicher Weise durchgesetzt wird von der Justiz. Diese große Maschine ist ein Standortfaktor, wie man heute sagt. Sie ist genauso wichtig wie Bildung und Ausbildung, Wissenschaft und Technik. Wie groß ihre Bedeutung ist, kann man an Ländern sehen, in denen sie nicht so gut funktioniert. Nicht nur Gerichte und Staatsanwaltschaft gehören dazu, Gerichtsvollzieher und Gefängnisse, auch die Justizministerien der Länder und des Bundes, die das Ganze organisieren, und eben die Rechtsanwaltschaft, der nicht staatliche Teil dieser Maschine. In ihr gibt es noch mehr Beschäftigte. Genaue Zahlen können nicht für alle genannt werden, zum Teil muss man sie schätzen.

1997 gab es in der Bundesrepublik 21 000 Richter. Damit sind wir Weltspitze. In den Vereinigten Staaten sind es zwar ebenso viele. Aber das Land hat 250 Millionen Einwohner und nicht 82 Millionen wie wir. Anders ausgedrückt, dort kommen 80 Richter auf eine Million Einwohner, bei uns 270.

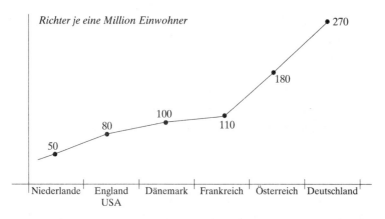

Ähnlich wie in den Vereinigten Staaten ist es in England. Die Zahl der Richter ist geringer in den Niederlanden, etwas höher in Dänemark und Frankreich. Am nächsten kommen uns noch die Österreicher. Das lässt sich leicht erklären. Ihre Geschichte ist ähnlich wie unsere. Auch sie hatten einen starken Obrigkeitsstaat bis in die jüngste Vergangenheit. Außerdem sind wir eben ein Rechtsstaat. Ein Wort, das es in keiner anderen Sprache gibt.

Die Justiz, das sind in erster Linie die Gerichte. In der Bundesrepublik sind es 1165:

706 Amtsgerichte
116 Landgerichte } Zivil- und Strafsachen
25 Oberlandesgerichte
139 Arbeitsgerichte
68 Verwaltungsgerichte
85 Sozialgerichte
19 Finanzgerichte (Steuerstreitigkeiten)
7 Bundesgerichte (vom Bundesgerichtshof bis zum Bundesverfassungsgericht)

Im gesamten staatlichen Bereich der Justiz arbeiten etwa 80 000 Beschäftigte:

21 000 Richter (1997)
5 000 Staatsanwälte (1997)
15 000 andere Mitarbeiter bei Gerichten und Staatsanwaltschaft (geschätzt)
37 000 Personal im Strafvollzug (1999)
2 000 Mitarbeiter in Justizministerien (geschätzt)

100 000, das war die Zahl der Rechtsanwälte im Jahr 1999. Auch ihre Mitarbeiter kann man nur schätzen. Es sind ungefähr 40 000. Rechnet man also den staatlichen und den nicht staatlichen Bereich der Justiz zusammen, dann kommt man für die große Maschine auf etwa 220 000 Beschäftigte. Das sind so viele wie beim zweitgrößten Industrieunternehmen der Bundesrepublik, der Volkswagen AG. Allerdings ist der Umsatz kleiner. Bei VW waren es 100 Milliarden DM 1996. Für die Justiz muss man wieder schätzen. Auch das ist gar nicht so einfach.

Für den staatlichen Bereich scheint es leicht zu sein, indem man die Haushalte der Justizministerien der Länder und des Bundes zusammenrechnet. 1997 sind es 18 Milliarden Mark gewesen. Dazu gehören die Kosten für Gerichte, Staatsanwaltschaft, Gefängnisse und so weiter. Bei den Anwälten schätzt man, dass einer der ihren im Jahr durchschnittlich etwa 200 000,- DM umsetzt. Bei 100 000 Anwälten macht das 20 Milliarden. Also hat die gesamte Justiz einen Umsatz von ungefähr 40 Milliarden. Oder besser gesagt: Das muss unser Land für diese Maschine zahlen. Der Umsatz von VW war sehr viel höher, nämlich 100 Milliarden. Ist die Justiz also eine große Maschine?

Einerseits ja, wenn man bedenkt, dass für die beiden anderen Staatsgewalten in Bund und Ländern zusammen 70 Milliarden jährlich ausgegeben werden, also für Parlamente und Regierungen mit ihren Verwaltungen. Andererseits nein, denn die Kosten der Justiz sind nur wenig höher als ein Prozent unseres Bruttosozialprodukts von 3500 Milliarden. Die könnten wir ohne diese Maschine nicht erwirtschaften. Insofern ist sie ziemlich klein. Es ist eben alles relativ. Alles in allem eine ziemlich große Maschine mit sehr viel größeren Wirkungen. Die Anwaltschaft darin kein kleiner Brocken, der einzelne Anwalt aber nur ein kleines Rädchen in einem großen Räderwerk.

Der Übersetzer

Quid vesper serus vehat, sol tibi signa dabit.
Was der späte Abend dir bringt, das kündet
die Sonne durch Zeichen dir an.

Vergil, *Georgica* 1.461

Der Anwalt ist ein klitzekleines Rädchen im Räderwerk der Justiz, hat aber für die Waagschalen der Justitia eine nicht unwichtige Funktion. Er muss den Mandanten schützen. Schutz ist notwendig, wenn jemand nicht weiß, wie er sich zu bewegen hat im Räderwerk, das ganz oben schließlich diese Schalen bewegt, besonders wichtig im Strafprozess. Denn auch Richter und Staatsanwälte können Fehler machen, können Vorurteile haben. Ein Berliner Oberstaatsanwalt, er hieß Isenbiel, hat zwar am Anfang des 20. Jahrhunderts seinen Berufsstand als »objektivste Behörde der Welt« gepriesen. Aber bis heute lässt sich beobachten, dass diese Behörde oft dazu neigt, nur belastendes Material zu sammeln gegen einen Angeklagten, nicht das entlastende. Das ist dann eben Aufgabe des Verteidigers, der nicht selten mit Richtern zu tun hat, die ähnliche Ziele verfolgen wie die Staatsanwaltschaft.

Aber es geht nicht nur um Schutz. Der Anwalt ist auch Übersetzer, muss seinem Mandanten die Sprache des Rechts ins Deutsche übersetzen und gleichzeitig alles, was der ihm erzählt, umformen in Signale, die das Räderwerk verarbeiten kann. Damit ist er – wenn er es richtig macht – tatsächlich ein »Organ der Rechtspflege«, nimmt nämlich den Gerichten einen großen Teil ihrer Arbeit ab, indem er aus der Vielfalt des prallen Lebens alles herausfiltert, was im Räderwerk unwichtig ist. Wenn die Gerichte alle diese mühsamen Vorgespräche führen müssten, die beim Anwalt stattfinden, würden sie völlig überfordert sein. Viele Einzelheiten – für den Betroffenen von großer persönlicher Tragweite – sind da ohne jede juristische Bedeutung. Andere wieder sind wichtig, an die der Mandant gar nicht denkt. Die muss der Anwalt oft mit großer Geduld aus ihm herausholen.

Es ist zum Beispiel gar nicht leicht, einem Menschen klarzumachen, dass man dem Gericht Beweise liefern muss, wenn man im Recht ist. Beweise, das sind in erster Linie Papiere, Urkunden jeder Art oder Zeugen. Es genügt nicht, dass man Recht hat. Man muss es dem Gericht beweisen können. Wenn ich jemandem 1000,– DM geliehen habe, kann ich sie von ihm irgendwann zurückfordern. Das ist mein Recht. Zahlt er nicht, kann ich klagen. Aber das Gericht darf ihn nur verurteilen, wenn ich es beweisen kann, mit einem Schuldschein, durch Zeugen, vielleicht – auch das geht manchmal – mit einem Kontoauszug. Und umgekehrt: Wenn er das Geld tatsächlich zurückgezahlt hat, ich aber bin anderer Meinung und klage, dann muss er beweisen, dass er zurückgezahlt hat. Kann er es nicht, verliert er den Prozess und muss noch einmal zahlen. Anders geht es nicht. Das Gericht darf nicht einfach nur dem einen glauben und dem anderen nicht. Jeder muss das beweisen, was für ihn juristisch günstig ist. Es sei denn, der andere gibt zu, dass es stimmt. An diesem Beweisproblem scheitern viele Prozesse. Und der Mandant? Er weiß, dass er im Recht ist, verliert den Prozess, ist empört, versteht die Welt nicht mehr und gibt meistens dem Anwalt die Schuld, obwohl der ihm vorher geraten hat, die Klage nicht zu erheben. Das ist der Hintergrund jener oft erzählten Geschichte vom alten Richter, den ein Kläger anfleht, er wolle doch nur sein Recht. Der Richter solle ihm doch nur sein Recht geben. Und der Alte kratzt sich am Kopf und sagt ganz leise: »Mein lieber Mann. Hier kriegen Sie nicht Ihr Recht. Hier kriegen Sie ein Urteil.«

Das Leben ist vielfältig, und ein Anwalt muss davon viel hören. Wes das Herz voll ist, des geht der Mund über. Besonders bei Scheidungen. Wie oft der Mann sie geschlagen und was sie alles für ihn getan hat. Er beschwert sich über ihre Eifersucht, die Unfähigkeit, einen Haushalt zu führen, und damals die Affäre mit seinem besten Freund. Alles überflüssig. Denn seit über 20 Jahren gilt für Scheidungen nicht mehr das Verschuldensprinzip, sondern das Zerrüttungsprinzip. Mit anderen Worten, das Bürgerliche Gesetzbuch geht nicht mehr davon aus, dass entscheidend sei, wer am

Scheitern der Ehe schuld oder überwiegend schuldig ist. Dazu gehören immer zwei, meint man heute. Meistens ist es ein schwer zu überschauendes Durcheinander, und schmutzige Wäsche soll vor Gericht nicht mehr gewaschen werden. Heute heißt es im BGB ganz einfach, § 1565 Absatz 1:

»Eine Ehe kann geschieden werden, wenn sie gescheitert ist. Die Ehe ist gescheitert, wenn die Lebensgemeinschaft der Ehegatten nicht mehr besteht und nicht erwartet werden kann, dass die Ehegatten sie wiederherstellen.«

Und regelmäßig wird geschieden nach dem nächsten Paragraphen, § 1566. Die Ehe wird geschieden, wenn die beiden ein Jahr getrennt gelebt haben und sich scheiden lassen wollen. Wenn einer widerspricht, muss man das Gericht überzeugen, dass es keinen Sinn mehr hat. Nach drei Jahren Getrenntleben braucht man auch das nicht mehr. Und dann ist eben wichtig, zu erklären, was getrennt leben bedeutet. Wie ist es, wenn beide noch in derselben Wohnung sind? Wenn der eine dem anderen noch hilft, weil der krank ist? Wenn man zwischendurch mal wieder richtig zusammen war? Das sind dann die Einzelheiten, die der Anwalt herausfinden muss. Eine erfahrene Anwältin, auf Scheidungen spezialisiert, erzählt, wie sie das macht. Unterbricht sofort den Redefluss der Mandantin. Stellt gezielte Fragen. Ist nach zehn Minuten fertig und sagt dann zu der Frau: »So, und den Rest erzählen Sie Ihrer Freundin.« Nichts anderes ist Übersetzung, nämlich Vermittlung von Berichten durch Wiedergabe in einer anderen Sprache unter Berücksichtigung dessen, was angemessen und wichtig ist.

Einer wird Anwalt –
wie und warum?

*Nunc adbibe puro pectore verba, puer,
nunc te melioribus offer.*

Jetzt wo du jung bist, schlürfe mit reinem
Herzen die Worte der Lehre und öffne dich
höherer Weisheit.

Horaz, *Epistulae* 1.2.67

Wie man Anwalt wird? Dafür gibt es zwei Vorschriften. Sie sagen eigentlich schon alles. Die erste im richtigen Gesetz, die zweite in einem, mit dem Anwälte an sich gar nichts zu tun haben. Die erste, § 4 Bundesrechtsanwaltsordnung:

»Zur Rechtsanwaltschaft kann nur zugelassen werden, wer die Befähigung zum Richteramt nach dem Deutschen Richtergesetz erlangt... hat.«

Wenigstens das richtige Gesetz, nämlich das für Anwälte. Die zweite Vorschrift, hier in der Rechtsanwaltsordnung genannt, ist das Richtergesetz, und in ihm ist geregelt, wie man die Befähigung zum Richteramt erlangt, die Voraussetzung ist für die Zulassung als Rechtsanwalt:

»Die Befähigung zum Richteramt erwirbt, wer ein rechtswissenschaftliches Studium an einer Universität mit der ersten Staatsprüfung und einem anschließenden Vorbereitungsdienst mit der zweiten Staatsprüfung abschließt.«

Hier ist es das für Rechtsanwälte falsche Gesetz, weil es die Ausbildung der Richter regelt. Warum wird man zum Richter ausgebildet, wenn man Anwalt werden will? In allen anderen Ländern ist es anders. In England und in den Vereinigten Staaten gibt es zwar auch eine Verbindung, aber erstens nicht für die Ausbildung, sondern für die Berufsausübung, und zweitens ist es umgekehrt. Dort wird man nur Richter, wenn man längere Zeit als Rechtsanwalt gearbeitet hat. Das ist sinnvoll und gut. Dann kennt man Sorgen und Nöte der streitenden Parteien von unten sehr viel besser, und auch ihre Marotten und Winkelzüge, die Vielfalt des prallen Lebens, die den Richter oft nur gefiltert erreicht. Umgekehrt wäre es auch nicht unbedingt falsch, erst als Richter zu arbeiten und dann als Anwalt. Dann kennt man das Räderwerk besser. Aber das ist es gar nicht, was die beiden deutschen Vorschriften sagen. Es geht nur um die Ausbildung. Man muss für das eine ausgebildet sein, um das andere werden zu können, wofür man nicht ausgebildet wurde. Und das ist Blödsinn. Den man nur historisch erklären kann. Hier liegt eines der Probleme der deutschen Anwaltschaft. Denn die Tätigkeit eines Anwalts ist verbunden mit zusätzlichen Aufgaben und Pflichten in Hülle und Fülle, auf die er nicht vorbereitet ist.

Richtig ist, dass man erst mal studieren muss. Aber dieses Studium ist angelegt auf die Ausbildung zum Richter. Früher dauerte es im Durchschnitt über fünf Jahre. Jetzt – nach einer Änderung der Prüfungsordnungen – ein Jahr weniger. Danach kommt das Referendarexamen, die Ausbildung als Referendar und zuletzt das Assessorexamen. Alles in allem etwa sieben Jahre. Dann hat man die Befähigung zum Richteramt und kann Rechtsanwalt werden. Die Ausbildung an der Universität vor dem ersten Examen ist der theoretische Teil. Die als Referendar der praktische. Im Wesentlichen findet er statt bei Gerichten und bei der Staatsanwaltschaft.

Anderswo ist es ähnlich. Erst die Universität, dann die praktische Ausbildung. Nur dass beides nicht in die Richtung des Richters läuft. In England zum Beispiel studiert man drei Jahre. Danach folgt eine Ausbildung von zwei oder drei Jahren, je nachdem, ob man *barrister* werden will oder *solicitor*, also – etwas vornehmer – mit Perücke vor Gericht auftreten oder – nicht ganz so vornehm – die schriftliche Arbeit erledigen will, ohne Perücke. In den Vereinigten Staaten dient das dreijährige Jurastudium allein der Ausbildung zum Anwalt. Es folgen noch zwei zusätzliche Examen, eins ziemlich schwer, und dann sind die Juristen in der Regel

25 Jahre alt, wenn sie als Anwalt zugelassen werden. Ähnlich schnell ist die Ausbildung in Spanien. Hier genügt das Studium an der Universität. Es dauert vier bis fünf Jahre. In Frankreich folgt auf ein vierjähriges Studium eine dreijährige Ausbildung, erst auf einer Anwaltsschule, dann ein Anwaltspraktikum. Ähnlich ist es in Italien.

Am besten ist die Ausbildung der Anwälte in den Vereinigten Staaten, am schlechtesten in Spanien und bei uns. In Spanien deshalb, weil die Universitätsausbildung allein nicht ausreicht. Bei uns, weil es keine Ausbildung zum Anwalt gibt, sondern nur zum Richter. Die Misere bei uns hat historische Gründe. Im 18. Jahrhundert hat Preußen das Staatsexamen für Juristen eingeführt, weil Friedrich II. die Entscheidung über die Qualifikation von Richtern nicht mehr den Universitäten überlassen wollte. Er hatte ganz allgemein ein tiefes Misstrauen gegen juristische Ficfacquereyen, wie er das nannte. So entwickelte sich neben den Universitäten ein staatliches Justizprüfungsamt. Die Examen wurden von Richtern durchgeführt, nicht von Professoren. Dieses preußische Modell breitete sich im 19. Jahrhundert in ganz Deutschland aus und beeinflusste auch den Unterricht an den Universitäten. Sein Ziel der Ausbildung zum Richter bestimmt bis heute, etwas abgewandelt, die Ausbildung der deutschen Juristen.

Seit einiger Zeit sieht man das Problem und versucht Verbesserungen einzubauen, zum Beispiel eine Anwaltsstation in der Referendarzeit. Drei Monate. Viel zu wenig. Am Ende kann der Referendar noch einmal ein halbes Jahr bei einem Rechtsanwalt praktizieren, als Wahlstation. Bringt aber auch nichts, denn jetzt sind alle nur noch mit der Vorbereitung auf das zweite Examen beschäftigt, das einseitig abstellt auf die Tätigkeit des Richters. An einigen Universitäten gibt es seit kurzem Institute für Anwaltsrecht. Donnerwetter. Dort können sich Studenten auf diesen Beruf vorbereiten. Macht aber kaum einer, weil das im Examen nicht drankommt. Und schließlich der Deutsche Anwaltverein. Sehr verdienstvoll. Hat eine Akademie eingerichtet, die Kurse durchführt für junge Anwälte. Zu spät. Sie sind schon im täglichen Stress und haben kaum noch Zeit.

Auf der anderen Seite lässt sich auch Gutes sagen über die Ausbildung unserer Juristen. Die beiden Examen sind sehr schwer. Schwerer als in den meisten anderen Fächern. Wer sie hinter sich gebracht hat und nicht durchgefallen ist, hat schon einiges geleistet. Die Durchfallquote im ersten liegt über 30 Prozent, die im zweiten bei 15 Prozent. Das Niveau ist sehr hoch, und im Vergleich mit anderen Ländern sind wir da mindestens im oberen Drittel. Aber die Noten sind auch schon das zweite Problem der Anwaltschaft. Für die Zukunft junger Juristen spielen sie eine große Rolle. Meistens sind sie schlecht. 1998 haben nur zwei von 12 000 Assessoren ihr Examen mit »sehr gut« bestanden. Macht knapp 0,02 Prozent. Mit »gut« waren es zwei Prozent, beim »Vollbefriedigend« immerhin schon 13 Prozent. Der Rest bestand zu etwa gleichen Teilen mit »befriedigend« und »ausreichend«. So ist es immer und ähnlich im Referendarexamen, dem ersten. Justiz und Verwaltung nehmen grundsätzlich nur diejenigen, die mindestens ein Vollbefriedigend haben. Was machen die anderen? Sie werden Anwalt. Was anderes fällt ihnen nicht ein. In den Neunzigerjahren waren es über 80 Prozent, unter ihnen einige wenige Hochqualifizierte, die leicht eine Anstellung finden in großen Kanzleien mit fürstlichen Anfangsgehältern. Wie Caroline Reinhard. Dort werden dieselben Noten verlangt wie in der Justiz, dazu meistens eine Promotion und möglichst noch zwei oder drei Fremdsprachen und eine Zusatzausbildung im Ausland. Die große Masse kann sehen, wo sie bleibt. Sie bevölkert die Anwaltschaft in anderer Weise. Wie Steffi Grothe. Nicht wenige machen sich selbstständig und verdienen ihr Geld am Anfang neben ihrer Tätigkeit als Anwalt, manchmal sogar als Taxifahrer. Im Großen und Ganzen heißt das: Die schlechten Juristen gehen in die Anwaltschaft und sind auf den Beruf nicht vorbereitet.

Es kommt noch ein drittes Problem hinzu: die Motivation. Warum machen sie das überhaupt? Warum haben sie Jura studiert? Es gibt wohl kaum ein Fach an deutschen Universitäten, das die Studenten so wenig interessiert. Ganz anders ist es in Philosophie, Geschichte, anderen Geisteswissenschaften, Naturwissenschaften oder Medizin. Dort wählt man das Fach aus Überzeugung. Bei den Jurastudenten sind es meistens Abiturienten ohne besondere Interessen. Sie sagen sich, mit einem Jurastudium habe ich später die besten Chancen. Da kann man alles Mögliche machen. Justiz, Verwaltung, Anwaltschaft, Verbände, Industrie. Also studieren sie Jura. Und wissen nicht, was sie tun. Denn das Studium ist nicht leicht. Die Examen sind schwer. Deshalb ist die Abbruchquote sehr hoch. Trotzdem. Viele bleiben dabei, interessieren sich nicht für das, was sie lernen müssen, und entsprechend sind die Examensergebnisse. Also entscheiden sie sich schließlich für die Anwaltschaft, weil man als Jurist zwar im Prinzip alles Mögliche machen kann, aber nur, wenn man eine bessere Note hat als »ausreichend« oder »befriedigend«. Außerdem sind sie noch in die falsche Richtung ausgebildet. Recht und Gerechtigkeit interessieren sie auch nicht, sondern nur die Verdienstmöglichkeiten. Die armen Mandanten, kann man da sagen.

Und die armen Richter, die Schriftsätze lesen müssen, die zum Erbarmen sind. Wie immer bestätigen Ausnahmen die Regel.

Wat wolln Se denn von dem?

Ignavus servos rector facit esse protervos.
Ist der Verantwortliche faul, werden die Sklaven frech.

Zugegeben, ein Extremfall. Kommt aber öfter vor, als man denkt. Ein Gespräch in Berlin. Bei Rechtsanwalt Goßner klingelt das Telefon. Der Büroleiter meldet sich.
»Hier Rechtsanwältin Aigner. Ich möchte mal den Kollegen Goßner sprechen.«
»Wat wolln Se denn von dem?« (Betonung auf »dem«.)
»Ich rufe an in Sachen Riedel und möchte da mal einiges mit ihm besprechen.«
»Det könn Se ooch mit mir. Schließlich schreibe ich die ganzen Schriftsätze.«
»Aber ich möchte lieber mit dem Kollegen reden, weil ich nicht weiß, wer Sie sind.«
»Der kann Ihnen ooch nich mehr sagen.«
»Das ist mir egal. Ich will mit dem Kollegen reden.«
Der Büroleiter stellt durch, aber nicht richtig, sodass Frau Aigner alles mithören kann.
»Du, Werner, da ist eine Kollegin. Die will dich in Sachen Riedel sprechen.«
»Wat will die denn von mir? Die kann doch mit dir reden.«
»Nee. Die will aber ausdrücklich mit dir sprechen.«
»Oh Gott. Da muss ich mir erst mal die Akte ansehen. Bring sie mal schnell.«
Frau Aigner wollte dem Kollegen nur sagen, dass Herr Riedel bei ihr gewesen sei und sie gebeten habe, seinen Fall zu übernehmen. Das habe doch bisher der Kollege gemacht. Sie kennt ihn nur sehr flüchtig. Wollte sich nicht einfach nur schriftlich melden und ihm sagen, dass die Sache ihrer Meinung nach doch ziemlich ernst sei. Wahrscheinlich werde sie das Mandat übernehmen. Es käme

wohl eine Haftung auf den Kollegen zu. Herr Goßner ahnt, dass er einen Fehler gemacht hat, hat aber nichts dagegen, dass die Kollegin den Fall übernimmt.

Herr Riedel hatte 1995 von einer Baufirma ein Grundstück mit einem Einfamilienhaus gekauft. Im Vertrag war geregelt, wie und bis wann die Firma für Mängel am Haus einzustehen habe. Juristisch spricht man von Gewährleistung. Nach dem Vertrag sollten alle Ansprüche gegen die Baufirma am 10. Dezember 1996 verjähren und Herr Riedel dann nichts mehr verlangen können. Wörtlich:

»Art und Umfang dieser Gewährleistungspflicht des Verkäufers richten sich nach den Bestimmungen der VOB, welche hiermit ausdrücklich vereinbart werden. Jedoch erlischt die Gewährleistung am 10. Dezember 1996.«

VOB ist die Verdingungsordnung für Bauleistungen. Es sind Verwaltungsvorschriften für die Vergabe öffentlicher Aufträge, zum ersten Mal formuliert im Auftrag des Reichsfinanzministeriums Anfang der Zwanzigerjahre. Bis heute werden sie oft auch durch besondere Vereinbarungen der Parteien zum Inhalt von privaten Verträgen. Wie hier zwischen Herrn Riedel und der Baufirma. Herr Riedel kaufte also das Haus, zog 1995 ein, und im nächsten Jahr sah er Risse in der Mauer. Und ging zu Rechtsanwalt Goßner. Keine gute Wahl, wie sich zeigen sollte. Den Anwalt selbst sah er nie. Er verhandelte immer mit seinem Büroleiter. Der hörte sich alles an, dachte nach und machte auch die Schriftsätze an die Baufirma. Im Lauf der Zeit erwirbt eben auch ein Büroleiter gewisse juristische Kenntnisse. Mit der VOB hatte er dann allerdings einige Schwierigkeiten, und die Klausel im Vertrag von Herrn Riedel war für ihn nicht ohne Tücken.

Am 7. Oktober 1996 schreibt der Büroleiter an die Baufirma den ersten Brief. Es seien Risse in der Mauer. Die Firma solle sie beseitigen. Rechtsanwalt Goßner unterschreibt. Am 25. Oktober 1996 schreibt der Büroleiter den zweiten Brief. Beschreibt die schadhaften Stellen im Einzelnen. Rechtsanwalt Goßner unterschreibt. Die Baufirma antwortet. Sie ist bereit, die Sache in Ordnung zu bringen. Und nun schreibt der Bürovorsteher den dritten Brief. Rechtsanwalt Goßner unterschreibt:

»Es wäre zur Kostenersparnis zweckmäßig, wenn Sie jetzt umgehend fernmündlich mit unserem Mandanten einen Besichtigungstermin vereinbaren, feststellen, welche Arbeiten von Ihnen durchzuführen sind und diese dann umgehend in Angriff nehmen... Wir bitten Sie daher nochmals freundlich, in der kommenden Woche diesen Termin mit Herrn Riedel zu vereinbaren.«

Datum vom 15. November 1996. Das war nicht ungefährlich. Denn im Kaufvertrag über das Eigenheim war vereinbart, dass Ansprüche des Herrn Riedel am 10. Dezember verjähren würden. Aber der Büroleiter vertraute wohl auf die VOB, die auch zum Inhalt des Vertrages gemacht worden war. Und in ihr heißt es, Teil B, § 13, Nr. 5:

»Der Auftragnehmer [die Baufirma, U. W.] ist verpflichtet, alle während der Verjährungsfrist hervortretenden Mängel... zu beseitigen, wenn es der Auftraggeber [Herr Riedel oder sein Anwalt, U. W.] vor Ablauf der Frist schriftlich verlangt. Der Anspruch auf Beseitigung verjährt mit Ablauf der Regelfristen [zwei Jahre, U. W.]..., gerechnet vom Zugang des schriftlichen Verlangens...«

Danach genügte für die Unterbrechung der Verjährung also, dass Herr Riedel oder die Kanzlei Goßner der Baufirma die Risse anzeigte und Beseitigung verlangte. Ein einfacher Brief. Hatte der Büroleiter am 7. und 25. Oktober gemacht. Damit wäre die Verjährung nach der VOB unterbrochen und würde noch einmal neu laufen, bis zum 7. Oktober 1998, noch einmal zwei Jahre. Anders nach den normalen Regeln des BGB. Da wird die Verjährung nur unterbrochen, wenn beim zuständigen Gericht ein Beweissicherungsverfahren beantragt worden ist. Dann wird ein Sachverständiger bestellt, der ein Gutachten macht. Wenn allerdings die VOB ausdrücklich vereinbart ist, geht sie vor, gelten ihre Regeln, also

§ 13, und nicht das BGB. Dann genügt ein einfacher Brief wie der vom 7. Oktober mit der Ergänzung vom 25. Oktober. Aber so war es hier nicht. Denn im Kaufvertrag zwischen Herrn Riedel und der Baufirma stand nach der Vereinbarung über die VOB ausdrücklich noch der Zusatz: »Jedoch erlischt die Gewährleistung am 10. Dezember 1996.«

Damit war nach den Regeln der juristischen Auslegung von Verträgen die Vorschrift des § 13 der VOB wieder weggeschoben, und es galten für die Unterbrechung der Verjährung die allgemeinen Vorschriften des BGB. Nur ein Antrag auf Beweissicherung beim Gericht hätte die Verjährung am 10. Dezember unterbrechen können. Nicht ein normaler Brief. Das hatte der Büroleiter übersehen. War ja für ihn auch nicht so einfach. Er war nur ein einfacher Büroleiter, wenn auch ein ziemlich frecher. Rechtsanwalt Goßner unterschrieb den Brief am 15. November. Sein Büroleiter machte für ihn sowieso fast alles. Und nun kam es, wie es kommen musste. Die Verjährung lief ab am 10. Dezember.

Ein Vertreter der Baufirma erschien bei Herrn Riedel, am 15. Dezember 1996. Sah sich die Mauer an, einigte sich immerhin noch auf einen Vergleich, in dem die Firma 1500,- DM zahlte und Herr Riedel anerkannte, dass damit alle Schäden abgegolten seien. An die Verjährung dachten die beiden nicht. Aber bald zeigten sich mehr Risse, die ein Gutachter im Beweissicherungsverfahren mühelos festgestellt hätte. Herr Riedel ging wieder in die Kanzlei Goßner, durfte wieder mit dem Büroleiter sprechen, der nun – völlig überflüssig – beim Gericht den Antrag stellte, ein Beweissicherungsverfahren zu beschließen. Rechtsanwalt Goßner unterschrieb. War überflüssig wegen der Verjährung. Ein Gutachter wurde vom Gericht bestellt und kam zu dem Ergebnis, die Beseitigung aller Risse in der Mauer würde 51 700,- DM kosten. Aber leider, leider – alles zu spät. Die Verjährung war abgelaufen. Die Baufirma brauchte nicht zu zahlen.

Das war die Zeit des Telefongesprächs der Rechtsanwältin Aigner mit der Kanzlei Goßner. Es blieb ihr nichts anderes übrig, als Herrn Riedel zu sagen, wenn er seinen Schaden ersetzt haben wolle, müsse er gegen Rechtsanwalt Goßner klagen. Denn der sei schuld, dass die Baufirma nicht zu zahlen braucht. Er hätte rechtzeitig ein Beweissicherungsverfahren beantragen müssen. Also erhob sie Klage für Herrn Riedel gegen Herrn Goßner und gewann den Prozess. Den Fehler der Kanzlei Goßner nennt man eine positive Vertragsverletzung, nämlich eine Verletzung von Sorgfaltspflichten aus dem Anwaltsvertrag. Sie verpflichtet zum vollen Schadensersatz. Rechtsanwalt Goßner versuchte noch eine Rechtfertigung, sein Büroleiter sei in diesen Dingen nicht so erfahren, musste sich aber vom Gericht im Urteil sagen lassen:

»Ein Anwalt muss grundsätzlich die Anhörung und Befragung der Mandanten als auch die eigentliche juristische Beratungstätigkeit persönlich ausüben und darf dies nicht dem Bürovorsteher überlassen. Begnügt er sich mit der Mandatsannahme oder Rechtsberatung durch den Bürovorsteher, dann geschieht dies auf sein eigenes Risiko.«

Rechtsanwalt Goßner ist verurteilt worden, an Herrn Riedel 50200,– DM zu zahlen, nämlich 51700,– DM minus 1500,– DM, die die Baufirma schon gezahlt hatte. Auch die Kosten für das überflüssige Beweissicherungsverfahren musste er ersetzen.

Risiko Rechtsanwalt

*Qui legitis flores et humi nascentia fraga, frigidus
oh pueri fugite hinc latet anguis in herba.*

Die ihr Blumen hier sucht und Erdbeeren unten
am Boden, flieht, ihr Knaben, hier lauert im Gras
kalt und schrecklich die Schlange.

Vergil, *Bucolica* 3.93

Der Anwaltsberuf ist nicht ungefährlich, gewiss gefährlicher als viele andere. Denn eigentlich muss ein Anwalt die ganze Fülle der Gesetze und Rechtsprechung kennen. Was unmöglich ist. Weiß er was nicht und macht einen Fehler, ist er in der Haftung auf Schadensersatz. Niemand kann das alles vollständig beherrschen, kein Richter, kein Professor, kein Verwaltungsjurist, kein Anwalt. Richter, Professoren und andere sind spezialisiert, brauchen von vornherein nicht alles zu wissen. Auch Anwälte dürfen sich spezialisieren, sind aber oft auf vielen Gebieten tätig. Und darin liegt die Gefahr. Denn die Gesetzesflut wird immer größer, immer neue Rechtsgebiete entstehen, und die Rechtsprechung nimmt zu, jedes Jahr. Vom Anwalt wird verlangt, dass er das Wichtigste weiß und »alles« findet aus der Rechtsprechung der oberen Gerichte, wenn es wichtig ist in einem seiner Prozesse. Er muss die obergerichtliche Rechtsprechung kennen, sagt man im Haftungsrecht der Anwälte. Das sind inzwischen etwa 200 Bände Entscheidungen des Bundesgerichtshofs und insgesamt noch mehr von anderen höheren Gerichten. Gut, es gibt Kommentare, in denen man alles finden kann, wenn man richtig sucht. Wenn man es eilig hat oder keine Lust und nicht genau arbeitet, wird leicht ein Urteil übersehen in der Fülle der Zitate, und dann ist das Unglück passiert. Das kann ein Vermögen kosten. Der Fall des Bürovorstehers von Rechtsanwalt Goßner ist da eher läppischer Natur. Ein besserer Jurist hätte sich den Vertrag zehn Minuten angesehen, in der VOB geblättert und gewusst, was zu tun ist. Aber es gibt schwierige Fälle. Und da kann auch einem gut qualifizierten Anwalt ein Fehler passieren. Deshalb ist in der Rechtsanwaltsordnung vorgeschrieben, dass jeder eine Haftpflichtversicherung abschließen muss in Höhe von mindestens einer halben Million Mark für jeden einzelnen Fall. Bei besonders groben Pflichtverletzungen zahlt die Versicherung übrigens nicht. Solche Fälle sind selten, aber der des Bürovorstehers bei Rechtsanwalt Goßner dürfte schon dazugehören.

Seit einiger Zeit ist das größte Risiko für Anwälte ihre große Zahl. Der Markt wird immer enger, besonders in größeren Städten. Das ist das neue Existenzrisiko. Es trifft in erster Linie die Anfänger. Schon immer war aller Anfang schwer, auch bei Anwälten. Ein bis zwei Jahre musste man früher notfalls ohne ausreichendes Einkommen durchstehen. Heute kann das sehr viel länger dauern. Der Anwalt ist eben auch privater Unternehmer, er braucht Aufträge. Und gute Juristen sind selten auch gute Kaufleute. Oft haben sie nur eine mangelhafte Begabung zur Akquisition, wie man das heute noch bei Anwälten nennt. Man muss sich verkaufen können, und häufig stehen juristische Begabung und kaufmännische Fähigkeiten im umgekehrten Verhältnis. Diejenigen, die viel herumwirbeln, große Töne spucken und viele Aufträge bekommen, sind oft die schlechteren Juristen. Die guten halten sich zurück. Und das ist ein Risiko.

Aber der Beruf ist nicht nur für den Anwalt gefährlich. Risiko Rechtsanwalt heißt es auch für den Mandanten. Der Anwalt selbst kann das Risiko sein. Wie im Fall der Kanzlei Goßner, wenn ein schlechter Anwalt juristische Aufgaben einem Büroleiter überlässt. Aber auch gute Anwälte machen mal einen Fehler. Meistens hat das keine schädlichen Folgen. Viel kann von den Richtern korrigiert werden. Und der Mandant merkt meistens nichts. In manchen Fällen kann es aber viel Geld kosten, zum Beispiel wenn Fristen versäumt werden. Dann gibt es mühsame Prozesse gegen den Anwalt. Noch schlimmer sind Fehler, die auch mit Geld nicht wieder gutgemacht werden können, etwa beim Sorgerecht für Kinder nach der Scheidung. Anwaltsfehler sind hier allerdings nicht so häufig, weil in solchen Verfahren die Richter einen größeren Einfluss haben als in anderen Prozessen. Dafür machen dann öfter mal Richter die Fehler und treffen falsche Entscheidungen.

Der Mandant von heute ist der Gegner von morgen

Ignis aurum probat, miseria fortes viros.
Feuer stellt Gold auf die Probe und Unglück
mutige Männer.

Seneca, *De providentia* 5.10

Was mit Rechtsanwalt Goßner und seinem Bürovorsteher passiert ist, war schon ein tolles Stück. Deshalb ist es völlig richtig gewesen, ihn zum Schadensersatz zu verurteilen. Aber es gibt auch Fälle, in denen Mandanten gegen ihren Anwalt klagen, Erfolg haben und es nicht unbedingt einzusehen ist, warum der Anwalt zahlen muss. Die Urteile der Gerichte sind oft anwaltsfeindlich. Kleinste Fehler können zu hohen Schadensersatzansprüchen führen. Die Gerichte verlangen vom Anwalt, dass er juristisch allwissend ist und allgegenwärtig wie der liebe Gott, ein »juristischer Supermann«, wie es der Autor eines Buches über Anwaltshaftung einmal formuliert hat. Eine solche Haftung mit so hohen Anforderungen gibt es in keinem anderen Beruf und in keinem anderen Land. Deshalb hört man bei uns von Anwälten oft den Satz, der Mandant von heute sei der Gegner von morgen.

Rechtsgrundlage für die Schadensersatzansprüche ist der Vertrag mit dem Anwalt. Dieser Vertrag ist – juristisch gesprochen – in der Regel »ein Dienstvertrag, der eine Geschäftsbesorgung zum Gegenstand hat«, auch wenn er nicht schriftlich formuliert ist und einfach nur stillschweigend abgeschlossen wird, indem man eine Vollmacht unterschreibt. So heißt es in § 675 des Bürgerlichen Gesetzbuchs. Macht der Anwalt einen Fehler, nennen Juristen das eine »positive Vertragsverletzung«, auch wenn sie für den Mandanten negative Folgen hat. Eine der üblichen Skurrilitäten juristischer Terminologie. Jedenfalls entsteht daraus ein Schadensersatzanspruch. Er verjährt in drei Jahren.

Einen Fehler macht der Anwalt, wenn er Sorgfaltspflichten verletzt. Zu diesen Pflichten gehört, dass er »umfassend und optimal«

den Mandanten berät und seine Interessen wahrnimmt. Umfassend und optimal, so hat es der Bundesgerichtshof formuliert, dem alle Gerichte folgen. Vorausgesetzt wird dabei eine lückenlose Kenntnis der deutschen Gesetze. Die niemand hat. Der Anwalt muss alle Entscheidungen der Oberlandesgerichte und der Bundesgerichte kennen, die für den Fall wichtig sind, und auch immer die wichtigsten Fachzeitschriften lesen mit den einschlägigen Entscheidungen und Aufsätzen. Was niemand schaffen kann. Die größte Rolle spielt in diesem Zusammenhang eine Formel, die von den Gerichten immer wieder gebraucht wird: »Der Anwalt muss den für die Wahrnehmung des Mandanteninteresses sichersten und zweckmäßigsten Weg wählen.« Und da geht es nun manchmal wirklich zu weit mit der Anwaltshaftung. Aber zunächst eine kurze Beschreibung der geschichtlichen Entwicklung. Seit wann ist das so? Wie war es vorher? Wie kam es zum »Supermann«?

Bis zum Ende des 18. Jahrhunderts ist die Schadensersatzpflicht von Anwälten für fehlerhafte Beratung oder Prozessführung sehr eingeschränkt gewesen. Nur in Ausnahmefällen mussten die Anwälte zahlen, nämlich bei grobem Verschulden. Dann setzte sich im 19. Jahrhundert in der wissenschaftlichen juristischen Literatur die Meinung durch, dass sie auch für einfaches normales Verschulden haften sollen. Das hing – über Zwischenstufen – zusammen mit einer Änderung der allgemeinen Meinung über die gesellschaftliche Stellung des Anwalts und über die Qualität des Vertrages, den man mit ihm abschließt. Sozusagen ein Umbruch der juristischen Einordnung des Anwaltsvertrages.

Schon im alten Rom gab es Anwälte. Seitdem meinte man, der Vertrag mit ihnen sei ein Auftrag, lateinisch *mandatum*. Deshalb spricht man noch heute vom Mandanten. Er ist derjenige, der dem Anwalt einen Auftrag gibt. Der Auftrag ist aber – nicht nur damals, sondern auch heute noch – in der juristischen Terminologie ein Vertrag, der unentgeltlich ist. Es war ein Vertrag ohne Entgelt, weil die römischen Juristen – in der frühen Zeit – vornehme Patrizier gewesen sind, die sich nicht bezahlen ließen. Das hatten sie nicht nötig. Ihre juristische Tätigkeit diente allein dem Sozialprestige, das ihre gesellschaftliche und politische Macht begründete.

Darum ging es, nicht um Bezahlung für juristische Arbeit. In der Kaiserzeit änderte sich ihre Lage. Nun gab es auch Anwälte, die Geld verdienen mussten. Aber man blieb konservativ in der juristischen Einordnung ihrer Verträge. Sie blieben pro forma unentgeltliche Aufträge. Das Geld, das der Mandant zahlte, wurde sozusagen nebenbei gezahlt, als »Ehrengeld«, lateinisch *honorarium*, von *honor*, die Ehre. Dieses Honorar, wie man es heute noch nennt, lief im Grunde neben dem Vertrag, war nicht Entgelt für eine Dienstleistung wie heute, sondern eine Art Geschenk für den Wohltäter. An sich hätte es schon damals viel näher gelegen zu sagen, der Anwaltsvertrag ist ein entgeltlicher Dienstvertrag. Den kannten die alten Römer auch. Aber solche Verträge wurden damals nur mit Leuten niederen Standes abgeschlossen, zum Beispiel mit Handwerkern. Die Anwälte waren was Besseres. Sie leisteten »Dienste höherer Art«, wie man es später nannte, nämlich eine geistige Tätigkeit, die man mit der von Handwerkern nicht gleichsetzen wollte. So blieb es bis zum 19. Jahrhundert.

Es war das Jahrhundert der bürgerlichen Gesellschaft. Ständische Vorurteile wurden abgebaut. Deshalb setzte sich auch bei Juristen allmählich die Meinung durch, dass selbstständige Erwerbstätigkeit auf Grund akademischer Ausbildung ganz normal sei und nicht ehrenrührig. Also war man nun der Meinung, die Vereinbarung mit einem Rechtsanwalt sei ein Dienstvertrag, nicht mehr ein Auftrag. Und das hatte Folgen. Denn damit änderte sich auch der Umfang der Haftung für Fehler. Beim unentgeltlichen Auftrag haftet man nur für grobes Verschulden, beim entgeltlichen Dienstvertrag auch für normales einfaches Verschulden. Die Haftung wurde strenger, die Privilegierung für Anwälte fiel weg. Zunächst allerdings nur nach Meinung der wissenschaftlichen juristischen Literatur. Aber die Gerichte folgten schließlich. 1883 erging die erste Entscheidung des höchsten deutschen Gerichts, des Reichsgerichts in Leipzig. Ein Anwalt hatte die Frist für eine Klage nicht eingehalten, und die Richter in Leipzig sagten, er müsse seinem Mandanten Schadensersatz zahlen »auch für geringes Verschulden«. Das war der Anfang. Die Rechtsprechung wurde fortgesetzt, und das führte dazu, dass sich eine Versicherung sagte, hier könne sie ein Geschäft machen, wenn sie die Anwälte gegen solche Risiken schützt. 1895 wurde vom Allgemeinen Deutschen Versicherungsverein in Stuttgart die erste Haftpflichtversicherung für Rechtsanwälte eingeführt. Natürlich noch auf freiwilliger Basis, während sie jetzt gesetzlich verpflichtet sind, eine solche Versicherung abzuschließen. Dieser Stuttgarter Verein ist später von der Allianz-Versicherung übernommen worden, die heute noch die meisten deutschen Anwälte betreut. Für die Stuttgarter war das am Anfang kein gutes Geschäft. Die Prämien waren zu niedrig angesetzt, die Gerichte wurden immer strenger, und die Versicherung machte Verluste. Das mit den Prämien bekam man allmählich in den Griff. Sie wurden erhöht. Aber die Gerichte wurden immer strenger. Vor 100 Jahren waren es nur zehn Prozent der versicherten Anwälte, die eine Schadensmeldung an die Versicherung schickten. Heute sind es jährlich 25 Prozent, also ein Viertel aller Anwälte statt eines Zehntels. Nun bedeuten Schadensfallmeldungen allerdings nicht, dass tatsächlich in jedem einzelnen Fall gezahlt werden muss. Die Anwälte sind nur verpflichtet, mögliche Fälle umgehend ihren Versicherungen mitzuteilen. Der hohe Anstieg von zehn auf 25 Prozent sagt auch nicht, dass die Gerichte in diesem Umfang härter geworden sind oder die Anwälte schlampiger. Er kann seine Ursache auch darin haben, dass selbstbewusste Bürger im aufrechten Gang gegenüber ihren Anwälten zunehmend kritischer geworden sind. Das Ansteigen der Arzthaftungsprozesse in letzter Zeit wird auch diesen Grund haben. Absolute Zahlen gibt es nicht. Es ist nur sicher, dass bei Anwälten häufigste Ursache für Schadensersatzforderungen Fristversäumnisse sind, sei es, dass Fristen für Prozesshandlungen nicht eingehalten wurden oder die Frist einer Verjährung nicht beachtet worden ist. Bei den Schadensmeldungen ist das fast die Hälfte aller Fälle.

Andere freie Berufe werden nicht so streng beurteilt, zum Beispiel Ärzte oder Architekten. Aus einem einfachen Grund: Die Beweislage ist dort schwieriger. Bei Anwälten ist es viel leichter, weil die Richter Juristen sind und mehr oder weniger mühelos selbst beurteilen können, ob ein Fehler gemacht worden ist oder nicht. Möglicherweise spielt manchmal auch eine Rolle, dass die Einkommen von Anwälten höher sind als die Besoldung der

Richter. Das muss man nicht als Neid verstehen. Aber wenn sie – angeblich – schon so viel verdienen, ist ein Richter auch eher geneigt, strengere Maßstäbe anzulegen. Jedenfalls ist die Beweislage bei Ärzten und Architekten schwieriger. Architekten haften für Fehler bei der Bauüberwachung immer mit anderen gemeinsam, mit Bauunternehmern und Handwerkern. Der eine schiebt die Schuld dem anderen zu, und oft ist es schwer zu entscheiden, wie es wirklich war. Ein Arzt handelt zwar meistens allein, wie ein Anwalt, aber der Nachweis eines Kunstfehlers kann nur über Gutachter geführt werden. Ein Umweg mit vielen Problemen, der den Richtern die Entscheidung schwer macht.

Im Ausland sieht es günstiger aus für Anwälte. Sie sind dort nicht einer so strengen Haftung unterworfen wie bei uns. Am günstigsten ist es für sie in England. Seit alten Zeiten gibt es dort die *immunity of the bar*, die Immunität vor Gericht. Man sagt, Anwälte müssen in Ruhe arbeiten können, ohne Angst vor Schadensersatzprozessen. Außerdem dürften einmal abgeschlossene Prozesse nicht ein zweites Mal aufgerollt werden. So ist es ja oft, wenn Schadensersatz von einem Anwalt gefordert wird. Man muss zum Beispiel beweisen, dass der Prozess gewonnen worden wäre, wenn der Anwalt nicht einen Fehler gemacht hätte. In letzter Zeit hat sich diese Haltung in England allerdings gelockert, nicht nur bei den *solicitors*, die eher im Hintergrund arbeiten, sondern auch bei den *barristers*, die vor Gericht auftreten. Ähnlich wie in England ist es in Frankreich. Anders wieder in den Vereinigten Staaten. Erstaunlicherweise gibt es dort keine *immunity of the bar*, obwohl die USA grundsätzlich dasselbe englische Rechtssystem haben. Es hängt damit zusammen, dass die Amerikaner nicht mehr die – letztlich auch in England – überholte Unterscheidung kennen zwischen *barrister* und *solicitor*. An sich haften die Anwälte in den USA wie bei uns für einfaches normales Verschulden. Aber die Zahl der Haftungsprozesse ist sehr viel kleiner. Vielleicht weil – wie bei den Engländern – nur Richter werden kann, wer vorher mehrere Jahre Anwalt war. Dann ist das Verständnis für Fehler, die jeder einmal macht, eben größer als bei uns.

Bleibt nur noch die Frage, wie ein Mandant feststellen kann, ob sein Anwalt einen Fehler gemacht hat. Die Antwort ist einfach: Er hat ein ungutes Gefühl, merkt, dass etwas schief gelaufen, dass ein hoher Schaden entstanden ist. Wie Herr Riedel nach dem Ergebnis des Beweissicherungsverfahrens. Nun war klar, die Beseitigung der Mauerrisse würde über 50 000,- DM kosten, und er hatte einen Vergleich über 1500,- DM geschlossen, veranlasst durch Rechtsanwalt Goßner. Was hat Herr Riedel gemacht? Er ist zur Rechtsanwältin Aigner gegangen und hat gefragt, was man tun kann. Die hat schnell gesehen, wo der Fehler lag und sich dann bei ihrem Kollegen Goßner gemeldet. Die Antwort lautet also, der Mandant soll zu einem anderen Anwalt gehen, wenn er das Gefühl hat, es ist was schief gelaufen. Es gibt keine Scheu unter Juristen, die Fehler von anderen zu erkennen, und auch kein Zögern, gegen einen Kollegen auf Schadensersatz zu klagen.

Vater hat ungern gezahlt

Durum et durum non faciunt murum.
Hart und hart ergibt noch keine Mauer.
Lateinischer Spruch des Mittelalters

Der Bundesgerichtshof in Karlsruhe hat 1998 eines der Urteile zur Haftung von Rechtsanwälten gesprochen, die schon wirklich erstaunlich sind. Ein Vater hatte sich immer wieder gedrückt, seiner geschiedenen Frau und ihren gemeinsamen Kindern Unterhalt zu zahlen. Immer wieder musste sie klagen. Schließlich ging es sogar um Rückstände von fast 100000,- DM. Eine lange Geschichte. Sie beginnt 1980 und endet mit diesem Urteil des Bundesgerichtshofes.

1980, kurz vor der Scheidung, gingen Vater und Mutter zu einem Notar und vereinbarten, dass er ihr und den Kindern 2100,- DM monatlich Unterhalt zahlen solle, nämlich den normalen Satz nach der »Düsseldorfer Tabelle«. Das sind Berechnungen des Oberlandesgerichts Düsseldorf, die in regelmäßigen Abständen erneuert werden und eine Art offizieller Leitfaden geworden sind für Unterhaltszahlungen in der Bundesrepublik. Der Vater war Assistenzarzt in einem Krankenhaus, und die Mutter kümmerte sich zu Hause um die Kinder. 1981 wurden sie geschieden. Er zahlte nicht richtig, und sie klagte auf Unterhalt aus dieser Vereinbarung von 1980. Der Prozess begann vor einem Amtsgericht und endete 1983 mit einem Urteil des Oberlandesgerichts Oldenburg. Der Vater wurde verurteilt. Danach kam es wieder zu einem Prozess, weil die finanzielle Situation sich geändert hatte. Denn inzwischen hatte er sich selbstständig gemacht als Gynäkologe. Diesmal war es das Amtsgericht Hagen. Der Prozess endete dort mit einem Vergleich. Das war 1986. Mutter und Kinder sollten zwei Jahre lang monatlich 2100,- DM Unterhalt bekommen, also so viel wie 1980, nicht – wie vereinbart – nach der Düsseldorfer Ta-

45

belle. Deren Sätze waren inzwischen natürlich gestiegen. Nach Ablauf der zwei Jahre, so der Vergleich, sollte wieder der dann gültige Satz nach dieser Tabelle gezahlt werden. Wahrscheinlich konnte der Vater geltend machen, er sei mit dem Aufbau einer eigenen Existenz belastet, habe viele Schulden und könne erst einmal nicht mehr zahlen. Für zwei Jahre erhielt er also einen gewissen Nachlass. 1988 war die Schonfrist abgelaufen, aber Vater blieb hartnäckig, wollte nicht alles zahlen, und seine Rückstände waren schon bei fast 80 000,– DM angekommen. Also ging die Mutter wieder zu einer Anwältin und gab ihr den Auftrag, auf Zahlung des richtigen Unterhalts zu klagen, der inzwischen – nach der Düsseldorfer Tabelle – auf 3200,– DM monatlich gestiegen war. Die Rückstände sollten ebenfalls beglichen werden. Die Anwältin erhielt die notarielle Vereinbarung von 1980 und den Vergleich von 1986 beim Amtsgericht Hagen. Das Urteil von 1983 erwähnte die Mutter nicht. Sie meinte, wichtig sei nur, was am Anfang, 1980, und was zuletzt 1986 vereinbart worden war.

Also klagte die Anwältin 1989 vor dem Amtsgericht, erhielt dort aber im Urteil nicht alles, was die Mutter wollte. Mutter ärgerte sich, ging zu einem anderen Anwalt und sagte ihm, er solle Berufung einlegen gegen das Urteil des Amtsgerichts. Das tat der auch. Darüber wurde 1994 verhandelt vor dem Oberlandesgericht Hamm. Die Richter in Hamm entdeckten einen Fehler, den die Anwältin mit der Klage 1989 vor dem Amtsgericht gemacht hatte. Sie erklärten, sie wollten die Klage deswegen eigentlich abweisen, und drängten damit den neuen Anwalt zu einem Vergleich. Das machen Richter gern, denn dann brauchen sie kein langes Urteil zu schreiben. Der Anwalt sah die Gefahr einer Abweisung der Klage und schloss einen Vergleich, der für die Mutter sehr ungünstig war. Es war eine schwierige Situation für ihn, und wahrscheinlich war es auch richtig so, wie er gehandelt hat. Sie verlor viel Geld, insgesamt 94 000,– DM. Und nun klagte sie auf Schadensersatz gegen die Anwältin, die 1989 diesen Fehler gemacht hatte.

Was war das für ein Fehler? Nun, im Grunde hatte ihn die Mutter selbst gemacht. Sie hatte der Anwältin nicht das Urteil des Oberlandesgerichts Oldenburg genannt. Die Anwältin hatte es bei ihrer Klage 1989 deshalb auch nicht berücksichtigt. Hier ein tabellarischer Überblick über die zeitliche Reihenfolge:

1980 Notarielle Vereinbarung über den Unterhalt
1980 Scheidung
1982 1. Prozess, Klage auf Unterhalt aus der Vereinbarung von 1981
1983 Urteil des Oberlandesgerichts Oldenburg am Ende des 1. Prozesses, im Sinne der Vereinbarung von 1980
1986 2. Prozess vor dem Amtsgericht Hagen. Er endet mit einem auf zwei Jahre befristeten Vergleich
1989 3. Prozess, beginnt mit der Klage der Anwältin vor dem Amtsgericht Hagen und endet in 1. Instanz
1992 vor diesem Amtsgericht ungünstig für die Mutter, die über einen neuen Anwalt Berufung einlegt, die
1994 vor dem Oberlandesgericht Hamm mit einem für die Mutter ungünstigen Vergleich beendet wird
1998 Urteil des Bundesgerichtshofs: die Anwältin muss 94 000,– DM Schadensersatz zahlen.

Das Urteil des Oberlandesgerichts Oldenburg im ersten Prozess war für den dritten Prozess 1989 deswegen wichtig, weil damals, 1983, schon einmal ganz klar gesagt worden war, dass der Vater zur Zahlung von Unterhalt im Sinne der Vereinbarung von 1980 verpflichtet ist. Im zweiten und dritten Prozess ging es also nicht mehr um die Verpflichtung als solche, sondern nur noch um die Höhe. Wenn die Unterhaltsverpflichtung als solche schon feststeht und es nur um die Veränderung der Zahlungen nach oben oder nach unten geht, muss der Anwalt mit einer so genannten Abänderungsklage vorgehen. Der erste Prozess – mit dem grundsätzlich festgestellt werden sollte, dass der Vater zu solchen Zahlungen verpflichtet ist – begann mit einer anderen, die man Leistungsklage nennt. Also am Anfang eine Leistungsklage, später nur noch Abänderungsklagen. Das wusste die Anwältin natürlich. Sie wusste allerdings nicht, dass der zweite Prozess in Hagen 1986 schon eine Abänderungsklage war. Sie dachte, es wäre eine Leistungsklage gewesen. Wenn eine Leistungsklage aber mit einem

47

auf zwei Jahre befristeten Vergleich endet, zählt das nicht. Dann muss der nächste Prozess wieder als Leistungsklage geführt werden. So hatte sie es gemacht. Hätte sie gewusst, dass es schon ein Urteil von 1983 gab, würde sie eine Abänderungsklage erhoben haben. Alles fürchterliche Formalitäten, aber sie sind im Prozessrecht nicht unwichtig. Die Anwältin hat vom Urteil 1983 nichts gewusst, weil die Mutter ihr das nicht gesagt hatte. Die dachte, wichtig sei nur der letzte Prozess. Wo liegt der Fehler der Anwältin? Ganz einfach: Sie hätte fragen müssen. Hätte fragen müssen: »War das der erste Prozess?« Außerdem hätte sie sich die Akten des zweiten Prozesses genau ansehen müssen, also des Prozesses vor dem Amtsgericht in Hagen, der mit dem befristeten Vergleich von 1986 beendet wurde. Dann hätte sie nämlich gesehen, dass davor schon einmal ein Prozess geführt worden und ein Urteil ergangen war. Dazu der Bundesgerichtshof im Urteil gegen die Anwältin von 1998:

> »Es gehört zu den grundlegenden Pflichten eines Anwalts, zu Beginn eines Mandats zunächst den Sachverhalt möglichst genau zu klären, den er beurteilen soll.«

Das ist richtig. Die Anwältin hat einen Fehler gemacht, nicht richtig gefragt und die Akten nicht genau gelesen. Aber muss sie deshalb 94000,– DM Schadensersatz zahlen? Die Antwort ist eindeutig: nein. Denn den eigentlichen Fehler hat das Oberlandesgericht Hamm gemacht. Die Richter in Hamm hätten den Fehler der Anwältin korrigieren können. Mehr noch. Sie hätten ihn sogar korrigieren müssen. Wenn jemand mit einer Leistungsklage Unterhalt verlangt, aber nur mit einer Änderungsklage vorgehen dürfte, dann kann ein Gericht in einem Fall wie hier ohne weiteres sagen, wir sehen das als Änderungsklage an. Juristisch gesprochen bedeutet es, dass das Gericht die Leistungsklage in eine Änderungsklage umdeutet. Wenn es sieht, dass der Fehler der Klage – wie hier – veranlasst ist durch einen Irrtum über die Rechtslage, dann ist es dazu auch verpflichtet. Dann gehört die Umdeutung zur Amtspflicht der Richter. Das Oberlandesgericht hat ohne Zweifel gesehen, dass die Anwältin sich über die Rechtslage geirrt hatte. Es hätte umdeuten müssen und den zweiten Anwalt nicht mit falschen Rechtsausführungen zu dem ungünstigen Vergleich drängen dürfen. Also, den entscheidenden Fehler hat das Oberlandesgericht Hamm gemacht.

Dazu der Bundesgerichtshof in seinem Urteil von 1998:

»Für diesen gerichtlichen Fehler ist die Beklagte indessen mitverantwortlich. Hat der Anwalt eine ihm übertragene Aufgabe nicht sachgerecht erledigt und auf diese Weise zusätzliche rechtliche Schwierigkeiten hervorgerufen, sind die dadurch ausgelösten Wirkungen ihm grundsätzlich zuzurechnen. Folglich haftet er für die Folgen eines gerichtlichen Fehlers, sofern dieser auf Problemen beruht, die der Anwalt durch eine Pflichtverletzung erst geschaffen hat oder bei vertragsgemäßem Arbeiten hätte vermeiden müssen.«

Der Anwalt soll also auch büßen für Fehler von Richtern eines hohen Gerichts. Das ist absurd. Wobei hinzukommt, dass gegen Richter wegen ihrer Fehler auf Schadensersatz überhaupt nicht geklagt werden kann. Man nennt es das Richterprivileg, geregelt in § 839 Absatz 2 des Bürgerlichen Gesetzbuchs.

Ergebnis: Die Anwältin hat einen Fehler gemacht, nicht sorgfältig genug die Akten gelesen und mit der Mutter nicht ausführlich genug besprochen, was vorher alles passiert ist. Eine Nachlässigkeit, die leider häufig vorkommt, wenn Anwälte zu viele Mandate übernehmen, um ihren Umsatz zu steigern, und dann in Zeitnot kommen. Ob man es mit einem guten oder schlechten Anwalt zu tun hat, merkt man oft schon daran, wie viel Zeit er sich nimmt für das erste Gespräch. Da hat anscheinend auch die Mutter nicht aufgepasst. Sie hätte lieber gleich zur nächsten Anwältin gehen sollen. Der eigentliche Vorwurf jedoch trifft jene Anwältin. Dafür muss sie auch finanziell einstehen. Aber ist es richtig, ihr den ganzen Schaden von 94000,- DM aufzubürden? Darf man einen Anwalt allein in vollem Umfang haften lassen, nur weil die Richter vom BGB durch das Privileg des § 839 geschützt werden? Das kann nicht richtig sein. Es gibt ohne weiteres juristische Möglichkeiten, den Anwalt in solchen Fällen nur auf einen Teil der Summe in Anspruch zu nehmen.

Eine ungeeignete Computeranlage

> *Da mihi factum, dabo tibi ius.*
>
> »Gib mir den Sachverhalt, und ich werde dir das Recht geben.« (Wer vor Gericht geht, braucht die Rechtsfragen nicht zu behandeln. Es genügt, wenn er die Tatsachen vorträgt. Die juristische Beurteilung nimmt das Gericht selbst vor, ohne den Kläger oder Anwalt.)
>
> Alte Juristenregel, entstanden im Mittelalter, gilt – eigentlich – bis heute.

Vater zahlte ungern, und Mutter hat den Prozess gegen ihre Anwältin gewonnen. Vor Gericht und auf hoher See sind wir eben alle in Gottes Hand. Noch grotesker ist eine andere Geschichte. Sie spielt zwischen 1985 und 1996. Ein Anwalt hatte gleich zwei dicke Fehler gemacht, einen gemeinsam mit mehreren Richtern, nämlich eines Landgerichts und eines Oberlandesgerichts. Keiner hatte aufgepasst, und ein Architekt verlor viel Geld.

Dieser hatte ein großes Büro und meinte, er brauche eine Computeranlage mit Software. Wollte aber nicht alles gleich bezahlen und ging zu einer Leasingfirma. 1985 wurde der Vertrag abgeschlossen, auf längere Zeit und mit monatlichen Raten von fast 3000,– DM.

Solche Verträge sind im BGB noch nicht vorgesehen, das seit 1900 gilt, und diese Finanzierung kennt man in Deutschland erst seit den Sechzigerjahren. Eine neue Vertragsart. Nun wird nicht mehr ein Darlehen gegeben für den Kauf einer Sache. Es läuft anders. Derjenige, der sie finanziert, kauft die Sache, wird ihr Eigentümer und überlässt sie dem anderen gegen Zahlung monatlicher Raten. Meistens geht jemand zuerst zu einem Lieferanten und sucht sich aus, was er haben will. Ein Auto oder eine Maschine, eine große Industrieanlage oder eben einen Computer mit Software. Dann geht er zu einer Leasingfirma, sagt ihr, was er haben möchte und macht mit ihr einen Vertrag. Ein besonderes Gesetz gibt es dafür nicht, aber die juristische Einordnung solcher Verträge in das BGB ist nicht besonders schwer. Man sagt einfach, es sei eine Art Mietvertrag, mit einigen Besonderheiten, zum Beispiel wenn die Sache einen Mangel hat. Ein Mietvertrag bringt steuerliche Vorteile. Die Raten sind Mietzahlungen, und Mietzahlungen sind Betriebsausgaben, die in voller Höhe von der Steuer abgesetzt werden können. Meistens sind es komplizierte Verträge mit ausführlichen Regelungen. So auch hier.

Die Anlage wurde geliefert, und der Architekt merkte nach wenigen Tagen, er könne sie nicht gebrauchen. Nicht, dass sie irgendwelche Fehler hätte. Aber für seine Zwecke war sie ungeeignet, blieb ungenutzt stehen, und er wollte weg vom Vertrag, die Sache zurückgeben und nicht 3000,– DM monatlich nutzlos ausgeben. Ging also zu einem Anwalt und ließ sich beraten. Der Anwalt schrieb einen Brief an die Leasingfirma. Der entscheidende Satz:

»Namens und im Auftrage meines Mandanten habe ich hiermit vorsorglich auch ihrem Unternehmen gegenüber die Anfechtung des Leasingvertrages... und so weit rechtlich möglich und zulässig – den Rücktritt vom Leasingvertrag zu erklären...«

Eine Anfechtung macht einen Vertrag unwirksam, wenn man dafür einen ausreichenden Grund hat. Der Architekt hatte gesagt, er sei von der Lieferfirma über den Preis der Anlage getäuscht worden. Was wohl stimmte. Also Anfechtung wegen Täuschung. Das ist an sich ein ausreichender Grund, war hier aber ein juristisches Problem, weil der Leasingvertrag nur abgeschlossen war zwischen dem Architekten und der Leasingfirma. Die Lieferfirma hatte damit – juristisch gesehen – nichts zu tun. Sie war – juristisch gesprochen – »Dritter«. Und die Anfechtung bei Täuschung durch Dritte ist grundsätzlich nicht möglich, von wenigen Ausnahmen abgesehen. War das hier eine? Schwer zu sagen. Eher nein. Mit dem Rücktritt war es noch schlechter. Er ist bei der Miete fast gar nicht möglich, also auch nicht beim Leasing, und schon gar nicht in diesem Fall. Mit anderen Worten, der Vorstoß des Anwalts hatte wenig Chancen.

Das sagte sich auch die Leasingfirma. Sie ließ die Sache erst mal laufen, klagte 1986 auf Zahlung der ersten 15 Monatsraten und gewann den Prozess, zuerst vor einem Landgericht und schließlich 1990 – nachdem Berufung eingelegt worden war – vor dem Oberlandesgericht Düsseldorf. Der Architekt musste nicht nur die Raten zahlen von zusammen 44 000,– DM, sondern dazu 34 000,– DM Zinsen. Denn im Leasingvertrag war vereinbart, Rückstände seien zu verzinsen in Höhe von 18 Prozent jährlich. Nach diesem Urteil hat er – mehr oder weniger freiwillig – auch noch die Raten überwiesen für die drei Jahre von 1987 bis 1989, wieder mit 18 Prozent Zinsen, allein schon wieder 30 000,– DM. Dann allerdings hat er sich gesagt, der Vertrag sei nur für fünf Jahre abgeschlossen, von 1985 bis 1990.

Die Leasingfirma war anderer Meinung und der komplizierte Vertrag nicht ganz eindeutig. Wieder klagte sie vor dem Landgericht, noch im selben Jahr 1990, auf die ersten zehn Raten von Januar bis Oktober. Auch diesen zweiten Prozess hat sie gewonnen, allerdings nicht ganz. Inzwischen war nämlich dem Anwalt endlich ein Licht aufgegangen. Immerhin entdeckte er jetzt – nach über vier Jahren – einen Fehler, den er im ersten Prozess gemacht hatte: bei den Zinsen. Die Vereinbarung im vorgedruckten Leasingvertrag über 18 Prozent war zu hoch. Es gibt nämlich eine Vorschrift im Gesetz über Allgemeine Geschäftsbedingungen von 1976, nach der solche Zinsvereinbarungen unwirksam sind, wenn sie einfach pauschal einen Schaden beim Gläubiger ersetzen sollen und höher sind als normale Zinsen. Normale Zinsen, sagt man, sind solche bis zu fünf Prozent über dem jeweiligen Diskontsatz der Bundesbank. 18 Prozent lagen weit darüber. Also war die Vereinbarung unwirksam, und es galten die allgemeinen Regeln des BGB. Nach denen schuldete man damals nur vier Prozent Zinsen, wenn man mit Zahlungen im Verzug ist. Das Landgericht verurteilte also den Architekten zur Zahlung von 30 000,– DM und vier Prozent Zinsen, nämlich 1600,– DM statt – bei 18 Prozent – 7500,– DM. Immerhin fast 6000,– DM weniger. Die späte Erkenntnis des Anwalts entschuldigte aber nicht sein Versäumnis zuvor. Der Architekt hatte für die verspäteten Raten bis Ende 1989 schon einen Schaden von 50 000,– DM zu viel gezahlter Zinsen.

Im Übrigen hatte der Anwalt noch einen zweiten dicken Fehler gemacht. Er hatte mit dem Architekten überhaupt nicht darüber gesprochen, ob er nicht einfach kündigen wolle, vorsorglich kündigen, zusätzlich neben dem Argument im zweiten Prozess, der Leasingvertrag sei 1990 automatisch ausgelaufen. Das war ja eine Meinung, die man durchaus vertreten konnte. Aber es war nicht sicher, ob das Landgericht sie akzeptieren würde. Also musste man sich so früh wie möglich überlegen, ob man nicht noch in anderer Weise vom Vertrag wegkommen konnte, der jeden Monat 3000,- DM kostete. Diese Möglichkeit war eine vorsorgliche Kündigung für den Fall, dass die Meinung über das automatische Auslaufen nach fünf Jahren vom Gericht nicht geteilt würde. Nach dem Leasingvertrag war eine Kündigung schon im August 1987 möglich. Dann wäre der Vertrag im Februar 1988 beendet gewesen, letztlich aber noch bis Ende 1989 weitergelaufen, weil bei einer so frühen Kündigung noch 22 Monatsraten als Ablösungsbetrag zu zahlen gewesen wären. So war es im Vertrag vorgesehen, um die Amortisation des Kaufpreises für die Leasingfirma sicherzustellen. Eine zulässige und gerechte Regelung. Kündigung im August 1987 und Zahlungen bis Ende 1989. Dann wäre endgültig Schluss gewesen, sogar schon etwas früher als nach den fünf Jahren automatischen Auslaufens. Darauf hätte der Anwalt den Architekten hinweisen müssen, vor August 1987. Damals lief zwar noch der erste Prozess und man konnte gewisse Hoffnungen haben, ihn zu gewinnen. Trotzdem. Man hätte vorsorglich kündigen müssen. Das wäre der »sicherste Weg« gewesen. So lief jetzt alles unsicher weiter, und erst nachdem der zweite Prozess verloren war, kam dem Anwalt diese zweite Erleuchtung. Er kündigte im Oktober 1991. Die Kündigung wurde – nach den Vertragsbedingungen – aber erst wirksam im Februar 1993. Leasingraten für 38 Monate – ungefähr 110000,- DM – würde man gespart haben, wenn der Anwalt 1987 rechtzeitig zur vorsorglichen Kündigung geraten hätte. Dazu der zeitliche Überblick:

1985 Leasingvertrag, Anfechtung und Rücktritt durch den Anwalt
1986 1. Prozess beginnt vor dem Landgericht wegen 15 Raten für 1985/86

1987 Kündigung hätte erklärt werden müssen, dann wäre
1989 Vertrag endgültig ausgelaufen
1990 1. Prozess beendet vor dem Oberlandesgericht Düsseldorf: Architekt muss 44000,– DM zahlen und 18 Prozent Zinsen. Schaden von zu viel gezahlten Zinsen: 26500,– DM (vier Prozent hätte er zahlen müssen)
1990 Nachzahlungen der Raten für 1987 bis 1989 mit 18 Prozent Zinsen. Schaden von zu viel gezahlten Zinsen: 23500,– DM
1990 2. Prozess beginnt vor dem Landgericht wegen zehn Raten für Januar bis Oktober 1990 und wird
1991 beendet vor dem Landgericht: Architekt muss 30000,– DM zahlen und vier Prozent Zinsen. Aber letztlich Schaden in Höhe der gesamten Kosten, weil 1987 nicht vorsorglich gekündigt wurde und Leasingvertrag dann 1989 endgültig ausgelaufen wäre
1991 Nach Verlust des 2. Prozesses erklärt Anwalt endlich die Kündigung, die aber erst
1993 den Leasingvertrag beendet. Schaden noch einmal 38 Leasingraten in Höhe von 110000,– DM.

Nun setzte sich der Architekt hin und rechnete seinen Schaden aus, nach dem Verlust des zweiten Prozesses. Er kam auf 137000,– DM. Wie, das ist nicht ganz klar. Unter anderem hatte er den Zinsschaden im ersten Prozess weggelassen. Die Schadensersatzansprüche gegen den Anwalt waren noch nicht verjährt. Denn die Regel der drei Jahre für die Anwaltshaftung gilt nur, wenn der Anwalt den Mandanten darüber aufgeklärt hat, dass ein Fehler passiert ist. Tut er es nicht, verlängert sich die Haftung noch einmal um weitere drei Jahre. Der erste Fehler war 1987 gemacht worden, also klagte der Architekt gegen seinen Anwalt. Der Bundesgerichtshof hat ihm 1996 im Wesentlichen Recht gegeben, den Anwalt aber noch nicht endgültig verurteilt, weil die Höhe des Schadens noch nicht genau feststand. Deshalb wurde der Prozess an das Oberlandesgericht Düsseldorf zurückverwiesen. Dort sollte alles noch einmal genau nachgerechnet werden.

Der Anwalt hat zwei schwere Fehler gemacht, bei den Zinsen und bei der Kündigung. Den bei den Zinsen hat er zwar im zweiten Prozess berichtigt, aber zu spät. Es war schon ein Schaden von über 60000,– DM entstanden. Insoweit ist jedoch auch das Urteil des Bundesgerichtshofs bedenklich. Denn den Fehler hat der Anwalt nicht allein zu verantworten. Es war auch ein grober Fehler der Richter am Landgericht und der am Oberlandesgericht Düsseldorf. Sie alle haben eine Vorschrift des Gesetzes über die Allgemeinen Geschäftsbedingungen übersehen, die Jurastudenten schon im zweiten Semester kennen müssen. Das Gesetz ist einfach und übersichtlich, sozusagen studentenfreundlich, und gehört mit dem Haustürwiderrufsgesetz von 1986 und dem Verbraucherkreditgesetz von 1990 zum Kernbereich des Zivilrechts neben dem Bürgerlichen Gesetzbuch. Wenn Richter zweier Instanzen da einen Fehler machen, ist nicht einzusehen, dass ein Anwalt dafür allein in vollem Umfang haften soll. Der Bundesgerichtshof sagt in seinem Urteil zu diesem Problem gar nichts. Die Richter haben falsch entschieden. Der Anwalt hat das mitverschuldet. Also muss er Schadensersatz zahlen. Und zwar nicht nur für die Zinsen, zu denen der Architekt im Prozess 1990 verurteilt worden ist. Er hat seinem Mandanten auch diejenigen zu ersetzen, die der unter dem Eindruck des falschen Urteils mehr oder weniger freiwillig bezahlt hat für die restliche Zeit von Januar 1987 bis Dezember 1990. Die hatte die Leasingfirma in diesem Prozess noch nicht verlangt, nur für 1985/86, als er begann. Der Architekt hat gezahlt unter dem Eindruck des Urteils, also mitverschuldet durch seinen Anwalt, weil – so der Bundesgerichtshof wörtlich –

»durch die Pflichtverletzung des Beklagten [Anwalt, U. W.] und die entsprechende falsche Gerichtsentscheidung [des Oberlandesgerichts Düsseldorf, U. W.] für den Kläger [Architekt, U. W.] eine Lage entstand, die es nahe legte, auch die nicht titulierten [nicht in einem Urteil bestätigten, U. W.] rückständigen Raten mit 18 Prozent jährlich zu verzinsen.«

Das ist leicht gesagt, die Pflichtverletzung des Anwalts »und die entsprechende falsche Gerichtsentscheidung«, wenn man bedenkt, dass für Richter immer noch der Satz gilt: *da mihi factum, dabo tibi ius* – gib mir die Tatsachen, dann werde ich dir das Recht geben. Oder kürzer: *iura novit curia*, auf Deutsch: Das Gericht – allein – kennt das Recht. Keine Frage, auch Anwälte müssen heute juristisch richtig argumentieren. Aber Richter stehen in erster Linie in dieser Pflicht. Im Übrigen ist natürlich ein Anwalt, der in einem Prozess gleich zwei schwere Fehler macht, tatsächlich ein Risiko für jeden Mandanten und leider kein Einzelfall. Er musste alles allein zahlen. Richter haften nicht für Fehler. So steht es im BGB. Nur die »nicht titulierten« überzähligen Zinsen hat er sich vielleicht von der Leasingfirma zurückholen können. Die waren ja tatsächlich nicht geschuldet. Die anderen schon. Denn dafür gab es ein rechtskräftiges Urteil, zwar falsch, aber rechtskräftig. Daran war nicht mehr zu rütteln.

Die Anwaltsschwemme

Invitavit sese plusculum.
Er hat sich ein wenig zu viel eingeladen.

Plautus, *Amphitruo* 283

Für die deutschen Anwälte begann die Neuzeit 1878. Der Reichstag erließ die Rechtsanwaltsordnung mit dem Prinzip der freien Advokatur. Nicht mehr ständische Privilegien und absolutistische Kontrolle waren der Rahmen für die Arbeit von Advokaten und Prokuratoren, sondern freie Zulassung zum Beruf und Selbstkontrolle durch Anwaltskammern bestimmten das Bild der Zukunft, wie es die Liberalen seit der Mitte des Jahrhunderts gefordert hatten. Freie Zulassung, sofern die notwendige Qualifikation nachgewiesen war, nämlich das zweite juristische Staatsexamen, auch Assessorexamen genannt. Ein Durchbruch, der von den damals praktizierenden Anwälten nicht unbedingt mit Jubel begrüßt wurde. Denn es war klar, die Konkurrenz würde größer werden, die Zahl der Zulassungen zur Anwaltschaft steigen.

Die Konkurrenz wurde größer, aber nur langsam. In den nächsten 20 Jahren bis zur Jahrhundertwende sind im Deutschen Reich jährlich 100 Anwälte dazugekommen, ein Anstieg, der zwar größer war als vorher, aber geringer als erwartet, und minimal, wenn man es mit den Zahlen von später vergleicht. Von der Jahrhundertwende bis zum Ersten Weltkrieg ging's ein wenig schneller. Nun waren es im Durchschnitt jährlich 400 neue Anwälte, und nach dem Krieg – in der Weimarer Zeit – wurden es 500 pro Jahr. In den 50 Jahren von der Einführung der Freien Advokatur 1878 bis zum Ende der Weimarer Republik waren damit allerdings doch ziemlich viele dazugekommen. 1878 gab es in Deutschland 4000 Anwälte, 1932 fast 20000.

Verbunden mit der allgemeinen Weltwirtschaftskrise am Ende der Weimarer Zeit bedeutete diese Zunahme für die Anwälte

einen Rückgang der Einnahmen. Unruhe und Aufregung waren
groß. Reden auf Kongressen wurden gehalten und Aufsätze geschrieben. Geklagt wurde über drohendes

»Anwaltsproletariat, die Notlage des Anwaltsstandes, Not
und Recht der jungen Akademiker, Rechtsnot durch Anwaltsnot und Götzendämmerung im Anwaltsstande.«
Thalheim, in: *Juristische Wochenschrift*, 1931, Seite 3500.

Auch antisemitische Töne kamen dazu, denn die Zahl jüdischer
Anwälte war immer größer geworden. Schon 1905 schrieb Adolf
Weißler in seiner *Geschichte der Rechtsanwaltschaft* (S. 603):

»Dazu eine Überflutung der großen, bald auch der mittleren
Städte, verstärkt durch die bald hereinbrechende, bis heute
sich immer steigernde Überfüllung des Juristenstandes,
künstlich vergrößert durch die verfassungswidrige Hinausdrängung des jüdischen Elements aus dem Justizdienste, welche zwar der Rechtsanwaltschaft den großen im gebildeten
Judentume vorhandenen Grundstock von Tüchtigkeit und
Ehrenhaftigkeit, aber auch die Summe jüdischer Erbfehler
zuführte, die, im Richteramte völlig unschädlich, in der
Rechtsanwaltschaft verderblich werden können...«

Schon vor dem Ersten Weltkrieg war von Anwaltskammern und
dem Deutschen Anwaltsverein wieder vor dem Jurastudium gewarnt worden. Warnungen, die sich ständig wiederholten. 1932
ging es so weit, dass der Anwaltstag eine Sondertagung nach Berlin einberief zum Thema »Lage und Schicksal der deutschen Anwaltschaft«. Mit großer Mehrheit beschlossen die Delegierten, die
Reichsregierung aufzufordern, den alten Numerus clausus, also
die Zulassungsbeschränkungen, wieder einzuführen, die 1878 abgeschafft worden waren. Die Reichsregierung lehnte ab. Zu
Recht. Aber dann kam Adolf Hitler und löste das Problem auf
seine Weise. Zuerst wurde den jüdischen Anwälten die Arbeitserlaubnis entzogen und dann tatsächlich der Numerus clausus wieder eingeführt, aber nicht aus wirtschaftlichen Gründen, sondern

aus politischen. Den deutschen Anwälten war das nicht unangenehm. Ihre Einkünfte stiegen erheblich, denn ihre Zahl halbierte sich – auch noch aus anderen Gründen – bis zum Ende des Zweiten Weltkriegs. Sie sank von 20000 auf 10000. Das »Problem« war gelöst.
In der Bundesrepublik war die Steigerungsrate zunächst ähnlich wie in der Weimarer Zeit. Und es gab dieselben Warnungen vor dem Jurastudium wie damals. Aber die wirtschaftliche Lage der Anwälte verbesserte sich trotzdem, zum einen, weil das Wirtschaftswunder auch den allgemeinen Wohlstand wachsen ließ, zum anderen durch die zunehmende Verrechtlichung aller Lebensbereiche. Das heißt, die Gesetzgebung des Sozialstaats breitete sich immer mehr aus, im Mietrecht und im Arbeitsrecht gab es immer mehr Vorschriften, also auch immer mehr Prozesse, und ebenso im Familienrecht und Verwaltungsrecht. Es gab immer mehr Autos und damit ein großes neues juristisches Betätigungsfeld für Verkehrsunfälle, Haftpflichtprozesse vor den Zivilgerichten und Prozesse gegen Verkehrssünder vor den Strafgerichten.
Die Sechziger- und Siebzigerjahre wurden die goldene Zeit der westdeutschen Anwälte, trotz steigender Zahlen von Jurastudenten und Anwaltszulassungen. Das lag im Zug der Zeit. 1964 hatte der Heidelberger Pädagogikprofessor Georg Picht vor einer drohenden »Bildungskatastrophe« in der Bundesrepublik gewarnt, nachdem er die Studentenzahlen bei uns und in anderen Ländern verglichen hatte und zu dem Ergebnis gekommen war, dass wir viel zu wenig hätten. Große Aufregung, wir könnten ins Hintertreffen geraten. Also wurden viele Anstrengungen gemacht, die Zahl der Studenten zu erhöhen. Zum Beispiel das vom Bundestag 1971 beschlossene BAföG, das Bundesausbildungsförderungsgesetz, das – damals – sehr viel günstiger war als das alte »Honnefer Modell« der Adenauerzeit. Die Studentenzahlen stiegen. Mehr als manchem lieb war. Auch bei den Juristen, und zwar schneller als die Stellen für Richter, Staatsanwälte oder Verwaltungsjuristen. Die meisten gingen in die Anwaltschaft. Seit 1980 spricht man von einer »Juristenschwemme«, seit 1984 von einer »Anwaltsschwemme«:

»Alle Welt spricht von dem Überangebot von Juristen und der angeblichen Juristenschwemme. In Wahrheit gibt es aber keine Juristenschwemme, sondern lediglich eine Anwaltsschwemme. Denn von einem Überangebot von Richtern oder Staatsanwälten, Notaren oder Verwaltungsjuristen oder einer Flut von Wirtschaftsjuristen oder Syndici kann keine Rede sein. Richtig ist allein, dass wir seit Jahren steigende Zulassungszahlen von jungen Anwälten registrieren, ohne dass diese Zulassungszahlen dem tatsächlich benötigten Nachwuchs entsprechen.«

(*Anwaltsblatt*, 1984, Seite 73.)

Es war im Übrigen nicht nur eine Zunahme der Juristen. Die Zahl der Steuerberater oder Wirtschaftsprüfer stieg genauso. Hier wie dort konnte man es noch gut verkraften, während es in anderen Berufen tatsächlich schon eine Akademikerarbeitslosigkeit gab. Das Überangebot an jungen Anwälten konnte ausgeglichen werden durch weitere Verrechtlichung und durch die Verbesserung des alten Armenrechts, das 1980 umgebaut wurde zu einer besseren Prozesskostenhilfe, die den »Zugang zum Recht« für viele Bürger erleichterte. Auch die Rechtsschutzversicherungen hatten stark zugenommen und erleichterten den Weg zu den Gerichten. 1969 hatten sie ein Beitragsvolumen von 350 Millionen Mark.

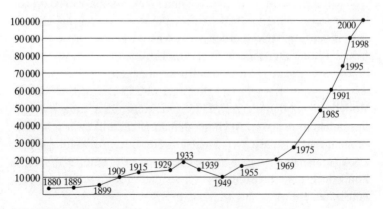

Zahl der Rechtsanwälte in Deutschland

Mitte der Neunzigerjahre war es zehnmal so groß, viereinhalb Milliarden Mark. Die regelmäßigen Warnungen vor dem Jurastudium gingen ins Leere. Bis in die Achtzigerjahre zu Recht. Erst in den Neunzigern wurde es tatsächlich ernst. Die Zahl der Anwälte stieg von 60000 auf 100000.

Das hatte natürlich auch etwas zu tun mit der Wiedervereinigung. Durch sie war nicht nur die verhältnismäßig kleine Zahl von Anwälten der DDR dazugekommen, auch die große Anzahl von Juristen, die in der DDR andere Funktionen hatten – Richter, Staatsanwälte, Justiziare in den Betrieben, Professoren. Die meisten wurden aus ihren Ämtern entlassen, konnten aber den Antrag stellen auf Übernahme in die Anwaltschaft der Bundesrepublik. Schließlich, wie im Westen, eine große Zahl junger Juristen in Ostdeutschland, die nach 1990 ihre Examen machten wie die im Westen. Auch die Anwaltsdichte erhöhte sich, in ähnlich dramatischer Weise, also die Zahl von Anwälten auf je 100000 Einwohner.

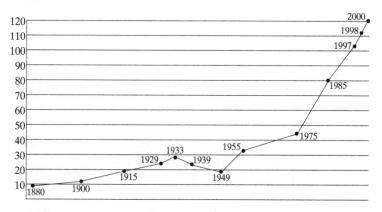

Zahl der Rechtsanwälte je 100 000 Einwohner in Deutschland

Vergleicht man diesen Anstieg mit dem in anderen Ländern, sieht es nicht mehr ganz so dramatisch aus. Die Anwaltsdichte in den USA, in England und Kanada ist noch höher. In Italien und Frankreich liegt sie niedriger. Bekannt sind nur Zahlen für das Jahr 1990. Es wird sich aber im Prinzip nichts geändert haben. Zahl der Anwälte je 100000 Einwohner 1990:

USA	230
England	130
Kanada	130
Deutschland	100
Italien	80
Frankreich	55

Damit liegt die Bundesrepublik ungefähr im Mittelfeld. Trotzdem verschlechterte sich die allgemeine wirtschaftliche Lage. Der Staat hatte immer weniger Geld, also wurden immer weniger junge Juristen in Justiz und Verwaltung eingestellt. Nun war die Lage für sie zum ersten Mal tatsächlich schwierig. Selbst in Anwaltskanzleien kamen nur noch wenige unter, nämlich nur die besten. Früher war es kein Problem, selbst wenn man sein Examen nur mit »ausreichend« oder »befriedigend« gemacht hatte. Jetzt konnten Kanzleien, die Anwälte einstellen wollten, ein »Vollbefriedigend« oder besser verlangen, also die oberen 15 Prozent, die möglichst noch Kenntnisse in mehreren Fremdsprachen, Aufenthalt und Diplome im Ausland und einen deutschen Doktortitel vorweisen konnten. Die anderen konnten sehen, wo sie blieben. Zum Teil gingen sie in andere Berufe und verdrängten Politologen oder Soziologen, die dort bisher eingestellt worden waren, zum Teil machten sie sich gleich als Anwälte selbstständig. Das war früher selten. Normalerweise ging man zunächst in eine etablierte Kanzlei und arbeitete sich ein in einen Beruf, für den man ja gar nicht ausgebildet war. Nun stieg die Zahl neuer selbstständiger Anwälte. Mit einem doppelten Risiko, nämlich mit dem für die eigene Existenz und dem für die Mandanten, die nun auf völlig unerfahrene Anwälte trafen. Das mit der eigenen Existenz glichen viele aus, indem sie nebenbei dazuverdienten. Nicht wenige als Taxifahrer. Was zunächst als standeswidrig angesehen wurde, bis der Bundesgerichtshof 1993 ein klärendes Wort sprach. Ein junger Jurist sollte aus der Anwaltschaft ausgeschlossen werden, weil er nebenbei als Taxifahrer sein Geld verdiente. Dazu der Bundesgerichtshof:

»... eine kaufmännisch-erwerbswirtschaftliche Tätigkeit (kann) den Ausschluss vom Beruf des Rechtsanwalts nur dann rechtfertigen, wenn sich durch die erwerbswirtschaftliche Prägung des Zweitberufs die Gefahr einer Kollision mit Mandanteninteressen deutlich abzeichnet oder dem Zulassungsbewerber nicht genügend Zeit für die Ausübung des Anwaltsberufs zur Verfügung steht. Keiner dieser beiden Ausnahmefälle lässt sich hier feststellen.«

Der Deutsche Anwaltverein und die Bundesrechtsanwaltskammer sahen sorgenvoll in die Zukunft. Nicht ganz zu Unrecht. Mehr als 100 000 Jurastudenten standen Ende der Neunzigerjahre noch vor ihren Türen und über 25 000 Referendare. Alle mit Anspruch auf Zulassung, wenn sie das zweite Staatsexamen geschafft haben würden. Und auch der Staat machte sich Sorgen. Zum ersten Mal dachten die Justizminister 1999 ernsthaft über eine Reform der Ausbildung von Juristen nach. Aus einem einfachen Grund: Referendare haben Anspruch auf ein Gehalt. Und jeder Student hat Anspruch auf Einstellung in den Referendardienst, wenn er das erste Staatsexamen bestanden hat. Das kostet mehr als eine Milliarde Mark im Jahr. Und der Staat muss sparen. Jahrzehntelang ergebnislose Überlegungen zur Reform der veralteten Ausbildung haben jetzt endlich eine Chance. Aus finanziellen Gründen.

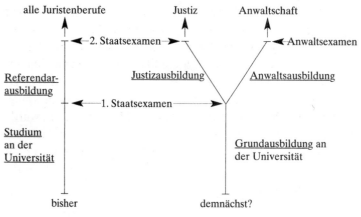

Juristenausbildung

Nach einer Grundausbildung an der Universität, die verbessert und verbunden werden soll mit einer Praxisphase für alle, werden wohl nur noch diejenigen in die Justizausbildung kommen, die später als Richter oder Staatsanwälte eine Chance auf Einstellung haben. Also nur die mit den besten Noten. Und die anderen? Werden in der Verantwortung der Rechtsanwaltskammern zu Anwälten ausgebildet, wenn sie gewisse Mindestvoraussetzungen erfüllen, die mit Sicherheit höher liegen als bisher. Das so genannte Y-Modell (s. Seite 63).

Die Anwälte sind über diese neue Last der Ausbildung nicht traurig, zumal die Kosten zum Teil wohl vom Staat getragen werden. Können sie doch nun selbst entscheiden, wer Anwalt werden darf, nicht mehr staatliche Justizprüfungsämter über das zweite Staatsexamen. Die Anwälte werden darüber entscheiden, indem sie die Anforderungen an ein Schlussexamen auf einer Anwaltsschule entsprechend erhöhen. Nicht der schlechteste Weg, die Ausbildung von Rechtsanwälten endlich zu verbessern. Aber es wird noch einige Zeit dauern, bis es so weit ist.

Ein ganz normaler Schriftsatz

Turpe est impingere in primo limine.
Einen schlechten Eindruck macht, wer schon an der Schwelle stolpert.
Albinus, *Epigrammata ex M.Val.Martiale selecta*, 1609, Seite 66

Schriftsätze von Anwälten gehen bei den Gerichten täglich zu tausenden ein. Klageschriften, Erwiderungen, Stellungnahmen zu den Erwiderungen, Berufungsschriften, Revisionen, Beschwerden. Die Qualität eines Anwalts erkennt man auf den ersten Blick daran, wie er schreibt. Und der erste Eindruck vor Gericht ist auch für den Mandanten nicht unwichtig. Dieser erste Eindruck ist der Schriftsatz seines Anwalts. Es geht um Recht, und Recht ist Sprache. Also, wie fängt der Anwalt an? Wie klar schreibt er? Wie oft wiederholt er sich? Ist es das normale unüberlegte Plappern in der bürokratischen Fachsprache der Juristen? Ist das Schriftbild gegliedert oder kommt hinter jedem Satz ein Absatz, weil der Anwalt nicht mehr weiter weiß? Folgt das eine logisch aus dem anderen? Und wie viele Tippfehler hat die Sekretärin gemacht und der Anwalt übersehen? Denn Anwälte haben oft wenig Zeit. Also werden Schriftsätze nicht von ihnen selbst geschrieben, sondern auf Band diktiert, bestenfalls auf Grund von vorbereiteten Notizen, häufig ohne, und zwar einfach nur beim Blättern in den Akten. Noch schlimmer ist es, wenn er Briefe von Mandanten wörtlich übernimmt. Geschrieben wird dann in der Regel von Sekretärinnen, die Rechtsanwalts- und Notariatsgehilfinnen heißen, abgekürzt ReNo genannt. Sie haben eine besondere Ausbildung, weil sie zusätzliche Arbeiten erledigen müssen, die gar nicht einfach sind. Der Anwalt sitzt am Schreibtisch und diktiert. Dann wird geschrieben. Danach müsste er alles noch einmal genau durchgehen, juristisch, stilistisch, die tatsächlichen Angaben überprüfen und die Tippfehler. An einer Seite Prosa arbeiten wie an einer Bildsäule. Denkste. Entweder fehlt die Zeit oder die Motivation oder die Fähigkeit. Und dann wird einfach unterschrieben. Hier ein Beispiel aus dem Leben. Die Berufungsschrift eines Anwalts, dem alles drei fehlte. Ein normaler Schriftsatz. Natürlich gibt es bessere. Es gibt sogar ab und zu sehr gute. Aber der Normalfall sieht eher so aus:

»Norbert Neißkamp, Rechtsanwalt, Adresse, Stuttgart, den 3. 11. 1998

An das Oberlandesgericht Stuttgart
Ulrichstraße 10, 70182 Stuttgart

Berufung

| des Herrn Werner Losch | Antragsteller |
| Adresse, Stuttgart | Berufungskläger |

Prozessbevollmächtigter
Rechtsanwalt Norbert Neißkamp
Adresse, Stuttgart

gegen

| Frau Chauwee Losch | Antragsgegnerin |
| Adresse, Stuttgart | Berufungsbeklagte |

Prozessbevollmächtigte
Rechtsanwältin Gisela Hohenschmid
Adresse, Stuttgart

Namens und in Vollmacht des Berufungsklägers lege ich gegen das Urteil des Amtsgerichts Stuttgart, Familiengericht, Aktenzeichen..., zugestellt am 23. 10. 1998

Berufung

ein.

Die Berufung begründe ich mit folgenden Anträgen:

1. In Abänderung des Urteils des Familiengerichts wird der Scheidungsausspruch aufgehoben.

2. In Abänderung des Urteils des Familiengerichts wird die elterliche Sorge für Markus Losch, geboren am 12.1.1991, dem Vater übertragen.

3. In Abänderung des Urteils des Familiengerichts wird der Versorgungsausgleich ausgeschlossen und die vom Familiengericht ausgesprochene Übertragung der Rentenanwartschaft nicht übertragen.

Begründung

Die Parteien haben am 12.3.1990 die Ehe geschlossen. Der Berufungskläger hat die deutsche Staatsangehörigkeit, die Berufungsbeklagte hat die thailändische Staatsangehörigkeit...«

Und so weiter. Der traurige Hintergrund: Stuttgarter heiratet Thailänderin, hat Geldprobleme, trinkt, prügelt seine Frau, dazwischen ein Sohn von sieben Jahren und schließlich die Scheidung. Das Werk des Anwalts: Berufungsschrift gegen das Scheidungsurteil des Amtsgerichts Stuttgart. Auch sie eine kleine Tragödie, stilistisch und juristisch.

Zuerst zum Stil. Gleich dreimal klappert am Anfang das Wort »Berufung«. Zweimal deutlich hervorgehoben und in die Mitte gesetzt als Überschrift und danach im Satz gleich noch einmal. Dazu noch zweimal Berufungskläger und einmal Berufungsbeklagte, was überflüssig ist. Antragsteller und Antragsgegner hätten genügt. Warum dieses ständige Klappern? Weil Anwalt Neißkamp – wie viele Juristen – noch nie nachgedacht hat über Sprache und Stil, Klarheit und logische Folge. An seinem Schreibtisch hat er gesessen, wahrscheinlich lustlos oder eilig oder lustlos und eilig, vor sich das Mikrophon eines Geräts zum Diktieren. Als er die Namen der Eheleute Losch genannt hatte, ihre Prozessvertreter und die genaue Bezeichnung des amtsgerichtlichen Urteils, wird er wohl wieder vergessen haben, was oben schon eingesetzt war als Überschrift und hat es noch einmal diktiert in der gleichen Weise. Falsch ist das nicht unbedingt, aber doch ein Verstoß gegen zwei wichtige Regeln juristischen Schreibens. Erstens, dass sich das eine ergeben muss aus dem anderen als logische Folge. Und deshalb zweitens, dass Wiederholungen nicht nur ein Zeichen sind von geistiger Schwäche, sondern auch ein stilistisches Übel. Der Satz nach der zweiten Überschrift ist noch schlimmer, nicht nur sprachlich, auch juristisch:

»Die Berufung begründe ich mit folgenden Anträgen...«

Sprachlich schlecht, weil nun schon wieder dieses Wort, und gleich nach der Überschrift davor »Berufung«. Herr Rechtsanwalt Neißkamp hätte nur einen Moment innehalten und einfach schreiben können:

»... lege ich gegen das Urteil des Amtsgerichts Stuttgart...

Berufung

ein und begründe sie mit folgenden Anträgen...«

Wäre aber auch nicht gut gewesen, denn da ist noch ein juristischer Fehler. Man kann eine Berufung nicht mit Anträgen begründen. Die Anträge sind das Ziel der Berufung, nicht ihre Begründung. Das Oberlandesgericht soll nach der Berufung so entscheiden, wie Herr Neißkamp es beantragt. Also ist das keine Begründung der Berufung, sondern die Bitte um eine bestimmte Änderung des ersten Urteils, die erreicht werden soll mit der Berufung. »Die Berufung begründe ich mit folgenden Anträgen« ist juristischer Blödsinn. Tatsächlich kommt Anwalt Neißkamp auch noch selber drauf. Nachdem er die drei Anträge formuliert hat, folgt bei ihm eine neue Überschrift: »Begründung«. Jetzt erst wird begründet.

So viel zum ersten Teil des Anfangs seines Schreibens. Die bessere Fassung zum Vergleich:

»Norbert Neißkamp, Rechtsanwalt, Adresse, Stuttgart, den 3. 11. 1998

An das Oberlandesgericht Stuttgart
Ulrichstraße 10, 70182 Stuttgart

In der Familiensache

des Herrn Werner Losch
Adresse, Stuttgart   Antragsteller

Prozessbevollmächtigter
Rechtsanwalt Norbert Neißkamp
Adresse, Stuttgart

gegen

Frau Chauwee Losch
Adresse, Stuttgart   Antragsgegnerin

Prozessbevollmächtigte
Rechtsanwältin Gisela Hohenschmid
Adresse, Stuttgart

lege ich im Namen und mit Vollmacht des Antragstellers

Berufung

ein gegen das Urteil des Amtsgerichts Stuttgart, Familiengericht, Aktenzeichen..., zugestellt am 23. 10. 1998, und werde in der mündlichen Verhandlung die Anträge stellen:

1. ...,
2. ...,
3. ...,

und gebe dafür folgende

Begründung

Die Parteien haben am 12. 3. 1990 die Ehe geschlossen. Der Antragsteller hat die deutsche Staatsangehörigkeit, die Antragsgegnerin die thailändische...«

Nun zu den drei Anträgen. Herr Losch hatte es sich wieder anders überlegt. Die Scheidung hatte er vorher beantragt beim Familiengericht aus finanziellen Gründen, nachdem seine Frau mit dem Sohn längst ausgezogen war. Er fürchtete Unterhaltszahlungen, wollte deshalb das Sorgerecht für den kleinen Markus, weil er meinte, es sei für ihn billiger, wenn der bei ihm lebt, nachdem er seit kurzem pensioniert war. Als das Scheidungsurteil kam, war die Rechnung nicht aufgegangen. Das Amtsgericht hatte einen Gutachter bestellt wegen des Sorgerechts. Der sah die Motive des Vaters und auch, dass Markus bei seiner Mutter besser aufwachsen würde und keine Beziehung mehr zum Vater hatte. Schrieb das in seine Stellungnahme, und der Richter folgte ihm. Auch den Versorgungsausgleich hatte Herr Losch nicht vorausgesehen. Seine Rente wurde dadurch empfindlich gekürzt. Deshalb ist er zu seinem Anwalt gegangen, wollte alles rückgängig machen und den Scheidungsantrag zurückziehen. Also keine Scheidung und damit auch keinen Versorgungsausgleich und möglichst doch – getrennt lebend von seiner Frau – das Sorgerecht für den Sohn.

Was hätte der Anwalt tun müssen? Dringend abraten, wegen der Kosten. Keine Aussicht auf Erfolg. Die Ehe war zerrüttet. Rücknahme des Scheidungsantrags wäre vergeblich, weil Frau Losch der Scheidung zugestimmt und mit dieser Zustimmung einen eigenen Antrag gestellt hatte. Das reichte aus für die Scheidung. Auch vor dem Oberlandesgericht. Keine Chance beim Sorgerecht und dem Versorgungsausgleich. Was machte Rechtsanwalt Neißkamp? Das, was der Mandant wollte. Warum? Weiß der Teufel. Vielleicht weil es so einfacher war, als Herrn Losch in einem langen Gespräch alles zu erklären und ihn zu überzeugen. Vielleicht, weil er eine kleine – kaum begründete – Hoffnung hatte, sein Geld über Prozesskostenhilfe für Herrn Losch vom Staat zu bekommen. Jedenfalls machte er es lustlos und uninteressiert. Das Ergebnis war dieser Schriftsatz.

Dementsprechend sind auch die Anträge juristisch falsch formuliert. Es fängt schon an mit dem ersten:

»In Abänderung des Urteils des Familiengerichts wird der Scheidungsausspruch aufgehoben.«

Was wollten Herr Losch und sein Anwalt? Die Aufhebung des ganzen Urteils. Keine Scheidung mehr. Die Aufhebung eines Urteils ist aber keine Abänderung. Abänderung ist teilweise Veränderung eines Urteils, das im Übrigen bestehen bleibt. Also war diese Formulierung des ersten Antrags juristischer Unsinn. Und wenn das Scheidungsurteil aufgehoben würde, wäre der Versorgungsausgleich automatisch weg. Also war der dritte Antrag in dieser Verbindung mit dem ersten überflüssig. Ebenso der zweite. Bleibt die Ehe bestehen, haben beide Eltern das gemeinsame Sorgerecht, und es gibt überhaupt keinen Grund, es auf einen der beiden allein zu übertragen. Nur für den Fall, dass die Scheidung – wie zu erwarten war – vom Oberlandesgericht bestätigt würde, konnte man die beiden letzten Anträge »hilfsweise« stellen. Also statt

»1. In Abänderung des Urteils des Familiengerichts wird der Scheidungsausspruch aufgehoben.
2. In Abänderung des Urteils des Familiengerichts wird die elterliche Sorge für Markus Losch, geboren am 12. 1. 1991, dem Vater übertragen.
3. In Abänderung des Urteils des Familiengerichts wird der Versorgungsausgleich ausgeschlossen und die vom Familiengericht ausgesprochene Übertragung der Rentenanwartschaft nicht übertragen.«

muss es einfach heißen, bitte alles aufheben, oder, wenn die Scheidung bleibt, dann bitte hilfsweise wenigstens das Sorgerecht ändern und den Versorgungsausgleich weg. Deshalb hätte beantragt werden müssen:

»1. das Scheidungsurteil aufzuheben,
   hilfsweise
2. das Sorgerecht für Markus Losch dem Antragsteller allein zu übertragen,
3. den Versorgungsausgleich auszuschließen.«

Wenn man so daherplappert wie Herr Neißkamp in seinen Anträgen, wird der Text meistens länger. Denkt man nach, ist es oft viel kürzer. Und besser. Schon die Bezeichnungen Berufungskläger und Berufungsbeklagte waren falsch. Das Scheidungsverfahren beginnt nicht mit einer Klage, sondern mit einem Antrag. Normalerweise bestimmen in einem Zivilprozess die Parteien, wie verhandelt werden soll. Das nennt man Klageverfahren mit so genannter Parteimaxime. Bei einer Scheidung ist es anders. Den Parteien wird nicht alles überlassen. Das Gericht soll nachprüfen können, ob auch alles stimmt, was vorgetragen wird. Also dürfen die Parteien nur einen Antrag auf Scheidung stellen, und das Gericht hat mehr Rechte als in einem Klageverfahren. Es kann zum Beispiel von sich aus ein Gutachten anfordern, ohne die streitenden Parteien zu fragen. Was es hier gemacht hatte wegen Sohn Markus. Das wäre nicht möglich außerhalb des Familienrechts, wenn einer gegen den anderen vorgeht mit einer Klage wegen irgendwelcher anderer Forderungen. Deshalb musste es hier in der Berufungsschrift nur »Antragsteller« heißen, nicht auch noch »Berufungskläger«. Es ist nämlich auch vor dem Oberlandesgericht immer noch ein Antragsverfahren.

Rechtsanwalt Neißkamp hat nicht weiter nachgedacht und schnell unterschrieben, den Prozess auch in vollem Umfang verloren, keine Prozesskostenhilfe bekommen und wartet noch heute auf das Honorar von Herrn Losch.

Die Unabhängigkeit der Justiz

> *Omnia ibi summa ratione consilioque acta.*
>
> Alles geschah dort mit größter Sorgfalt und Überlegung.
>
> Livius, *Ab urbe condita* 5.19.8

Die Durchsetzung der Unabhängigkeit der Justiz, das ist einer der großen Erfolge der Liberalen im 19. Jahrhundert beim Ausbau des Rechtsstaats. Seitdem sind Richter nicht mehr abhängig von Weisungen der Könige oder anderer Fürsten. Seitdem können ihre Urteile auch nicht mehr aufgehoben werden durch einen »Machtspruch« des Souveräns, abgesehen von Begnadigungen bei Strafurteilen. Seitdem dürfen Richter nicht mehr entlassen werden, wenn sie Entscheidungen getroffen haben, die den Allerhöchsten empören. Das war die Abschaffung von Kabinettsjustiz durch den Rechtsstaat. Der Palast der Justiz stand gleichberechtigt neben dem Palast des Königs. Seitdem hat der Richter nur nach dem Gesetz zu urteilen, ohne Einfluss von außen. So steht es auch im Grundgesetz, Artikel 97:

> »Die Richter sind unabhängig und nur dem Gesetz unterworfen.«

Aber noch in anderer Weise sind sie nur dem Gesetz unterworfen. Sie sind auch unabhängig von jenem juristischen Unsinn, den man häufig in Schriftsätzen von Anwälten findet. Zum Beispiel in dem von Rechtsanwalt Norbert Neißkamp an das Oberlandesgericht Stuttgart. Die Richter ließen sich nicht beeindrucken und haben das Urteil des Familiengerichts natürlich bestätigt. Die Ehe blieb geschieden, die elterliche Sorge bei der Mutter und auch der Versorgungsausgleich unverändert. Die Richter würden auch unabhängig geblieben sein, wenn Herr Losch einen besseren Anwalt gehabt hätte, vielleicht sogar einen vorzüglichen. Auch er hätte mit dem besten Schriftsatz aller Zeiten nichts ausrichten können. Denn die Umstände sind einfach so gewesen, dass nach dem Gesetz nicht anders entschieden werden konnte. Der Sohn hatte so viel Zuwendung von der Mutter, dass es »dem Wohl des Kindes am besten« entsprach, ihr das Sorgerecht allein zu übertragen. Denn das Wohl des Kindes ist in solchen Fällen das einzige Kriterium für die Entscheidung über dieses Sorgerecht. So steht es in § 1671 des Bürgerlichen Gesetzbuchs. Auch war klar, die Eltern hatten längere Zeit gemeinsam in der ehelichen Wohnung gelebt. Deshalb musste ein Versorgungsausgleich vorgenommen werden und es entsprach nicht der Billigkeit, ihn ausnahmsweise zu verweigern, was nach dem BGB für Ausnahmefälle möglich ist.

Mit anderen Worten, wie ein Prozess ausgeht, ist in der Regel nicht abhängig vom Anwalt, sondern vom Gericht. Viele meinen, der Anwalt sei schuld, wenn sie ihren Prozess verlieren. In gewisser Weise ein Ausgleich dafür, dass Anwälte es sich als Verdienst anrechnen, wenn ein Prozess gewonnen wird. Tatsächlich ist es so, dass beides mit dem Anwalt meistens nichts zu tun hat. Man kann mit einem guten Anwalt Prozesse verlieren und mit einem schlechten Anwalt Prozesse gewinnen. Allerdings ist Voraussetzung, dass alle für den Mandanten wichtigen Tatsachen auf dem Tisch liegen, beweisbar sind und Fristen eingehalten werden. Insofern ist der Anwalt wichtig. Und in einigen Zweifelsfällen, wo es tatsächlich passieren kann, dass ein Rechtsanwalt mit guter juristischer Argumentation den Ausschlag gibt für den Ausgang eines Prozesses. Aber sonst ist die Justiz unabhängig von der Qualität der Anwälte. Schlecht geschriebene Schriftsätze mit schräger juristischer Argumentation sind die Richter gewohnt. Sie sind sogar verpflichtet, dafür zu sorgen, dass Fehler bei Anträgen von Anwälten berichtigt werden, weil die Mandanten ihr Recht bekommen sollen, selbst wenn sie Pech gehabt haben bei der Wahl des Anwalts. Jedenfalls in Zivilprozessen nach § 139 der Zivilprozessordnung:

> »Der Vorsitzende [des Gerichts, U. W.] hat dahin zu wirken, dass die Parteien über alle erheblichen [wichtigen, U. W.] Tatsachen sich vollständig erklären und die sachdienlichen [rich-

tigen, U. W.] Anträge stellen, insbesondere auch ungenügende Angaben der geltend gemachten Tatsachen ergänzen und die Beweismittel bezeichnen.«

Das ist im Grunde die alte Regel, *da mihi factum, dabo tibi ius*. Gib mir die Tatsachen, dann werde ich dir das Recht geben. Die Richter kennen das Gesetz und werden schon richtig entscheiden. Unabhängig von den Anwälten. Allerdings nehmen es die Richter nicht immer so ernst, wie es nötig wäre mit der Aufklärungspflicht des § 139 der Zivilprozessordnung. Und deshalb muss man bei dieser zweiten Art der Unabhängigkeit der Justiz – nämlich der von den Anwälten – zwei Einschränkungen machen. Erstens im Hinblick auf die Tatsachen. Und zweitens können auch Richter juristische Fehler machen, die ein guter Anwalt manchmal verhindert.

Bei den Tatsachen muss man unterscheiden. Es kommt darauf an, vor welchem Gericht verhandelt wird. Es gibt viele verschiedene: Strafgerichte, Zivilgerichte, Arbeitsgerichte, Sozialgerichte, Finanzgerichte, Verwaltungsgerichte, Verfassungsgerichte. Bleiben wir bei den beiden ersten. Vor Strafgerichten wird verhandelt, wenn es um Straftaten geht, um Diebstahl, Betrug, Körperverletzung oder Tötung. Sozusagen ein Prozess des Staates gegen den Bürger. Anders vor Zivilgerichten. Da klagen Bürger gegen Bürger, zum Beispiel weil der eine Schulden hat beim anderen und nicht zahlt, Verträge nicht richtig erfüllt worden sind oder jemand sein Eigentum zurückhaben will.

In einem Strafprozess muss das Gericht selbst versuchen die Wahrheit zu ermitteln, mit allen rechtlichen Möglichkeiten. Man nennt so etwas den Untersuchungsgrundsatz. Der Angeklagte und sein Anwalt können grundsätzlich schweigen. Grundsätzlich heißt bei Juristen: Es gibt Ausnahmen. Und die Ausnahme vom Untersuchungsgrundsatz besteht darin, dass Strafrichter leider oft mehr an belastenden Tatsachen interessiert sind als an entlastenden. Deshalb muss der Anwalt als Strafverteidiger nicht nur mit dem Mandanten darüber sprechen, ob er entlastende Tatsachen kennt. Oft müsste er sogar selbst ermitteln, wie ein Detektiv, außerhalb des Gerichts. Die Richter sehen das nicht gern, aber es ist durchaus zulässig. Wenn schon Staatsanwaltschaft und Gericht nichts tun in diese Richtung, trotz des im Strafprozess vorgeschriebenen Untersuchungsgrundsatzes.

Anders im Zivilprozess, der zwischen Privatleuten vor den Zivilgerichten geführt wird. Hier gilt der so genannte Verhandlungsgrundsatz. Es ist allein Aufgabe von Kläger und Beklagtem, dafür zu sorgen, dass Tatsachen zur Sprache kommen, die wichtig sind. Denn es handelt sich um private Beziehungen, in die sich der Staat – also auch die Gerichte – nicht einmischen soll, es sei denn, es ist unbedingt notwendig. Privatleute können auch außerhalb des Gerichts Verträge schließen, wie sie wollen, also sich auch einigen bei Streitigkeiten – ohne Gericht. Das gehört zu unserer Freiheit. Wir brauchen uns vom Staat – grundsätzlich – nichts vorschreiben zu lassen. Daher die allgemeine Vertragsfreiheit außerhalb der Gerichte und der Verhandlungsgrundsatz vor dem Gericht. Sie gehören zusammen. Zwar soll der Richter nach § 139 der Zivilprozessordnung darauf hinwirken, dass alles Wichtige vorgetragen wird. Aber wenn die Parteien es nicht tun, kann er nichts machen. Er hat nicht wie im Strafprozess die Möglichkeit, von sich aus Zeugen zu laden, andere Beweise zu erheben oder Sachverständige mit Gutachten zu beauftragen. Bei Straftaten will der Staat sich nicht raushalten. Da ist die allgemeine Ordnung in Gefahr. Bei Streitigkeiten zwischen Privaten hält er sich zurück. Das betrifft den Kläger und den Beklagten. Und da zeigt sich dann der Unterschied zwischen guten Anwälten und schlechten. Der gute Anwalt sieht, was wichtig ist. Er ist Dolmetscher seines Mandanten und veranlasst, dass alles auf den Tisch des Hauses kommt, was von Bedeutung ist. Oder wegbleibt, was keine Bedeutung hat. Auch wenn der Mandant es für noch so wichtig hält.

Ausnahmen von dieser Freiheit des Verhandlungsgrundsatzes vor Zivilgerichten gibt es im Scheidungsverfahren und bei der Entscheidung über das Sorgerecht für Kinder. Deshalb konnte der Richter am Familiengericht von sich aus ein Gutachten anfordern über die Frage, was dem Wohl des kleinen Markus Losch am besten entsprach, gemeinsames Sorgerecht für beide Eltern nach der Scheidung oder alleiniges für einen von ihnen. Bei Kindern trägt der Staat eine besondere Verantwortung und kann bei Streitigkeiten für die Zeit nach der Ehe nicht alles den Eltern überlassen. Selbst bei der Scheidung meint er noch ein Wort mitreden zu müssen. Auch hier gilt der Untersuchungsgrundsatz. Nach dem Gesetz könnte der Scheidungsrichter selbstständige Ermittlungen anstellen darüber, ob die Ehe wirklich zerrüttet ist, Zeugen vorladen und auch nachprüfen, wie lange die Eheleute nun wirklich getrennt leben. Das sind noch die alten Vorstellungen »bis dass der Tod euch scheidet«. Also nicht freie Verhandlung, sondern gerichtliche Untersuchung. Wenn die Parteien sich allerdings einig sind, wird die Untersuchung schwierig. Was will ein Richter machen, wenn Mann und Frau energisch vortragen, sie würden getrennt leben, zum Beispiel seit zwei Jahren, drei Monaten und vier Tagen? Im Prinzip kann er es genauer untersuchen. Macht aber kaum einer.

Nun zu den Fehlern von Richtern. Sie zeigen, dass die Justiz doch nicht immer ganz unabhängig ist von Anwälten und ihrer Mitarbeit. Richter können Fehler machen. Wie wir alle. Können zum Beispiel Vorschriften übersehen wie das Oberlandesgericht Düsseldorf 1990 das Gesetz über die allgemeinen Geschäftsbedingungen bei den Verzugszinsen aus dem Leasingvertrag mit der Computeranlage des Architekten. Ein guter Anwalt hätte das gleich gesehen und von vornherein verhindern können. Er ist eben nicht nur ein Dolmetscher zwischen Mandant und Gericht, sondern auch juristischer Zuarbeiter für die Vorbereitung des Urteils. Er soll den Richtern die juristische Beurteilung erleichtern. So steht es eigentlich auch in der Rechtsanwaltsordnung, in § 1. Er ist ein – unabhängiges – »Organ der Rechtspflege«. Aber im Prinzip gilt: Richter richten richtig, sind im Grunde unabhängig von dieser Zuarbeit, haben im Durchschnitt auch die bessere juristische Qualifikation. Wenn man sie an den Examensnoten messen will. Zumindest sind sie besser für diesen Beruf ausgebildet als die Anwälte für den ihren.

Auf der Suche
nach dem richtigen Anwalt

> *Diligitur nemo nisi cui Fortuna secunda est.*
>
> Nie wird jemand erwählt, wenn die Göttin des Glücks ihm nicht hold ist.
>
> Ovid, *Epistulae ex Ponto* 2.3.25

Erstens muss er juristisch qualifiziert sein, zweitens Zeit haben, sich um die Sache zu kümmern, und drittens muss die Atmosphäre stimmen zwischen ihm und dem Mandanten. Drei Bedingungen für einen guten juristischen Schutz. Sachkompetenz des Anwalts, Ausdauer und Beharrlichkeit auf seiner Seite und Einvernehmen zwischen beiden. Nicht leicht zu finden.

Unter den über 100 000 Anwälten der Bundesrepublik ist natürlich für jeden einer da. Aber wie soll man ihn finden? Die große Zahl erweist sich eher als Hindernis. Ist ein Anwalt qualifiziert, hat er meistens keine Zeit. Und umgekehrt. Ist er qualifiziert und hat sogar Zeit, fehlt es nicht selten am Einvernehmen. Ein kompetenter Anwalt mit Zeit, der im Einvernehmen mit seinem Mandanten dessen Probleme löst? Das kommt zwar öfter vor, aber

> »... genau diesen Anwalt zu finden, ist für den Mandanten ein Problem, das der Quadratur des Kreises gleicht...«

schreibt Benno Heussen, erfolgreicher Münchener Anwalt, und er weiß, wovon er spricht (*Anwalt und Mandant*, 1999, Seite 82). Oft geht es gut, häufig nicht. Glück muss man haben, und manchmal kann man ein wenig nachhelfen. Aber zunächst zu INFAS, dem Institut für angewandte Sozialwissenschaft, mit Sitz in Bonn. Wie kommt der Mandant zu seinem Anwalt? Eine Untersuchung von 1994:

> 50 Prozent der Befragten fanden ihren Anwalt über Empfehlungen von Freunden oder Bekannten.

11 Prozent kamen zu ihm, weil sie mit ihm befreundet waren.

7 Prozent suchten ihn im Branchenfernsprechbuch heraus.

6 Prozent wurde er von ihrer Rechtsschutzversicherung genannt.

5 Prozent wohnten in seiner Nähe.

Über die restlichen 21 Prozent macht INFAS keine Angaben und auch nicht darüber, ob es gut ging oder nicht mit dem auf diese oder jene Weise gefundenen Anwalt. Am leichtesten ist es für große Unternehmen. Sie haben Rechtsabteilungen, und ihre Juristen wissen genau, an wen sie sich wenden. Notfalls haben sie teure Handbücher, in Buchhandlungen nicht zu kaufen, sondern nur direkt beim Hersteller, solider fester Einband, edles Papier, vorzügliches Layout, zum Teil bezahlt von den großen Anwaltsfirmen. *Kanzleien in Deutschland, Wirtschaftskanzleien, Rechtsanwälte für Unternehmen, European Council 3000, European Legal 500, The Lawyer List.* Hier wird alles ausführlich beschrieben, was gut und teuer ist, Kanzleien, die das große Geschäft machen, entsprechend viele und qualifizierte Mitarbeiter haben, oft mehr als 100 Anwälte. *Kanzleien in Deutschland,* Ausgabe 1998, Seite VIII:

> »Wir freuen uns, Ihnen mit dem vorliegenden Band die zweite Ausgabe von ›Kanzleien in Deutschland‹ vorstellen zu können, dem Handbuch über Wirtschaftskanzleien in Deutschland. Es bespricht über 400 Wirtschaftsrechtskanzleien in Deutschland und möchte eine Hilfestellung für die Juristen geben, die den Rat eines Kollegen für eine spezifische Angelegenheit suchen.«

Die spezifischen Angelegenheiten sind dann in einzelne Abschnitte gegliedert und örtlich unterschieden, »Handels- und Gesellschaftsrecht«, »Mergers & Acquisitions«, »Bank- und Finanzrecht«, aber auch »Arbeitsrecht«, jedoch kaum zu Gunsten von Arbeitnehmern. Wenn man also Probleme hat in Höhe von einer Million DM, möglichst etwas mehr, besonders wenn man zwei Unternehmen »mergen«, also fusionieren möchte, kann man sich an die genannten Kanzleien wenden, die alle sehr positiv beschrieben sind. Aber sonst?

Ja, was sonst? Was macht jemand mit juristischen Problemen, selbst wenn der Streitwert ziemlich hoch ist, aber nicht jene Ebenen erreicht, auf denen diese Edelkanzleien sich normalerweise bewegen? INFAS sagt, er fragt Freunde oder Bekannte. Nicht immer die beste Methode, sondern nur dann richtig, wenn es um ähnliche Probleme geht, also um solche, die auch diese Freunde oder Bekannten hatten. Will sich jemand scheiden lassen und fragt Freunde, die das gerade hinter sich haben, und die Auskunft über den Anwalt ist positiv, dann ist er wohl gut beraten. Hat man aber ein Mietproblem, kann es schief gehen bei dem Scheidungsanwalt. Also Vorsicht bei Empfehlungen von Freunden oder Bekannten.

Am günstigsten ist es, man lässt sich mehrere nennen, zieht Erkundigungen ein über sie und sieht sie sich an. Eine gute Methode besonders dann, wenn man Juristen kennt, die Bescheid wissen am Ort und möglichst nicht Anwälte sind. Denn Anwälte nennen meistens ihre Freunde oder deuten vorsichtig auf sich selbst. Der Markt ist heiß umkämpft. Also Richter fragen, Staatsanwälte, Verwaltungsjuristen oder jemanden bei einer Bank, Versicherung oder größeren Firma, der Erfahrungen hat mit Anwälten. Einfach im Branchenfernsprechbuch nachzusehen ist wenig sinnvoll. Dann schon eher einen Anwaltssuchservice anrufen. Die gibt es seit Anfang der Neunzigerjahre. Die beiden besten sind die private Anwaltssuchservice GmbH in Köln (Tel. 01805/254555) und die Deutsche Anwaltsauskunft in Pirmasens, eine Einrichtung des Deutschen Anwaltvereins (Tel. 01805/181805). Dort sind Juristen am Telefon, denen man sein Problem beschreibt und die dann drei Anwälte in der Nähe nennen. Beim Anwaltssuchservice sind etwa 9000 Anwälte in der Kartei, die dafür jährlich einige hundert Markt zahlen. Die Deutsche Anwaltsauskunft ist der größte Suchdienst. Bei ihr sind alle 50 000 Mitglieder geführt, für die das kostenlos ist, nicht aber für den Anrufer. Ein Dreiminutengespräch eines Suchdienstes – so lange dauert die Auskunft dort etwa – kostet ungefähr eine Mark. Man sollte sich am besten mit jedem der drei Genannten in Verbindung setzen, und zwar auf folgende Weise.

Es ist kostenlos, mit einem Anwalt nur kurz über die Frage zu sprechen, ob er ein Mandat übernehmen will. Also ruft man an in seiner Kanzlei, sagt, dass man nur ein kurzes Gespräch mit ihm führen will – zehn Minuten, Viertelstunde –, dafür nicht zahlen und sich erst später entscheiden möchte, bittet um einen Termin, geht hin, sieht sich den Anwalt an, wie er reagiert, ob er juristisch sicher wirkt – was allerdings wenige richtig beurteilen können – und sich etwas Zeit nimmt, ob man mit ihm reden kann, ob das »Einvernehmen« möglich ist, sollte auch ruhig schon über das Honorar reden, aber erst entscheiden, wenn man bei allen drei gewesen ist. Macht keiner einen guten Eindruck, dasselbe Spiel noch einmal. Es ist besser, am Anfang mehr Zeit zu investieren, als sich hinterher zu ärgern. Anwaltssuchdienste kann man öfter anrufen, Juristen zweimal fragen.

Noch sicherer ist es, sich richtig beraten zu lassen und nicht nur über die Frage des Mandats zu sprechen. Eine anwaltliche Beratung – ohne Verpflichtung zur Erteilung eines Mandats – dauert in der Regel eine Stunde und kostet höchstens 350,- DM (plus 16 Prozent Mehrwertsteuer). So steht es im Gesetz. Schon am Telefon sollte man fragen, wie viel man zahlen muss. Nach einem Beratungsgespräch mit zwei oder drei Anwälten weiß man noch besser, für wen man sich entscheiden soll. Das kostet allerdings ein paar hundert Mark. Wenn der Streitwert entsprechend hoch ist, dürfte sich die Investition lohnen. So viel zu den Anwaltssuchdiensten.

Letztlich sind allerdings auch sie nicht viel besser als Branchenfernsprechbücher, weil hier wie dort von den Anwälten Interessenschwerpunkte genannt werden können oder Tätigkeitsschwerpunkte. Also, man hat ein Problem mit dem Vermieter. Im Branchenfernsprechbuch sind Anwälte, die als Schwerpunkt das Mietrecht nennen, zu finden oder mit denselben Angaben beim Suchdienst gemeldet sind. Doch sagt das leider gar nichts über ihre juristische Qualifikation im Mietrecht aus. Und ebenso wenig, wenn Anwälte andere Schwerpunkte nennen. Ihre Angabe ist im Grunde Augenwischerei und nur geeignet, in die Irre zu führen.

Wenn ein Anwalt einen Interessenschwerpunkt nennt, heißt das nur, er hat Interesse, aber nicht, er hat auch besondere Kenntnisse. Nach der neuen Berufsordnung ist das zulässig. Aber wie gesagt, er möchte gern. Ob er auch kann, weiß man nicht. Tätigkeitsschwerpunkt ist an sich etwas mehr als Interessenschwerpunkt, im Grunde aber auch nur warme Luft. Sie dürfen von denjenigen Anwälten genannt werden, sagt die Berufsordnung, die seit ihrer Zulassung mindestens zwei Jahre auf einem Gebiet »nachhaltig« tätig gewesen sind. Aber was heißt nachhaltig? Darüber streiten sich Juristen bis heute. Und nachprüfen kann es auch keiner. Ergebnis: Es besagt nichts. Er hat eben Interesse. Ist ja schon mal was.

Ein ziemlich sicheres Kriterium für die Beurteilung der juristischen Kompetenz ist die Bezeichnung als Fachanwalt. Auch sie ist verhältnismäßig neu, wird aber genau überprüft und von Ausschüssen der Anwaltskammer nur dem verliehen, der tatsächlich schon eine große Zahl von Prozessen in einem Gebiet geführt hat, also im Arbeitsrecht, Familienrecht, Insolvenzrecht, Sozialrecht, Steuerrecht, Strafrecht oder Verwaltungsrecht. 1999 waren etwa sieben Prozent der deutschen Anwälte berechtigt, die Bezeichnung als Fachanwalt für eines dieser Gebiete zu führen. Bei ihnen kann man also wirklich davon ausgehen, dass sie kompetent sind. Eine andere Frage ist, ob sie genügend Zeit gerade für den Fall haben, mit dem ein Mandant zu ihnen kommt. Und ob das Einvernehmen stimmt. Außerdem ist es im Strafrecht so, dass die wirklich guten Strafverteidiger die Nase rümpfen, wenn jemand diese Bezeichnung führt. In einschlägigen Kreisen kennt man die richtigen. Mit anderen Worten, die besten Strafverteidiger führen nicht die Bezeichnung »Fachanwalt für Strafrecht«. Sie haben es nicht nötig. Will man sich aber scheiden lassen und hat Probleme mit Unterhalt, Zugewinnausgleich, Versorgungsausgleich oder Sorgerecht für Kinder, ist man bei einem Fachanwalt für Familienrecht regelmäßig in guten Händen.

Letztlich völlig belanglos ist der Doktortitel. Von dem soll man sich nicht blenden lassen. Es gibt viele promovierte Nieten und hervorragende Anwälte, die keinen Doktortitel haben. Dieser Titel sagt nur, dass der Betreffende promoviert ist. Es kann eine gute Promotion sein oder eine sehr gute oder eine schlechte. Es gibt Juristen, die promovieren, weil sie sich noch einmal wissenschaftlich beschäftigen wollen, bevor sie in die Praxis gehen. Das sind die guten. Andere promovieren nur, um damit anzugeben. Das sind die schlechten, und manches spricht dafür, dass sie in der Mehrheit sind. Auch der Professorentitel sagt letztlich nichts. Anwälte mit Professorentitel sind regelmäßig Honorarprofessoren, haben den Titel also ehrenhalber verliehen bekommen, und die Gründe dafür sind sehr unterschiedlich, manchmal sogar tatsächlich ehrenvoll. Jedenfalls dürfen die »richtigen« Professoren, die an den Universitäten als Beamte arbeiten, nicht als Anwälte eine Kanzlei betreiben. Dann würden sie sich nur noch um das Geldverdienen kümmern und nicht mehr um die Studenten. Sie können, das erlaubt die Strafprozessordnung, allerdings als Strafverteidiger auftreten, tun es aber selten. Merke: Akademische Titel, auch ausländische, sind für die Kompetenz in der juristischen Praxis meistens belanglos.

Ebenso wie die Werbung. Die ist ja seit einiger Zeit erlaubt, und dagegen ist auch nichts einzuwenden. In der neuen Berufsordnung für Anwälte heißt es in § 6:

> »Der Rechtsanwalt darf über seine Dienstleistung und seine Person informieren, so weit die Angaben sachlich unterrichten und berufsbezogen sind.«

Werbung für Rechtsanwälte ja oder nein – das war eine jahrzehntelange Diskussion, die bis heute nicht beendet und oft nicht ohne Komik ist. Wenn es zum Beispiel um die Frage geht, ob Werbung auf Einkaufstüten erlaubt ist – wohl ja –, oder ob ein Anwalt auf sich hinweisen darf mit einer erleuchteten Glassäule, die sich vor der Praxis dreht und ein Paragraphenzeichen trägt – nicht erlaubt, wenn sie zwischen Werbung steht für einen Friseur und ein Autohaus. Dreht sie sich irgendwo allein – wohl ja. Man unterscheidet zwischen Werbung (erlaubt) und Reklame (nicht erlaubt). Wo auch immer die Grenze liegt. Dahinter steht immer noch eine Entscheidung des Bundesverfassungsgerichts von 1992:

> »Der Rechtsanwalt unterscheidet sich als Organ der Rechtspflege dadurch vom Gewerbetreibenden, dass er sich bei seiner Tätigkeit nicht maßgeblich vom Streben nach Gewinn, sondern von der Verwirklichung des Rechts für seine Mandanten leiten lässt.«

Schön wär's. Aber die Mandanten werden bei der Werbung von Anwälten – auch auf ihrer Homepage im Internet – ähnlich reagieren wie bei der Reklame für andere Produkte. Auch der Friseur oder das Autohaus können auf Dauer nur gute Geschäfte machen, wenn sie gute Arbeit leisten oder anständige Autos liefern. Ebenso wie die Anwälte, die in der Zeitschrift *Focus* unter dem Titel »Die 500 besten Anwälte« (1993) oder »Die große Anwaltsliste, 550 Empfehlungen« (1999) genannt worden sind. Weil das Auswahlverfahren unzureichend war, ist die erste Veröffentlichung 1997 vom Bundesgerichtshof als rechtswidrig bezeichnet worden. 1999 hat es die Zeitschrift geschickter gemacht, aber das eigentliche Problem für denjenigen auch nicht gelöst, der auf der Suche ist nach dem richtigen Anwalt. Denn viele, die dort genannt werden, sind überlastet, und viele Anwälte, die von *Focus* nicht genannt werden, sind genauso gut oder besser.

Es ist ja richtig, dass in den letzten 20, 30 Jahren Recht immer komplizierter wurde und man immer häufiger Spezialisten braucht. Aber es müssen nicht immer Spezialisten sein. Jüngere, die noch nicht so unter Stress stehen, noch nicht so viel zu tun haben, aber intelligent sind und sich einarbeiten können, erreichen manchmal mehr. Oder genauso viel. Es muss auch heute nicht der ältere Erfahrene sein. Und möglichst ein Mann mit Ellenbogen, ein von Anwälten so genannter Dobermann. Weil Frauen als zu weich gelten. Inzwischen hat sich mindestens unter Juristen herumgesprochen, dass Anwältinnen dieselbe Arbeit leisten wie ihre männlichen Kollegen. »Dass das weiche Wasser in Bewegung mit der Zeit den mächtigen Stein besiegt. Du verstehst, das Harte unterliegt«, sagt bei Bertolt Brecht der junge Ochsenführer an der Grenze auf dem Weg des Laotse in die Emigration. Also, was bleibt? Die Quadratur des Kreises, wie Benno Heussen es genannt hat. Gleichgültig, ob Männlein oder Weiblein, Jung oder Alt, promoviert oder nicht, Interessenschwerpunkt oder Tätigkeitsschwerpunkt, Werbung oder nicht, *Focus* oder nicht. Sachkompetenz, Ausdauer und Beharrlichkeit des Anwalts, Einvernehmen mit dem Mandanten. Das bleibt entscheidend. Man muss eben Glück haben, dem man ein wenig nachhelfen kann.

Anwalt oder Anwältin?

Nube solet pulsa candidus ire dies.
Ist die Wolke verjagt, leuchtet strahlend der Tag.
Ovid, *Tristia* 2.142

Der Weg war lang. Zum ersten Mal sind Menschenrechte 1776 in der Unabhängigkeitserklärung der Vereinigten Staaten verkündet worden. 1789 ging diese Fanfare der Freiheit und Gleichheit von Frankreich aus durch Europa. Aber es war die Freiheit und Gleichheit von Männern. Frauen gehörten nicht zu denjenigen Menschen, deren Rechte man durchsetzen wollte, auch nicht die von Sklaven in Amerika. Olympe de Gouge, eine mutige, kluge und schöne Französin, hat als Erste reagiert, 1791, und eine »Erklärung der Rechte der Frau und Bürgerin« geschrieben. Artikel 1:

»Die Frau ist frei geboren und bleibt dem Mann gleich an Rechten.«

Und in Artikel 10, vielleicht ahnte sie schon, was ihr unter den Jakobinern bevorstand:

»Die Frau hat das Recht, das Schafott zu besteigen. In gleicher Weise muss sie das Recht haben, eine Rednertribüne zu betreten.«

Die Rednertribüne war es nicht, die man ihr genehmigte. 1793 starb sie auf dem Schafott. Und als 1849 in der deutschen Paulskirchenverfassung verkündet wurde, Artikel 137:

»Die Deutschen sind vor dem Gesetz gleich«,

waren auch nicht die Frauen gemeint in dieser ehrwürdigen Urkunde, die nicht in Kraft getreten ist, weil die Fürsten inzwischen gemerkt hatten, dass sie sich auch vor deutschen Männern nicht mehr zu fürchten brauchten. Es war die Zeit, in der die Frauenvereine bei uns mit ihrer mühsamen Arbeit begannen. Ihr erster Erfolg ist gewesen, dass am Ende des Jahrhunderts Frauen zum ersten Mal das Abitur machen durften. 1893 wurde in Baden das erste Mädchengymnasium eröffnet. Und dort, in Baden, durften sie auch endlich zum ersten Mal in Deutschland studieren, sogar Jura. Obwohl das gar nicht gern gesehen wurde. Im Ausland war man schon viel weiter. Die ersten deutschen Juristinnen – Marie Raschke, Emilie Kempin, Anita Augspurg – haben in Zürich studiert. Preußen folgte immerhin 1908 mit der Zulassung von Frauen an den Universitäten. Aber sie durften nur studieren. Das erste Staatsexamen kam erst später, 1912 in Bayern, in Preußen 1919. In Preußen deshalb, weil in der Weimarer Verfassung – sehr vorsichtig – Frauen genannt waren im Zusammenhang mit Gleichheit. Artikel 109:

»Männer und Frauen haben grundsätzlich dieselben staatsbürgerlichen Rechte.«

Also erstens nur staatsbürgerliche, nicht bürgerliche Rechte. Was ein großer Unterschied ist. Und zweitens nur grundsätzlich, also mit Ausnahmen. Und so dauerte es mit dem zweiten Staatsexamen für Frauen noch einmal zwei Jahre. Eingeführt in Preußen 1921. Das nächste Jahr wurde geradezu sensationell, obwohl der Deutsche Richterbund mit 250 gegen fünf Stimmen und der Deutsche Anwaltverein mit 45 gegen 25 beschlossen hatten, Frauen seien ungeeignet, sowohl für das Richteramt als auch für die Anwaltschaft. Auf Antrag des sozialdemokratischen Reichsjustizministers Gustav Radbruch beschloss der Reichstag am 1. Juli 1922 das »Gesetz über die Zulassung der Frauen zu den Ämtern und Berufen der Rechtspflege«. Dies war der Durchbruch, verkündet und in Kraft getreten am 11. Juli 1922. Frauen konnten Richterinnen oder Anwältinnen werden. Die erste Anwältin wurde noch im selben Jahr in München zugelassen, die erste Richterin 1924 in Preußen ernannt. Aber so stark war noch das Denken in männlichen Kategorien, dass eine dieser frühen Anwältinnen, Elisabeth Selbert, nachdem sie 1949 die Schlacht gewonnen hatte gegen die Männer im Parlamentarischen Rat und nachdem die Gleichberechtigung von Frauen ohne Wenn und Aber durchgesetzt war im Grundgesetz, in einer Rundfunkrede am nächsten Tag von sich selbst sagte: »Ich bin Rechtsanwalt, kämpfe für das Recht, nicht als Feministin.« Das Wort Rechtsanwältin blieb noch lange unbekannt. Am Ende der Weimarer Republik sind 75 Frauen »Richter« gewesen und 250 »Rechtsanwalt«. Eine verschwindende Minderheit.

Dann kam Adolf Hitler und meinte, selbst diese Zahlen würden zu weit gehen. Juristen konnte er sowieso nicht leiden, und so wurde 1936 Frauen verboten, künftig »Richter« oder »Anwalt« zu werden. Die schon ernannten Richterinnen wurden versetzt, die Anwältinnen durften bleiben. Erst 1945 ging es langsam bergauf. Zunächst sehr langsam. 1960 waren es drei Prozent Frauen unter Anwälten und Richtern. Verglichen mit der Weimarer Zeit sehr viel mehr. Verglichen mit dem Grundgesetz zu wenig. Denn Elisabeth Selbert hatte sich in einem langen Kampf nach zwei Niederlagen endlich durchgesetzt: Artikel 3 Absatz 2, ohne »grundsätzlich«, ohne »staatsbürgerlich«:

»Männer und Frauen sind gleichberechtigt.«

Allmählich kam auch die große Maschine Justiz auf den Weg zu diesem Ziel. 1999 war der Anteil der Frauen in der Anwaltschaft gestiegen auf 25 Prozent, bei den Richtern lag er sogar noch etwas höher, unter den Jurastudenten fast auf der vom Grundgesetz geforderten Höhe von 50 Prozent. Die wolkige Dominanz der Männer unten im Hörsaal war verflogen, der Himmel heller und bunter geworden. Und oben standen Frauen sogar in den höchsten Rängen der juristischen Hierarchie, als Justizministerinnen oder Gerichtspräsidentinnen. Aber zu wenige. Die Zahl der männlichen Richter in den oberen Besoldungsgruppen ist immer noch viel höher, unter Juraprofessoren werden Frauen noch lange eine Minderheit bleiben und bei Anwälten bilden die männlichen Spitzenverdiener die Mehrheit.

Trotzdem. Heute kommt es nicht selten vor, dass in einem Gerichtstermin drei Frauen verhandeln, eine Richterin und die beiden anderen als Anwältinnen für ihre Mandanten. Oft ist die Atmosphäre dann auch besser als in einem Prozess, der unter Männern geführt wird. Im Übrigen sind Anwältinnen so gut oder so schlecht wie ihre männlichen Kollegen. Der Prozentsatz an guten Frauen ist vielleicht sogar etwas höher. Jedenfalls macht man diese Beobachtung an den Universitäten. Die Studentinnen wissen, dass sie in der Gesellschaft beruflich nicht immer in derselben Weise akzeptiert werden wie Männer. Also müssen sie mehr leisten, um etwa dasselbe zu erreichen. Also leisten sie mehr. Merke: Eine gute Anwältin ist besser als ein schlechter Anwalt.

Schwarz und Weiß

Nil tam difficile est, quod non solertia vincat.

Nichts ist so schwierig, dass man es nicht mit Intelligenz bewältigen könnte.

Lateinischer Spruch des Mittelalters

Deborah Goodrich hatte Ferien gemacht, zwei Wochen im türkischen Seebad Antalya, und flog zurück, weil sie am nächsten Abend auftreten musste als Sängerin in Köln. An einem Pfingstsonntag Ende der Neunzigerjahre landete das Flugzeug nachmittags in Düsseldorf, und die bewegliche Brücke wurde angefahren. Die Leute stiegen aus. Im Gebäude erwartete sie die Polizei. Beamte mit Spürhunden hatten sich aufgestellt unten beim Gepäck, denn aus der Türkei war die Nachricht gekommen, an Bord sei jemand mit Heroin. Sie fanden es bei Frau Goodrich. Ein Päckchen mit der weißen Droge in der Handtasche der schwarzen Frau, die sehr erschrocken war. Denn die Beamten gingen nun vor nach der Strafprozessordnung, die nicht nur eine Beschlagnahme des Päckchens notwendig machte, sondern auch eine vorläufige Festnahme der Sängerin. Sie war dringend verdächtig, und Fluchtgefahr drohte auch, weil sie einen amerikanischen Pass hatte und das Päckchen so groß war, dass ihr eine Freiheitsstrafe ohne Bewährung drohte. Deborah Goodrich wurde verhört in den Räumen der Düsseldorfer Kriminalpolizei und sagte, sie hätte nichts gewusst. Irgendjemand hätte ihr das in die Tasche gesteckt, und sie ahnte auch wer. Der junge Mann, der neben ihr am Fenster gesessen hatte und dann in der Schlange hinter ihr stand, als die Beamten sie durchsuchten. Sie kannte nicht seinen Namen, beschrieb nur sein Aussehen. Immerhin durfte sie mit ihrem Freund telefonieren. Der drängte die Beamten herauszufinden, wer dieser Mann sei. Das war nicht leicht und dauerte. In Antalya musste angerufen werden, am Flughafen. Am nächsten Morgen kam der Name, aber er war zu allgemein. Es gab zu viele Leute mit diesem Namen in der weiteren Umgebung. Das Ticket musste also gesucht werden, und in der Türkei hatte man Zeit, anders als Deborah Goodrich. Erst am Dienstagmorgen erfuhr die Polizei, es sei in einem Reisebüro in Krefeld ausgestellt worden. Der Rest war Routine. Die Adresse des Mannes konnte ermittelt werden, eine vorläufige Festnahme. Sein Fingerabdruck war identisch mit dem auf dem Päckchen. Der Verdacht gegen Frau Goodrich war ausgeräumt, sie durfte gehen, aber erst am Dienstagmittag, und am Abend zuvor hätte sie auftreten sollen für eine Gage von 1200,– DM.

Ihr Freund war Anwalt, und die Beamten hatten einen Fehler gemacht. Er klagte für Frau Goodrich vor dem Amtsgericht Düsseldorf auf Schadensersatz gegen das Land Nordrhein-Westfalen. Denn im Grundgesetz heißt es in Artikel 104:

»Die Polizei darf aus eigener Machtvollkommenheit niemanden länger als bis zum Ende des Tages nach dem Ergreifen in eigenem Gewahrsam halten. Das Nähere ist gesetzlich zu regeln.«

Die gesetzliche Regelung findet sich in § 128 der Strafprozessordnung:

»Der Festgenommene ist, sofern er nicht wieder in Freiheit gesetzt wird, unverzüglich, spätestens am Tag nach der Festnahme, dem Richter bei dem Amtsgericht, in dessen Bezirk er festgenommen worden ist, vorzuführen... Hält der Richter die Festnahme für nicht gerechtfertigt..., so ordnet er die Freilassung an. Andernfalls erlässt er... einen Haftbefehl.«

Das hatten die Beamten auch versucht am Pfingstmontag, zunächst aber niemanden erreicht und sich gesagt, Feiertag ist Feiertag. Sie blieben stur, obwohl der Freund öfter protestierte. Damit hatten sie ihre Dienstpflicht verletzt, denn auch an Feiertagen steht immer ein Richter zur Verfügung, und Artikel 104 des Grundgesetzes gilt ohne Einschränkung, ob Werktag oder nicht. Verletzt ein Beamter seine Dienstpflicht, muss Schadensersatz geleistet werden vom Staat. Das wurde auch nicht bezweifelt vom

Vertreter des Landes Nordrhein-Westfalen in der Verhandlung vor dem Amtsgericht Düsseldorf, das darüber zu entscheiden hatte, ob 1200,– DM zu zahlen seien an Frau Goodrich oder nicht. Aber, sagte dieser Vertreter und das war nicht dumm, auch wenn dieser Fehler nicht passiert wäre, würde sie am Montagabend nicht in der Vorstellung gewesen sein, denn ein Ermittlungsrichter hätte – das sei völlig sicher – einen Haftbefehl erlassen und ihn erst am Dienstag aufgehoben, als feststand, dass sie unschuldig war. So lange nämlich bestand dringender Tatverdacht und Fluchtgefahr. Was ihr Anwalt und Freund nicht bestreiten konnte.

»Also, Herr Rechtsanwalt«, meinte der Richter, »nehmen Sie die Klage zurück?« Dies hier war – juristisch gesprochen – ein Fall der so genannten alternativen Konkurrenz. Sie entlastet einen Schädiger. Er braucht Schadensersatz nicht zu zahlen, obwohl er sich rechtswidrig verhalten hat, wenn sicher ist, dass derselbe Schaden auch eingetreten wäre bei rechtmäßigem Verhalten. Rechtsanwalt Ermak, so hieß der Freund von Deborah Goodrich, sagte Nein. Er wolle sich das Ganze noch einmal überlegen. An sich war es aussichtslos. Der Richter würde die Klage zurückweisen. Das war eindeutig. Aber er erinnerte sich dunkel. Bundesarbeitsgericht, Metallarbeiterstreik in Schleswig-Holstein. Er musste nachsehen, bat um Vertagung und kündigte einen Schriftsatz an. Der Richter zögerte, meinte dann: »Sie haben zwei Wochen Zeit.«

Das war in der Tat eine gute Reaktion eines guten Anwalts. Das juristische Problem ist ziemlich kompliziert, schon der Begriff – alternative Konkurrenz – nicht jedem seiner Kollegen geläufig. Noch weniger wissen, was er bedeutet und welche Folgen es hat, wenn dieses Problem eine Rolle spielt in einem Prozess über Schadensersatz. Dass aber möglicherweise von dieser Regel auch noch Ausnahmen gemacht werden und welche, wissen eigentlich nur fleißige und gescheite Studenten, wenn sie Examen machen und auf der Höhe ihrer Kenntnisse und Denkfähigkeit in juristischen Theorien sind.

Rechtsanwalt Ermak hatte nun Bedenkzeit, ging in sein Büro und nahm den Kommentar zum Bürgerlichen Gesetzbuch, den üblichen. Er heißt »Palandt«, hat eine politisch nicht unbedenkliche

Vergangenheit, ist technisch aber einwandfrei. Ein Band von über 2500 Seiten, eng bedruckt mit vielen Abkürzungen. Jedes Jahr eine neue Auflage. Was da zur alternativen Konkurrenz steht, reichte nicht aus. Aber Ermak hatte in seiner Kanzlei sogar den nächst größeren, den »Münchener Kommentar«. Zehn Bände, jeder etwa 2000 Seiten. Hier findet er zwar das Urteil des Bundesarbeitsgerichts zum Metallarbeiterstreik im Winter 1956/57. Aber es reichte immer noch nicht. Also in die juristische Bibliothek des Oberlandesgerichts. *Das Handbuch zum Schadensersatz* von Lange. Ein Standardwerk. Endlich findet er, was er sucht, auf Seite 207:

> »Wenn ein Bürger par ordre de mufti... seiner Freiheit beraubt wird, widerspräche es dem Zweck der verletzten Pflichten... zu prüfen, ob der zuständige Richter hätte Haftbefehl erlassen müssen.«

Das war es. Mit anderen Worten, bei Verstößen gegen wesentliche Regeln kann ein Schädiger sich nicht auf alternative Konkurrenz berufen. Er muss zahlen. Die nicht ganz einfache Ausnahme von einer ohnehin komplizierten Regel. Rechtsanwalt Ermak hatte den richtigen Instinkt gehabt. Das Land Nordrhein-Westfalen konnte sich nicht darauf berufen, dass ein Ermittlungsrichter am Pfingstmontag einen Haftbefehl erlassen hätte und Frau Goodrich vor Dienstag sowieso nicht freigekommen wäre. Weil ein Justizgrundrecht von hohem Verfassungsrang verletzt worden ist, ebenjener Artikel 104 des Grundgesetzes. Das Land musste zahlen, 1200,– DM.

Herr Ermak fährt zurück in die Kanzlei und ist zufrieden. Ein sorgfältiger Schriftsatz mit allen Nachweisen über Rechtsprechung der Gerichte und juristische Literatur geht an das Amtsgericht. Der Richter sieht ein, dass er etwas zu schnell war. Das Land wird verurteilt und verzichtet auf die Berufung. Denn die juristische Argumentation war nun wasserdicht. Hätte Herr Ermak nicht aufgepasst, würde es schief gelaufen sein. Es gibt noch gute Rechtsanwälte, nicht nur in Düsseldorf.

Der sicherste Weg in die Zukunft

> *Illud etiam ingenii magni est praecipere cogitatione futura… nec committere, ut aliquando dicendum sit, non putaram.*
>
> Es gehört schon eine große Begabung dazu, die Zukunft vorherzusehen… und nicht später sagen zu müssen, das hätte ich nicht gedacht.
>
> Cicero, *De officiis* 1.81

Er hatte ein kleines Baugrundstück geerbt irgendwo im Rheinland, der Lehrer Werner Vollbrecht, und verkauft 1979 an eine Ärztehaus GmbH für 76000,- DM. Ein Vertrag war beim Notar formuliert, der ihn vorlas und als Letzter unterschrieb, vorher Werner Vollbrecht und der Geschäftsführer der GmbH. Die notarielle Beurkundung. Nach dem Bürgerlichen Gesetzbuch ist sie notwendig für Kaufverträge über Grundstücke. Der Geschäftsführer zahlte zunächst 46000,- DM auf ein Treuhandkonto des Notars, und dafür wurde schon die Eigentumsübertragung an seine GmbH vorbereitet, indem Herr Vollbrecht und der Geschäftsführer die entsprechende Einigung vor dem Notar erklärten. Man nennt das Auflassung. Neben dem Kaufvertrag ist das ein zweiter Vertrag. Der erste Schritt zum Eigentumserwerb neben dem Kaufvertrag. Der zweite ist die Eintragung der GmbH ins Grundbuch. Erst wenn beides zusammenkommt – Auflassung und Eintragung –, wird der Käufer Eigentümer eines Grundstücks. Das sollte aber nur über die Bühne gehen, wenn die GmbH den Rest von 30000,- DM gezahlt hat. Zu ihrer Absicherung erhielt sie im Grundbuch die Eintragung einer Vormerkung. Immerhin waren ja schon 46000,- DM beim Notar. So eine Vormerkung verhindert, dass Herr Vollbrecht inzwischen an einen anderen verkauft und dieser andere Eigentümer werden kann. Die GmbH konnte also sicher sein. Sie musste nur noch 30000,- DM zahlen, dann würde der Notar beim Grundbuchamt ihre Eintragung beantragen, und das kleine Stück Land würde ihr gehören. Auch Herr Vollbrecht brauchte sich keine Sorgen zu machen. Gleichzeitig würde der Notar ihm die 76 000,– DM überweisen und er das Eigentum erst aufgeben, wenn er das Geld hat. Zug um Zug, sagen die Juristen. Der normale Lauf von Kauf und Übereignung eines Grundstücks, wenn nicht noch irgendwelche Hypotheken dazukommen.

Aber die Ärztehaus GmbH kam in Schwierigkeiten und zahlte nicht. Lehrer Vollbrecht ging zur Rechtsanwältin Wagner. Nach einigen Umwegen einigte er sich bei ihr mit der GmbH auf einen Vergleich im Februar 1982. Der Kaufvertrag wurde aufgelöst, und er erhielt dafür den größten Teil des Geldes als Ausgleich, das noch immer beim Notar lag. Die GmbH erhielt den Rest von 21 500,– DM zurück und erklärte sich einverstanden, dass die Vormerkung im Grundbuch gelöscht wird. Frau Wagner ließ das von ihrer Sekretärin schreiben. Werner Vollbrecht und der Geschäftsführer unterschrieben:

»1. Die Ärztehaus GmbH erteilt die Löschungsbewilligung bezüglich der im Grundbuch von… eingetragenen Auflassungsvormerkung.
2. Herr Werner Vollbrecht erklärt die Freigabe der beim Notar hinterlegten Teilkaufpreissumme einschließlich angefallener Zinsen mit der Maßgabe, dass ein Betrag von 21 500,– DM an die Ärztehaus GmbH ausgezahlt wird. Der verbleibende Restbetrag wird an Herrn Werner Vollbrecht ausgezahlt.
3. Mit der Erfüllung dieses Vergleichs sind sämtliche wechselseitigen Ansprüche der Parteien ausgeglichen.«

So geschah es. Der Notar zahlte 21 500,– DM an die GmbH, den Rest an Herrn Vollbrecht, und Frau Wagner schickte das vom Geschäftsführer unterschriebene Einverständnis für die Löschung der Vormerkung an das Grundbuchamt. Alles schien in Ordnung. Herr Vollbrecht meinte, er sei nun wieder völlig freier Eigentümer eines kleinen Baugrundstücks und sah sich nach einem neuen Käufer um. Aber es kam anders. Aus zwei Gründen.

Erstens hatte die GmbH, wie man sich denken kann, noch mehr Schulden, nicht nur bei Herrn Vollbrecht, sondern sogar bei ihren Angestellten. Einer von ihnen hatte geklagt auf Rückstände in Höhe von 40000,- DM, den Prozess gewonnen und – weil er vom Kaufvertrag über das Grundstück und der Anzahlung wusste – die Forderung der GmbH gegen Herrn Vollbrecht auf Übereignung des Grundstücks pfänden lassen. Die Pfändung wurde in das Grundbuch eingetragen, bevor die Vormerkung gelöscht werden konnte.

Zweitens hatte sich kurz nach dem Vergleich bei Frau Wagner die Rechtsprechung des Bundesgerichtshofes geändert über die Auflösung von Kaufverträgen über Grundstücke. Der Vergleich bei ihr war unterschrieben worden im Februar 1982. Das neue Urteil des Bundesgerichtshofes wurde im April verkündet und war deswegen ein Schlag ins Kontor, weil mit ihm die Gültigkeit des Vergleichs über den Haufen geschmissen wurde. Das Wichtigste darin war die Auflösung des Kaufvertrages von 1979. Rechtsanwältin Wagner hatte sich dabei orientiert an einem anderen Urteil dieses höchsten Zivilgerichts aus dem Jahr 1964. Danach genügte es, wenn die Auflösung bei ihr schriftlich formuliert und vom Käufer und vom Verkäufer unterschrieben wurde. Für den Abschluss eines Kaufvertrages über ein Grundstück war die notarielle Beurkundung notwendig, für die Auflösung nicht, auch nicht, wenn – wie 1979 – die Auflassung erklärt und eine Vormerkung eingetragen war. Das war der Stand von 1964 bis zum April 1982. Da änderte der Bundesgerichtshof seine Meinung und sagte Nein.

So geht das nicht. Kaufverträge über Grundstücke müssen notariell beurkundet werden, also auch ihre Auflösung, jedenfalls dann, wenn der Käufer schon einen Teil des Eigentumserwerbs in der Hand hat, mit Auflassung und Vormerkung. Dann ist die Auflösung eine Art Zurückverkauf. Für den muss dasselbe gelten wie beim Verkauf. Das steht zwar nicht im Gesetz, also in § 313 des Bürgerlichen Gesetzbuches, ergibt sich aber aus dem Sinn und Zweck dieser Vorschrift. Einfache Schriftform reicht nicht aus. Und davon hing für Herrn Vollbrecht alles ab. Wenn nämlich die Auflösung des Kaufvertrages im Vergleich vom Februar 1982 unwirksam gewesen ist, dann war der Vertrag noch wirksam, dann hatte die GmbH gegen ihn noch einen – gebremsten – Anspruch auf Übereignung, und der Angestellte konnte ihn pfänden lassen mit einigen komplizierten Umwegen im weiteren Verfahren, aber er hatte den Zugriff auf das Grundstück. Er ging diese Umwege. Die Gerichte machten mit, weil sie der neuen Rechtsprechung des Bundesgerichtshofes folgten und der Meinung waren, der Kaufvertrag von 1979 sei noch gültig und nicht wirksam aufgehoben. Im April 1987 ist der Angestellte Eigentümer des Grundstücks geworden. Herr Vollbrecht hatte sein Eigentum verloren und einen Schaden von über 100000,– DM, denn der Wert war gestiegen, und außerdem hatte er viele Kosten. Er klagte gegen Rechtsanwältin Wagner auf Schadensersatz. Sie hätte einen Fehler gemacht.

Hat sie einen Fehler gemacht? Durfte sie sich im Februar 1982 noch auf das Urteil des Bundesgerichtshofes von 1964 verlassen? Das neue Urteil kam doch erst zwei Monate später. Jeder vernünftige Jurist würde sagen, sie hat keinen Fehler gemacht. Sie durfte sich auf das alte Urteil verlassen. Woher sollte sie denn wissen, dass das höchste deutsche Gericht für Zivilrecht zwei Monate später seine Meinung ändert? So etwas kommt sehr selten vor.

Dazu muss man wissen, dass die Rechtsprechung der obersten Gerichte eine wichtige Funktion hat. Nicht jede Einzelheit ist im Gesetz geregelt, auch nicht im Bürgerlichen Gesetzbuch. Es hat zwar 2385 Paragraphen, aber der am meisten benutzte Kommentar dazu, jener »Palandt«, tausend und abertausend Ergänzungen aus der Rechtsprechung und der juristischen Literatur. Der Abschluss von Kaufverträgen über Grundstücke ist geregelt in § 313 BGB. Aber nicht ihre Auflösung oder der Abschluss von Vorverträgen. Dann müssen Juristen sich eben überlegen, wie solche Lücken auszufüllen sind. Juristen sagen, der Text des Gesetzes muss ausgelegt werden. Man nennt das auch Interpretation. Das geschieht in der juristischen Literatur, in Lehrbüchern, Kommentaren, Zeitschriften. Aber viel wichtiger ist, was die Gerichte dazu sagen, und ganz entscheidend in zivilrechtlichen Streitigkeiten ist die Meinung des Bundesgerichtshofes in Karlsruhe. Denn danach richten sich die anderen Gerichte. Sie müssen es nicht unbedingt. Aber sie tun es im Interesse einer Einheitlichkeit der Rechtsordnung. Was der Bundesgerichtshof zu einer Streitfrage sagt, ist fast so etwas wie ein Gesetz. Es ist die Ergänzung eines unvollständigen Gesetzes, weil der Bundestag nicht jede Einzelheit neu regeln kann. Nur mit einem wichtigen Unterschied. Das Gesetz kennt keine Rückwirkung. Ein Urteil des Bundesgerichtshofes mit der Regelung einer grundsätzlichen Frage hat Bedeutung für alle Streitigkeiten, die noch nicht endgültig entschieden sind, auch wenn der Streit schon etwas weiter zurückliegt. Insofern hat die Rechtsprechung des Bundesgerichtshofes auch eine gewisse Rückwirkung. Und das war das Pech von Herrn Vollbrecht. Die Auslegung des § 313 des Bürgerlichen Gesetzbuches hatte sich zwei Monate später geändert. Der Vergleich vom Februar 1982 war insofern unwirksam, weil der Bundesgerichtshof in einem ähnlichen Fall zwei Monate später anders entschieden hat als bisher.

Hat also Rechtsanwältin Wagner einen Fehler gemacht? Und hat sie ihn schuldhaft gemacht? Konnte Herr Vollbrecht erfolgreich gegen sie klagen auf Schadensersatz von über 100 000,– DM? Er hat geklagt, und auch dieser Prozess ging bis zum Bundesgerichtshof. Der hat 1993 entschieden. Ja, hat er gesagt, im Prinzip hat sie einen Fehler gemacht. Sie hätte damit rechnen müssen, dass wir unsere Meinung von 1964 ändern würden. Sie hätte den sichersten Weg in die Zukunft gehen und die beiden zum Notar schicken müssen, als sie sich bei ihr auf einen Vergleich mit der Auflösung des Kaufvertrages geeinigt hatten. Sie hätte sich nicht auf das verlassen dürfen, was wir 18 Jahre zuvor gesagt haben. Was schert uns unser Gewäsch von gestern. Denn hier

> »gibt es Grenzen anwaltlichen Vertrauens auf den Fortbestand einer höchstrichterlichen Rechtsprechung.«

Notarielle Beurkundung statt einfacher Schriftform. Das war der sicherste Weg in die Zukunft, weil der Anwalt

> »wegen seiner Pflicht zur Wahl des relativ sichersten Weges gehalten ist, eine Änderung der höchstrichterlichen Rechtsprechung in Rechnung zu stellen.«

Das hat sie nicht getan. Also ein schuldhafter Fehler. Und der juristische Beobachter sagt: Ein tolles Stück. Jetzt sollen Anwälte auch noch Hellseher sein und Schadensersatz zahlen, obwohl sie nur normale Juristen sind und keine Schamanen.
Irgendwie hat der Bundesgerichtshof dann doch ein Einsehen gehabt mit Rechtsanwältin Wagner und einen Ausweg für sie aus dieser Sackgasse gesucht. Im Prinzip bleibt es dabei. Schamane muss sein. Aber hier ließen sie noch einmal Gnade vor Recht ergehen. Frau Wagner brauchte nicht zu zahlen. Die Klage des Lehrers Werner Vollbrecht ist abgewiesen worden. Warum? Weil die Richter nun anfingen, sich den Vergleich von 1982 genauer anzusehen. Da war nicht nur die Auflösung des Kaufvertrages in Ziffer 3, sondern in Ziffer 1:

>»Die Ärztehaus GmbH erteilt die Löschungsbewilligung bezüglich der im Grundbuch von ... eingetragenen Auflassungsvormerkung.«

Die Vormerkung sollte gelöscht werden. Damit ist nicht ausdrücklich, aber stillschweigend gesagt, Herr Vollbrecht und die GmbH gehen auch wieder ab von der Auflassung, also der Einigung darüber, dass das Eigentum am Grundstück übergehen soll. Und, nun kommt des Rätsels Lösung: Die Auflösung eines Kaufvertrags – sagt der Bundesgerichtshof – muss nur dann notariell beurkundet werden, wenn der Kaufvertrag verbunden ist mit einer Auflassung und einer Vormerkung. Jetzt war die Auflassung weg. Denn die kann man aufheben mit einfacher Schriftform. Dafür ist notarielle Beurkundung nicht notwendig. Wenn die Auflassung weg ist, braucht die Auflösung des Kaufvertrages nicht mehr notariell beurkundet zu werden. Dann genügt einfache Schriftform. Also hat Frau Wagner doch keinen Fehler gemacht. Abrakadabra, dreimal schwarzer Kater. Wer es verstanden hat, muss eine sehr hohe abstrakte Intelligenz haben. Wie der Bundesgerichtshof. Im Prinzip aber bleibt: In Zukunft müssen Anwälte die Zukunft vorhersehen, damit sie nicht später sagen müssen: »Das hätte ich nicht gedacht.« Non putaram. Ein tolles Stück.

Die ältere Geschichte

> Soll dich ein Advokat beraten,
> sei nicht sparsam mit Dukaten.
>
> K. F. W. Wander, *Deutsches Sprichwörter-Lexikon*,
> 1. Band, 1867, Seite 34

Sich einzumischen in fremde Streitigkeiten ist üblich seit uralter Zeit, aber juristischer Beistand vor Gericht verhältnismäßig neu. Die Griechen kannten ihn noch nicht. Jeder musste selbst auftreten und reden vor den Richtern in Athen. Die Rede konnte er sich schreiben lassen von einem anderen. Aber sprechen musste er selbst, entweder vorlesen – wenn er es denn konnte – oder auswendig lernen, was bekanntlich denen leichter fällt, die weder lesen noch schreiben können. So sind die berühmten Gerichtsreden entstanden in der klassischen Zeit des 5. und 4. Jahrhunderts vor Christus, von Antiphon über Isokrates bis zu Demosthenes, dem berühmtesten dieser Logographen, auf Deutsch: Redenschreiber. Sie waren keine Juristen, sondern Redner ganz allgemein, politisch in der Volksversammlung, festlich bei Jubelfeiern oder eben juristisch für das Gericht. Es ist eine stilistische Technik gewesen, Literatur, von den Griechen Rhetorik genannt und als solche auch heute noch beliebt, wenn einer versucht, wie man so schön sagt, sich auszudrücken zu verstehen zu können.

Erst im alten Rom hat Recht sich zur Wissenschaft entwickelt, ohne Rhetorik. Erst dort gab es Männer, die sich auf Juristisches spezialisierten. Juristen, aber das Wort gab es noch nicht. Wenn überhaupt, dann sprach man von *iuris consultus*, *iuris peritus* oder *iuris prudens*. Alles schwer zu übersetzen, am besten: einer, der was vom Recht versteht. Sie haben das Weltmuster eines Rechts entworfen, das gegründet ist auf Eigentum und Vertrag, ziemlich berechenbar und deshalb auch unser eigenes wurde. Bücher haben sie darüber geschrieben – schon in der republikanischen Zeit des 3. Jahrhunderts vor Christus – und auch Gutachten für Streitfälle, gaben privaten Rechtsunterricht für die vornehmen Söhne ihrer vornehmen Freunde, waren als Richter tätig oder als deren Berater, haben Verträge entworfen und auch Prozesse geführt für andere. Also die ersten Rechtsanwälte der Geschichte, aber ohne Honorar, denn sie kamen alle aus der Oberschicht und brauchten nicht Geld zu verdienen durch Arbeit für andere. Es ging ums Prestige. Erst in der Kaiserzeit wird daraus ein normaler Beruf mit Vergütung. Sie nennen sich *advocati*, wörtlich: die Herbeigerufenen, zu Hilfe Geholten, wie die älteren vorher, wenn sie vor Gericht gingen, und sind dann bald eingebunden worden in eine staatlich kontrollierte Standesorganisation unter den Kaisern der Spätantike des 3. und 4. Jahrhunderts nach Christus. Eine Art öffentlicher Dienst mit gesetzlich geregelten Höchstsätzen für ihre Gebühren. 600 bis 700 Jahre Entwicklung vom Aristokraten zum Advokaten.

Ähnlich ungegliedert wie das griechische Recht war das alte deutsche, mit ziemlich viel Formalitäten allerdings, wie man es oft findet in frühen Rechten, also Spruchformeln oder symbolische Handlungen, die schwierig gewesen sind für den einfachen Mann. Also gab es Fürsprecher für die streitenden Parteien. Die haben für sie gesprochen, wenn es kompliziert wurde und man Formen einhalten musste, sollte der Prozess nicht verloren gehen. Aber der Kläger war immer dabei und der Beklagte, und was ihre Fürsprecher sagten, galt nur, wenn sie ausdrücklich erklärten, das sei genau, was sie wollten. Prozessvertretung war das nicht, nur Hilfe beim Sprechen wie im alten Athen.

Richtige Anwälte gibt es erst wieder im späten Mittelalter, als das deutsche Recht überlagert wurde vom Kirchenrecht und von dem mit ihm verbundenen antiken römischen Recht. Diese Anwälte kommen gleich in doppelter Gestalt, als Prokurator und Advokat. Eine Doppelform, die sich entwickelt hat auf der Grundlage des alten römischen Rechts. In Rom war *procurator* derjenige, der im eigenen Namen für einen anderen den Prozess führte, als Partei. Procurator ist auf Deutsch derjenige, der für einen anderen etwas besorgt, zum Beispiel einen Prozess führt. Wenn er ihn gewonnen hatte, wurde das, was vom Beklagten zu zahlen war, intern ausgeglichen mit dem Auftraggeber. Der *advocatus* führte den

Prozess im Namen des Mandanten wie bei uns, war nicht Prozesspartei, sondern Prozessvertreter. Aus dieser alten Doppelung des römischen Rechts entstand eine neue Zweiteilung des kirchlichen. Prokurator war jetzt derjenige, der vor Gericht auftrat. Der Advokat machte die Vorarbeit im Hintergrund. Prozessparteien waren sie beide nicht, das war nur der Mandant, der jetzt zwei Vertreter hatte, einen vor Gericht, der die Prozesshandlungen vornahm und die Schriftsätze übergab, und einen, mit dem er selbst verhandelte, der alles vorbereitete und die Schriftsätze verfasste. Mit anderen Worten, der eine schrieb das Drehbuch und führte Regie: der Advokat. Der andere war der Darsteller auf der Leinwand: der Prokurator. Liebling Kreuzberg. Diese Zweiteilung breitete sich schnell aus in ganz Europa über das Recht der katholischen Kirche. Allerdings, im Lauf der Zeit verwischten sich die Unterschiede, gab es Übergänge von der einen in die andere Form, verschieden von Land zu Land, auch im alten deutschen Reich. Aber das Prinzip der Zweiteilung blieb. In Deutschland ist es über 500 Jahre alt geworden, wurde endgültig erst 1878 mit der neuen Rechtsanwaltsordnung des Bismarckreiches beseitigt. In anderen Ländern gibt es das Nebeneinander zweier Arten von Anwälten heute noch, zum Beispiel in England. *Barrister* ist der Anwalt vor Gericht, *solicitor* derjenige, der die Vorarbeit erledigt. Aber das System löst sich langsam auf. In Frankreich wurde es vor kurzem ganz abgeschafft. Dort unterschied man zwischen *avoué* und *avocat*. In den USA gibt es schon seit langem nur einen *lawyer*.

Advokaten mussten studierte Juristen sein, Prokuratoren nicht. Das europäische Jurastudium begann an oberitalienischen Universitäten im 12. Jahrhundert, zuerst in Bologna. Damals erschien auch zum ersten Mal das neue Wort für diesen Berufsstand – *iurista*. Denn an den Universitäten sprach man Latein. In Deutschland gibt es sie seit dem 14. Jahrhundert. Die Juristen, die hier wie dort ausgebildet wurden, gingen in den Dienst der Kirche, der Fürsten, der Städte, oder sie wurden Advokaten. Die Vorbereitung des modernen Verwaltungsstaats der Neuzeit schon im Mittelalter. Dieser neue Staat entsteht im 16. und 17. Jahrhundert. Das ist jene Zeit, in der das Jurastudium eine bemerkenswerte soziale Aufwertung erlebt.

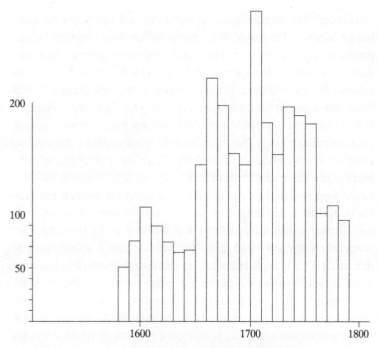

Graduierte Juristen an den Universitäten des alten deutschen Reichs, 17. bis 18. Jahrhundert (nach Ranieri, Ius Commune, Bd. 12, 1985, Seite 103)

Überall in Europa ging damals die Zahl der Jurastudenten steil in die Höhe. Waren es früher an einer Universität einige Dutzend oder mal gerade 100, wurden es nun bis zu 4000 und noch mehr. Es war ein Modestudium geworden für Söhne aus vornehmen Familien. Die Mehrheit wurde Advokat, aber nicht, um daraus einen Beruf zu machen und als Jurist zu arbeiten, sondern nur um sich zu schmücken im Glanz einer höheren Weihe. Die Advokatur wurde ein Statussymbol, veränderte sich von einer beruflichen Zunft zu ständischer Würde, vom Beruf zum Stand.

Um 1700 ist der Höhepunkt erreicht, und dann war alles schnell vorbei. Die Zahl der Jurastudenten ging drastisch zurück, ebenso das Sozialprestige. Das Wort vom Winkeladvokaten kommt in Mode, Sprüche über Advokaten entstehen, die sich auf Dukaten reimen, und die Entwicklung geht wieder zurück in die andere Richtung, vom Stand zum Beruf.

Warum? Möglicherweise war es die Folge der Steigerung staatlicher Macht. Der absolutistische Staat erreichte seinen Höhepunkt, und starke Staaten haben immer eine starke Abneigung gegen Juristen. Sie stehen ihnen im Wege. Macht geht vor Recht. So war es bei Adolf Hitler und in der DDR. Jedenfalls, die ständische Welt der Juristen kommt in eine Krise. Der Tiefpunkt wird erreicht in Preußen unter Friedrich II. Dessen Verachtung für juristische *Ficfacquereyen* führte 1779 in die Justizkatastrophe um die Prozesse des Müllers Christian Arnold aus Pommerzig in der Neumark. Das Berliner Kammergericht hatte – zu Unrecht, wie wir heute wissen – gegen den Willen des Königs entschieden, der sich für den Müller einsetzte. Der Justizminister wurde entlassen, und die Richter wurden verhaftet und landeten in der Festung. Das war einerseits ein Meilenstein auf dem Weg zur Unabhängigkeit der Justiz. Denn die Richter hatten immerhin Mannesmut gezeigt vor Fürstenthronen. Auf der anderen Seite war es auch der Auslöser dafür, dass Friedrich II. kurz danach das ganze System der Anwaltschaft über den Haufen warf und völlig neue Formen einführte mit einem Erlass von 1780. Das preußische Abenteuer mit der Einführung von Assistenzräten:

> »Es ist wider die Natur der Sache, dass die Partheyen mit ihren Klagen und Beschwerden von dem Richter nicht selber gehört werden, sondern ihre Nothdurft durch gedungene Advokaten vorstellen sollen. Diesen Advokaten ist sehr daran gelegen, dass die Prozesse vervielfältigt und in die Länge gezogen werden; denn davon dependirt ihr Verdienst und ihr ganzes Wohl ... Indessen soll den Parteien dieserhalb nicht der Beistand von Rechtsfreunden versagt werden, vielmehr sollen solche zur Kontrolle des Richters auch schon bei Untersuchung des Facti mitwirken. Damit sie aber ganz uninteressiert sind, so werden sie aus den tüchtigsten Referendaren erwählt, unter dem Titel Assistenzräte in die Kollegien aufgenommen und auf festes Gehalt gesetzt.«

Mit der neuen Prozessordnung von 1781 ist das Gesetz geworden. Jetzt wurden die Parteien vor Zivilgerichten von diesen Assistenzräten vertreten, die Richter gewesen sind, mit Sitz und Stimme im Gericht und nicht nur ihren Mandanten verpflichtet, sondern auch der »Wahrheit«, wie es hieß. Und das bedeutete, dass sie auch gegen die Interessen ihrer Mandanten handeln konnten und mussten. Prokurator und Advokat waren abgeschafft und zu einem neuen staatlichen Amt vereinheitlicht worden. Hilfe vor Gericht erhielt der Bürger nicht mehr von einem Anwalt seines Vertrauens, sondern von einem ihm zugewiesenen Richterbeamten. Nicht untypisch für den absolutistischen Staat und besonders typisch für Preußen, das führend war in der Verstaatlichung vieler Lebensbereiche. Hier war vom Großen Kurfürsten das Staatsexamen für Mediziner eingeführt worden, von Friedrich II. schon bald nach seinem Regierungsantritt das Staatsexamen für Juristen und durch Alexander von Humboldt am Anfang des 19. Jahrhunderts das Staatsexamen für Lehrer. Universitätsabschlüsse genügten nicht mehr. Dieses institutionalisierte Misstrauen gegen die Universitäten hat sich im 19. Jahrhundert durchgesetzt im ganzen deutschen Reich, bis heute. Die Universität lehrt, der Staat prüft. Nicht unbedingt eine ideale Lösung, ebenso wenig wie die der Assistenzräte.

Von denen gab es allerdings zunächst nicht genug. Deshalb – und weil man für die vielen entlassenen Prokuratoren und Advokaten Ersatzbeschäftigungen finden musste – wurde ein neuer Anwaltsstand erfunden, der außerhalb von Prozessen rechtlichen Beistand leisten sollte. Auch das etwas völlig Neues. Sie wurden Justizkommissare genannt, waren halbstaatlich organisiert, ernannt vom Justizminister, und konnten in allen Rechtsangelegenheiten beraten und in Strafsachen auch vor Gericht verteidigen. Hinzu kam – das eigentlich Neue – die zusätzliche Aufgabe als Notar in Grundstücksangelegenheiten und bei anderen Verträgen.

Alles in allem eine unerhörte Neuerung. Das Staunen in Preußen und außerhalb war groß, auch das Misstrauen und die Ablehnung durch die Bürger. Und bevor man sich vom Schrecken erholen und darüber schreiben konnte, wurde der Umsturz allmählich wieder zurückgenommen, wurden Schritt für Schritt neben den Assistenzräten die von den Parteien frei gewählten Justizkommissare als zusätzlicher Beistand im Prozess zugelassen und 1793 –

nach zwölf Jahren – die Zwangsanwälte völlig abgeschafft. Es gab keine Assistenzräte mehr. Das Abenteuer war zu Ende. An ihre Stelle traten die Justizkommissare in ihrer mehr oder weniger alten Form der Advokaten mit drei Besonderheiten. Erstens war die alte Zweiteilung abgeschafft. Es gab nur noch eine Form von Anwälten, und das war gut so. Zweitens mussten sie wie die Richter – also wie die abgeschafften Assistenzräte – ein Staatsexamen bestanden haben, was sich dann im 19. Jahrhundert in ganz Deutschland durchgesetzt hat. Und drittens – auch das hatte es vorher nie gegeben – waren die Anwälte jetzt gleichzeitig Notare, einfach auf Grund der Entwicklung der letzten Jahre in Preußen. Ein System, das sich in einigen anderen, aber nicht in allen deutschen Ländern durchgesetzt hat, zuerst im Königreich Sachsen.

In allen anderen deutschen Ländern gab es damals noch Prokuratoren und Advokaten. Seit 1793 blieb für die preußischen Anwälte noch über 50 Jahre lang die Bezeichnung als Justizkommissare. Erst ein Gesetz von 1849 traf die Entscheidung:

»Die Justizkommissare ... nehmen den Amtscharakter Rechtsanwalt an.«

Etwas weniger staatlich und ein neues Wort. Rechtsanwalt ist ein typischer Begriff des 19. Jahrhunderts, des Jahrhunderts der Überwindung von ständischer Ordnung und Absolutismus und der Begründung einer bürgerlichen Gesellschaft. Den alten Unterschied von Prokurator und Advokat verstand ohnehin kaum noch jemand. Man brauchte einen gemeinsamen Namen, der einfach war, bescheiden und in deutscher Sprache und nicht mehr den Klang des Ständischen hatte, sondern in die bürgerliche Freiheit wies. Dieser gemeinsame Name war das Wort »Rechtsanwalt«. Also zuerst offiziell in Preußen 1849, denn nach Märzrevolution und Paulskirche war ein »Kommissar« selbst hier nicht mehr zeitgemäß. Man hatte immerhin schon einen einheitlichen Anwaltsberuf im Gegensatz zu den anderen Ländern mit ihren Prokuratoren und Advokaten. Erst nach der Gründung des Deutschen Reichs 1871 änderte sich das. Dann gab es Rechtsanwälte in allen deutschen Ländern.

Die Fehler des Hof-Advocaten Wedekind in Eisenach 1754

> Guter Rath ist theuer, sagte der Advocat zum Bauer, als er ihm einen Prozess verloren.
>
> K. F. W. Wander, *Deutsches Sprichwörter-Lexikon*, 3. Band, 1867, Seite 1473

Conrad Rehschwamm – »Anspänner zu Stedtfeld und Bürger in Eisenach« – starb 1743. Er besaß einen Bauernhof neben der Stadt und in Eisenach ein Haus und eine kleine Brauerei. Ein mittleres Vermögen, das aufgeteilt wurde unter seine fünf Kinder als Erben, zwei Töchter und drei Söhne. Den Bauernhof hatte er schon vorher an seinen ältesten Sohn Jacob verkauft. Der hatte damit den größten Teil des Vermögens seines Vaters übernommen, den Preis aber mit eigenem Geld bezahlt. Nach Conrad Rehschwamms Tod haben seine Kinder auch die anderen Grundstücke veräußert, Schulden bezahlt und den Rest unter sich aufgeteilt. Jeder bekam 933 Reichstaler, 18 Groschen und 9 Pfennige. Nicht wenig, aber auch nicht besonders viel. Jener in der Gemeinde des Rechts so wichtige Müller Christian Arnold mit seiner Wassermühle in Pommerzig in der Neumark zum Beispiel – der Auslöser für das preußische Abenteuer mit den Assistenzräten – hatte 1779 auf Befehl des Königs Schadensersatz erhalten in Höhe von 1358 Talern für die Mühle, 40 Säcke Getreide, Verdienstausfall für zwei Jahre und Ersatz der Prozesskosten.

Eisenach im Westen des Herzogtums Sachsen-Weimar wurde damals noch regiert vom Großvater des berühmten Herzogs Karl August, der 30 Jahre später Geschichte gemacht hat, weil er Goethe nach Weimar holte. Als Conrad Rehschwamm starb, war Friedrich II. seit drei Jahren König in Berlin, hatte den Ersten Schlesischen Krieg hinter sich und den Zweiten vor sich. Ein Moment der Ruhe in Deutschland. Auch mit der Erbschaft ging zunächst alles gut. Die fünf Erben waren sich einig. Die Jüngste – Florentine Rehschwamm – hatte ihren zweitältesten Bruder Cas-

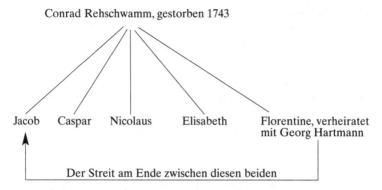

Ein Streit im Hause Rehschwamm

par als Vormund. Der war Konditor und hatte ihr Erbteil in Verwahrung. Dann heiratete sie nach einigen Jahren den Sattler Georg Hartmann in Eisenach, und der Streit begann.

Sattler Hartmann hatte vom Konditor Rehschwamm das Erbe Florentines erhalten, 933 Taler, 18 Groschen und 9 Pfennige. Er hatte sie erhalten, weil damals das Vermögen von Mann und Frau zusammengehörten als eheliche Gütergemeinschaft, die natürlich allein vom Mann verwaltet wurde. Aber der Sattler war damit nicht zufrieden. Er meinte, seiner Frau würde mehr zustehen vom Erbe ihres Vaters, und verlangte Rechnungslegung vor Gericht. Dort erkannte er die Summe vorläufig an in einem Vergleich mit dem Zusatz:

> »Wobey derselbe jedoch sich reserviert, dass, wenn nach der erkannten eydlichen Edition derer väterlichen Manualien die Verlassenschaft sich augiren, und ein mehreres als der verglichene Erbbetrag fol. 50. b. vol. II. herauskommen sollte, er davon seinen Antheil verlange.«

Das war der Anfang einer langen Reihe von Streitigkeiten, die viele Jahre dauerten. Im nächsten Prozess gegen die vier Geschwister und Miterben seiner Frau verlangte Georg Hartmann diese eydliche Edition derer väterlichen Manualien, also genaue

Rechnungslegung. Dazu wurden sie verurteilt, und nun musste Beweis angetreten werden in einem dritten Prozess. Was war nach dem Tod des Vaters noch an Schulden zu zahlen? Und ist es gezahlt worden und hat damit die Erbschaft seiner Frau gemindert? Die Geschwister wurden vertreten vom Hof-Advocaten Wedekind, der die wichtigsten Beweise brachte, Urkunden über die Schulden, Quittungen für ihre Zahlung und Bestätigung durch die Gläubiger, die im Prozess gehört wurden als Zeugen. Also alles bewiesen, bis auf drei Posten von zusammen 366 Reichstalern. Das sei nicht nötig, meinte der Anwalt, weil sie anerkannt worden seien vom klagenden Sattler Hartmann. Waren sie aber nicht und die Fristen schließlich abgelaufen für die Führung von Beweisen. Also erging 1754 das Urteil:

»Dass die Bezahlung derer
200 Rthlr. – Helbigs Capital
133 Rthlr. 8 Gr. zu Einlösung des Gemeinen Theils
33 Rthlr. 8 Gr. an den Pfarrer Bischoff
wie recht, nicht erwiesen, und dahero unter denen gedachten Gutkauf-Geldern mit anzusetzen nicht berechtiget, sondern dem Product Hartmann, seine ratam, welche es über den mit dem Vormund und Conditor Rehschwamm getroffenen Vergleich, demselben davon, nach zu bewürkender Ausrechnung betragen wird, a tempore mortis paternae zu extradiren schuldig etc.«

Die Erben wurden verurteilt, ihm die Ausgleichssumme zu zahlen, obwohl die drei Posten tatsächlich getilgt worden waren aus dem Erlös der Erbschaft. Es war ein Urteil der Juristenfakultät Erfurt. In schwierigen Fällen haben damals Gerichte die Entscheidung meistens dem Spruchausschuss einer juristischen Fakultät überlassen, die das Urteil beschlossen hat. Vom Gericht ist es dann nur noch verkündet worden. Vorher konnten die Parteien allerdings noch das Urteil einer anderen Fakultät beantragen. Die so genannte Leuterung. Das machten die vier Geschwister hier, denn sie wussten, die Schulden waren tatsächlich bezahlt. Also wandte sich das Gericht in Eisenach an die nächste Fakultät. Die war in

Jena. Und die Professoren dort kamen zu dem Ergebnis, ihre Kollegen in Erfurt hätten richtig entschieden. Denn Beweis war nicht angetreten und die Frist abgelaufen. Also verkündete das Gericht in Eisenach dieses Urteil auf Nachzahlung. Hartmann war Sieger in diesem Prozess, weil der Hof-Advocat einen Fehler gemacht und nicht rechtzeitig Beweis geführt hatte.

Die Geschwister Rehschwamm blieben ihm trotzdem treu und baten, er möge Berufung einlegen zur nächsten Instanz. Das tat der auch, aber zu spät. Er versäumte die Berufungsfrist. Der zweite Fehler des Hof-Advocaten Wedekind im Jahr 1754. Das Urteil wurde rechtskräftig, und Sattler Hartmann konnte vollstrecken. An sich gegen jedes der vier Geschwister. Er hielt sich aber an Jacob, denn der hatte am meisten. Die Stimmung wird nicht mehr gut gewesen sein zwischen ihm und seiner Schwester Florentine. Fang nie was mit Verwandtschaft an, sieh lieber dir die Landschaft an. Das war doch ungerecht. Die Schulden waren tatsächlich bezahlt, und nur weil der Anwalt zwei Fehler machte, sollte nun sein Hof versteigert werden in Stedtfeld bei Eisenach? Die nächsten drei Jahre ging es um diese Frage. Georg Hartmann betrieb die Zwangsvollstreckung in das Vermögen von Jacob Rehschwamm aus dem Urteil vom 12. Oktober 1754.

Jacob hatte die Urkunden über die Schulden, die Quittungen über Zahlung der drei Posten von 366 Talern und 16 Groschen, und auch die Gläubiger bestätigten ihm das als Zeugen. Es nützte nichts. Rechtskräftiges Urteil ist rechtskräftiges Urteil. Egal, wie zu Stande gekommen. Da wäre auch heute nichts zu machen, denn einmal muss Schluss sein, sagen Juristen und berufen sich auf die Sicherheit des Rechts. Rechtssicherheit. Da konnte Jacob Rehschwamm nur lachen, war sicher, dass er im Recht sei, und beantragte Wiedereinsetzung in den vorigen Stand. So nennt man das heute. Abgelehnt. Damals sprach man noch von Restitution oder – mit dem lateinischen Wort aus dem alten römischen Recht – *restitutio in integrum*. Ist aber seit den alten Römern nur möglich, wenn einer die Frist versäumt hat ohne Verschulden. Und die Fehler des Anwalts, sagt das Gericht auch heute, sind deine Fehler. Du hast ihn ausgesucht. Er ist einer von deinen Leuten. Für die musst du einstehen. Jacob Rehschwamm soll sich an ihn halten, den Hof-

Advocaten Wedekind. Der hat das in den Sand gesetzt und haftet auf Schadensersatz. Hartmann könne vollstrecken. Das Urteil von 1754 ist gültig.

Inzwischen sind wir im nächsten Jahr, 1755, kurz vor dem Siebenjährigen Krieg. Der Streit zwischen Jacob und dem Sattler dauert nur noch zwei Jahre, aber angewachsen ist er auf 820 Taler, weil die Kosten immer höher wurden, besonders wegen der Anfragen an die Fakultäten. Die nächste war die in Gießen, wegen der Wiedereinsetzung in den vorigen Stand. Geht nicht, sagt sie. Wie das Gericht. Jacob soll von Wedekind Schadensersatz verlangen, und Hartmann kann vollstrecken.

Aber Jacob will nicht gegen den Hof-Advocaten klagen, denn das hat keinen Zweck. Wedekind hat zwar neun Kinder, aber kein Geld. Das ganze Vermögen kommt von seiner Frau. Ist vielleicht ganz angenehm für ihn, dass Frau Wedekind einiges beigesteuert hat, aber nicht für seine Gläubiger. Denn so weit ging's nun doch wieder nicht mit der ehelichen Gütergemeinschaft. Was drin war von der Frau – *illata uxoris* auf Lateinisch –, haftet nicht für die Schulden des Mannes. Jacob Rehschwamm kann gern klagen gegen seinen Anwalt mit der *actio mandati directa* aus dem Auftrag für den Prozess und wird auch sicher gewinnen, denn das war grobes Verschulden, wenn der gleich zwei dicke Fehler macht. Aber was hilft das? Er muss die Prozesskosten zahlen, weil beim Hof-Advocaten nichts zu holen ist, und eine Haftpflichtversicherung für Anwälte war noch lange nicht in Sicht und vollstrecken kann er auch nicht aus demselben Grund. Rausgeschmissenes Geld wäre so ein Prozess, meint Florentines Bruder, und man kann nicht sagen, das sei falsch. Der Siebenjährige Krieg hatte übrigens schon angefangen, 1756. Für beide sieht es schlecht aus, für Friedrich II. und Jacob Rehschwamm. Der eine marschiert über Sachsen nach Böhmen, der andere wendet sich an die Regierung des Fürsten in Weimar. Der Fürst ist inzwischen schon der berühmte Karl August, aber erst im zarten Alter von einem Jahr und deshalb unter der Regentschaft seiner Mutter. Die Regierung hat Mitleid mit Jacob und sagt dem Richter in Eisenach, er solle doch mal nachdenken, ob wirklich nichts zu machen sei. Rehschwamm sei unverschuldet in einer verzweifelten Situation. Das Ergebnis ist,

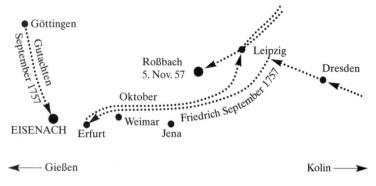

Eine Gegend, eine Zeit, zwei Entscheidungen

Jacob darf ein Gutachten einholen über einen neuen Anwalt bei der damals berühmtesten deutschen Juristenfakultät, nämlich in Göttingen. Das Gutachten ist fertig im September 1757. Da ist König Friedrich mit 20000 preußischen Schnurrbärten auf dem Marsch von Dresden nach Erfurt, an Weimar vorbei, nach der schweren Niederlage bei Kolin in Böhmen und kurz vor dem entscheidenden Sieg bei Roßbach in Sachsen-Anhalt über die Franzosen und die Reichsarmee. Es geht ihm nicht gut, ähnlich wie Jacob Rehschwamm. Der hört erst mal, Friedrich sei freundlich aufgenommen worden in Erfurt. Das sind von Eisenach 62 Kilometer nach Osten. Am meisten interessiert sich Herr Rehschwamm aber für Göttingen, etwa die doppelte Entfernung im Nordwesten.

Also September 1757. Das Gutachten der angesehenen Fakultät kommt nach Eisenach. Was Friedrich II. gut einen Monat später in Roßbach gelingt, ist für Jacob Rehschwamm die Nachricht aus Göttingen. Sie beginnt mit den Worten:

»Responsum

Unsere freundliche Dienste zuvor.
Wohledler und Wohlgelahrter,
Günstiger Herr und guter Freund

Als uns derselbe eine species facti mit angehängtem Fragen, nebst denen hiebey zurückgehenden Anlagen, zugesandt, und darüber unsere Rechtsbelehrung begehret; demnach erachten wir nach fleissiger derselben Verlesung und collegialiter gepflogenen Erwegung für recht...«

Der günstige Herr und Freund ist der neue Anwalt von Rehschwamm. Aber nicht nur er ist günstig. Auch das Gutachten. Der Sieg über Georg Hartmann. Erst wird noch mal der ganze Sachverhalt geschildert – *species facti*. Danach wird erörtert, was juristisch gegen Jacob Rehschwamm spricht – *rationes dubitandi* – und welche juristischen Überlegungen dazu führen, ihm die Wiedereinsetzung in den vorigen Stand zuzubilligen – *rationes decidendi*. Schließlich das Ergebnis am Ende:

»So gehet auf obige Fragen diesem allem zufolge unsere rechtliche Meynung dahin:
Dass dem Beklagten Jacob Rehschwamm *contra lapsum probatorii et rem iudicatam* an noch höhern Orts das *beneficium restitutionis in integrum* in Betracht obiger Umstände nicht unbillig angedeyhen könne.«

Mit anderen Worten, am höheren Ort – bei der Regierung in Weimar – soll Jacob die Wiedereinsetzung in den vorigen Stand gewährt werden – *restitutio in integrum* – wegen der beiden Fehler beim Beweis und der Rechtskraft – *contra lapsum probatorii et rem iudicatam*. Das Urteil von 1754 soll aufgehoben werden, und der neue Anwalt kann die Beweise über jene drei Posten vorlegen. Damit ist der Prozess doch noch gewonnen. Drei Jahre später. Jacob Rehschwamm gegen Georg Hartmann. Ob Florentine ähnlich gelitten hat wie Maria Theresia in Wien?
Die Entscheidung der Göttinger lag im Zug der Zeit. Auch sie waren der Meinung, dass ein Mandant zuerst gegen den Anwalt klagen muss. Das war die allgemeine Regel. Erst wenn er ihn »ausgeklagt« hat und vergeblich vollstreckt, gab man ihm damals die Wiedereinsetzung in den vorigen Stand. Aber was soll das Ganze, wenn von vornherein feststeht, dass beim Hof-Advocaten Wede-

kind nichts zu holen ist? Dann eben gleich die Wiedereinsetzung. Eine Ausnahme. Denn der Staat war damals verantwortlich für Advokaten und Prokuratoren. Es gab den so genannten Numerus clausus. Nur eine bestimmte Zahl von Anwälten wurde zugelassen. Nicht wie heute jeder, der die zwei Examen hat. Wer und auf Grund welcher Qualifikation, das entschied allein die Regierung des Fürsten. Daher der Name Hof-Advocat. Eine Art Beamter. Wenn dann einer von diesen Beamten einen Fehler machte, der mit Schadensersatz nicht mehr zu beheben war, musste die Regierung das wieder in Ordnung bringen über das Gericht. Es gab noch keine Gewaltenteilung wie heute. Das waren die Gründe der Göttinger, und 30 Jahre später – 1786 – ist das Reichskammergericht in Wetzlar noch weiter gegangen. Hat gesagt, bei Versäumnissen ihrer Anwälte – Prokuratoren oder Advokaten – können Mandanten sofort und ohne »Ausklagung« des Anwalts wieder eingesetzt werden in den vorigen Stand. Auch wenn der an sich zahlen könnte. Sozusagen der Höhepunkt des absolutistischen Anwaltsrechts. Erst im 19. Jahrhundert hat sich der Wind wieder gedreht. Das Reichskammergericht ist 1806 geschlossen worden mit dem Untergang des alten Reichs. Die neue Zeit der bürgerlichen Gesellschaft erschien am fernen Horizont und mit ihr die »Freie Advokatur«. Das führte zurück zum Grundsatz, der Anwalt muss den Schaden ersetzen. Und als der Numerus clausus mit der »Freien Advokatur« fiel, gab es auch keine Wiedereinsetzung mehr für die Mandanten, nur dann, wenn auch den Anwalt keine Schuld traf an irgendwelchen Versäumnissen. Wie im alten römischen Recht, das jetzt wieder allgemein in Mode kam mit der Freiheit einer bürgerlichen Gesellschaft.

Die Freie Advokatur

> Und nachdem unsere in der Umbildung begriffene Gesellschaft seit einem halben Jahrhundert sich gewohnheitsmäßig in halben Maßregeln bewegt, versuchen wir es einmal mit einer ganzen Maßregel.
>
> Rudolf von Gneist, *Freie Advocatur*, 1867, Seite 114

In der ersten Hälfte des 19. Jahrhunderts blieb die Situation der deutschen Anwälte unverändert. Deutschland war ein Agrarland. Die industrielle Revolution mit ihrem epochalen Aufschwung kam erst in der zweiten Hälfte. Auch die Politik bewegte sich weiter in den alten Bahnen, nachdem Napoleon besiegt und die gewohnte Ordnung wiederhergestellt war. Es gab in Preußen weiter Justizkommissare, in Sachsen-Weimar-Eisenach Hof-Advocaten, und auf der buntscheckigen Landkarte des untergegangenen Deutschen Reiches existierten 37 souveräne Fürsten und vier freie Städte und fast ebenso viele unterschiedliche Rechtsordnungen, vom römischen Recht – das nun gemeines genannt wurde, nämlich allgemeines – über altes bayerisches, sächsisches oder württembergisches und das modernere preußische von 1794 bis zum neuen bürgerlichen Code civil von 1804. Der war in Kraft geblieben, wo er in der Franzosenzeit gegolten hatte, zum Beispiel in großen Teilen der preußischen Rheinprovinz von Kleve im Norden bis Saarbrücken im Süden. Überall gab es Advokaten und Prokuratoren in vielerlei Gestalt und eben die Justizkommissare im preußischen Kernland. Bis auf wenige Ausnahmen war allen eines gemeinsam. Die Stellung des Anwalts – mit welcher Bezeichnung auch immer – war ein staatliches Amt. Er wurde von der Regierung ernannt und hatte Amtspflichten, zu denen gehörte, dass politische Betätigung strengstens verboten war. Ein Verbot, das viele Disziplinarverfahren und Entlassungen wegen liberaler Umtriebe im Vormärz zur Folge hatte. Nebentätigkeiten mussten genehmigt werden wie bei Beamten heute. Und mit der

Beamtenstellung hing der Numerus clausus zusammen, auf Deutsch: geschlossene Zahl, zahlenmäßige Beschränkung. Wie es heute für Beamte nur eine bestimmte Zahl von Stellen gibt, war es damals in jedem deutschen Land ein fester Bestand für Advokaten, Prokuratoren oder – in Preußen – Justizkommissare. Wer Anwalt werden wollte, musste warten, bis eine Stelle frei wurde, in der Regel, bis einer der Alten starb. Dann musste man sich bewerben wie heute, der Andrang war groß, nur gab es keine Kriterien für die Einstellung, für die Auswahl unter den vielen, die sich für diese eine Stelle gemeldet hatten. Tür und Tor waren geöffnet für Willkür und Patronage. Also in der Regel am Anfang eine erniedrigende Bittstellerei und danach die Abhängigkeit von der Disziplinargewalt der Regierungen und Gerichte.

Die Zahl der Anwälte war klein in der ersten Hälfte des 19. Jahrhunderts. Es gab nur wenige Stellen. Die Anwaltsdichte in Deutschland ist eine der niedrigsten in Europa gewesen. Die geringste hatten die Preußen. Bei ihnen kam ein Anwalt auf 12000 Einwohner. Wir liegen heute etwa bei 1:800. In England waren es 1:1200, in Frankreich 1:2000. Dafür war die Zahl der Richter umso höher. Im Gegensatz zu heute. Noch in der Mitte des 19. Jahrhunderts sind es in Preußen 4150 Richter gewesen und 1350 Anwälte. Neben diesen Richtern noch eine große Zahl nicht bezahlter Assessoren in den Gerichten, die warten mussten, bis eine bezahlte Stelle für Richter frei wurde. Der absolutistische Staat war eben der Meinung, die Richter würden es schon richten. Anwälte verzögerten nur die Arbeit.

Die meisten Richter verdienten sehr wenig, die Anwälte dagegen ziemlich viel. Kein Wunder bei ihrer kleinen Zahl. Deshalb haben Richter sich oft auf Stellen für Anwälte beworben. Das führte in Preußen – weil man die guten Richter nicht verlieren wollte – zu einer Kabinettsverfügung von 1801:

> »...dass es in Zukunft schlechterdings keinem in einer ansehnlichen richterlichen Bedienung stehenden Justizbedienten weiter verstattet werden soll, um seiner Konvenienz Willen seine Stelle niederzulegen und als Justizkommissarius Processpraxis zu treiben.«

Die kleine Zahl der Anwälte hatte auch einen Vorteil. Es gab nicht mehr so viel Missbrauch, Prozessverschleppung und andere überflüssige Aktivität für die Mandanten wie am Ende des 17. und am Anfang des 18. Jahrhunderts, als die Konkurrenz größer war. Sie sind wieder seriös geworden. Der gute Ruf wurde wiederhergestellt. Allerdings beklagten sich manche eher über das Gegenteil, nämlich zu wenig Einsatz für die Mandanten. Sie hatten es nicht mehr nötig. Aber:

> »Die eigentlich treibende Wurzel des Übels liegt in der Beamtenstellung der Rechtsanwälte...«

schrieb Rudolf von Gneist, liberaler Berliner Juraprofessor, 1867 in dem damals wirksamsten Beitrag zur Stellung von Anwälten mit dem Titel *Freie Advocatur* (Seite 17). Sie war die Forderung der Liberalen, die Beamtenstellung das eigentliche Problem. Zum einen die Abhängigkeit von der Regierung, auch politisch. Zum anderen die kleine Zahl von Stellen, die eine Benachteiligung gewesen ist für junge Juristen, die lange warten mussten. Die Alten hatten gut lachen. Die Konkurrenz war gering und das Einkommen hoch. Aber selbst manche von ihnen hielten das System für falsch, besonders wegen der politischen Disziplinierung.

Zunächst jedoch blieb alles ruhig. Erst nach der misslungenen Revolution von 1848 begann die Diskussion, eine Folge des gesteigerten Selbstbewusstseins der Liberalen – denn nun gab es immerhin Verfassungen mit Gewaltenteilung und gewählten Parlamenten – und des steigenden Wohlstands mit Gewerbe- und Berufsfreiheit. Es wurde diskutiert in juristischen Zeitschriften und auf Anwalts- und Juristentagen, zuerst über die Disziplinargewalt. Die Anwälte wollten Kammern nach französischem Vorbild und selbst entscheiden über Fehlverhalten ihrer Kollegen. Und sie hatten einen gewissen Erfolg. Schrittweise wurde der Einfluss der Regierungen abgebaut, in Preußen übrigens schon 1847 durch einen von den Justizkommissaren selbst gewählten Ehrenrat, der aber entscheiden musste nach beamtenrechtlichen Grundsätzen und ergänzt wurde durch die Berufung zum Obertribunal. Letztlich entschieden nun doch wieder staatliche Gerichte. Hauptforderung blieb die völlige Freigabe der Anwaltschaft, Aufhebung von Beamtenstellung und Numerus clausus mit der Folge, dass jeder Jurist einen Anspruch hatte auf Ernennung zum Rechtsanwalt nach dem Studium und zwei Staatsexamen. Die freie Advokatur.

Die Meinungen waren geteilt, die Älteren in Lohn und Brot waren meistens dagegen. Fürchteten einen freien Markt, den Ansturm von jungen Kollegen und die Minderung ihrer Einnahmen. Die Konkurrenz würde den Stand ruinieren, sagten sie, wie 150 Jahre zuvor. Auch die Regierungen waren nicht begeistert, wollten das Machtinstrument von Ernennung und Disziplinierung nicht aus der Hand geben. Aber der Zug der Zeit fuhr in die andere Richtung. Die hieß Reform der Justiz als Folge von Gewaltenteilung, die nun garantiert war in den neuen Verfassungen. Unabhängigkeit der Richter von Weisungen der Regierung, Mündlichkeit und Öffentlichkeit der Verhandlung vor Gericht als Kontrolle dafür, also insgesamt die Unabhängigkeit der Justiz, wie von Montesquieu 100 Jahre zuvor gefordert. Das musste auch heißen: Unabhängigkeit der Anwaltschaft, Entstaatlichung, also insgesamt Freiheit der Advokatur mit Anwaltskammern, in denen alle Anwälte vereinigt sind als selbstständige Körperschaft.

Kleine private Anwaltsvereine waren schon früher entstanden in einzelnen Ländern, klammheimlich liberal, aber offiziell unpolitisch und mit wenigen Mitgliedern in den Dreißiger- und Vierzigerjahren des Vormärz. 1846 fand der erste deutsche Anwaltstag in Hamburg statt mit 85 Teilnehmern, davon 54 aus Hamburg. Richtig los ging's Ende 1848 in Dresden unter ganz anderen Vorzeichen, auf dem dritten Anwaltstag. Die Liberalen waren auf dem Vormarsch. Den Regierungen saß noch der Schrecken der Märzrevolution in den Gliedern. Erste Forderungen wurden laut nach Beseitigung von Beamtenstellung, Numerus clausus, und eine nationale Organisation wurde gegründet, »Deutscher Anwaltverein« (DAV), den es heute noch gibt. Auch kein Vergnügen für souveräne deutsche Fürsten, denen alles Nationale ein Dorn im Auge war, denn sie wollten lieber im unverbindlichen Deutschen Bund bleiben, den sie beschlossen hatten auf dem Wiener Kongress vor über 30 Jahren. Aber es ging noch mal gut für die hohen Herren. Die Paulskirchenversammlung scheiterte mit ihrer Verfassung, weil Friedrich Wilhelm IV. von Preußen gemerkt hatte, dass er sich wieder verlassen konnte auf seine Regimenter. Gegen Demokraten helfen nur Soldaten. Also lehnte er ab, Kaiser der Deutschen zu werden von Gnaden einer demokratischen Verfassung. Blieb lieber von Gottes Gnaden preußischer König. Erließ stattdessen selbst eine Verfassung, und die anderen Fürsten auch. Aber sie hatten nur etwas Zeit gewonnen. In ihren Verfassungen nämlich stand einiges drin, Formulierungen, die führten zur Freiheit auch der Advokatur.

In Baden haben die Liberalen schon 1864 ihr advokatorisches Ziel erreicht. Der Numerus clausus wurde aufgehoben durch Parlamentsbeschluss, und ähnlich war es einige Zeit später im Königreich Sachsen, in den Hansestädten schon vorher. Der allgemeine Durchbruch gelang mit der Reichsgründung 1871. Nun brauchte man ein einheitliches deutsches Anwaltsrecht und konnte schlecht zurückfallen hinter den Zustand dieser Länder, in denen die freie Advokatur schon durchgesetzt war. Außerdem hatte die preußische Regierung ein kleines Problem mit dem juristischen Arbeitsmarkt, der blockiert war durch eine immer größer werdende Zahl unbezahlter Assessoren in den Gerichten und zu wenig Stellen für Anwälte. Immer wieder musste sie schon damals öffentlich warnen vor dem Jurastudium. Das Ventil für diesen Überfluss sei die freie Advokatur, hatte Rudolf von Gneist schon 1867 gesagt. Deshalb lenkte ihr einflussreicher Beauftragter im Bundesrat auch ein, als über diese Frage verhandelt wurde, gemeinsam mit dem Reichstag. Es war Adolf Leonhardt, früher preußischer Justizminister und bis heute bekannt durch seine Bemerkung, er hätte keine Schwierigkeiten mit der Unabhängigkeit von Richtern. Solange er über ihre Beförderung entscheide. Eine Überlegung, die noch heute Wirkung zeigt als Mittel politischer Disziplinierung in den Köpfen einiger Justizminister und nicht weniger Richter.

Adolf Leonhardt – wie Bismarck kein Freund der freien Advokatur – lenkte auch deshalb ein, weil die nationalliberale Partei dafür war, die im Reichstag eine wichtige Stütze Bismarcks gewesen ist. Die Rechtsanwaltsordnung wurde 1878 von Bundesrat und Reichstag beschlossen. Rechtsanwalt war nun ein freier Beruf, auf den jeder Anspruch hatte nach den beiden Examen. Auch das französische Kammersystem wurde eingeführt mit automatischer Mitgliedschaft aller Anwälte. Also keine privaten Vereine mehr wie bisher, sondern – in unserer heutigen Juristensprache – Körperschaften des öffentlichen Rechts. Ihre Autonomie war in Ehrengerichtsverfahren allerdings eingeschränkt. An sich wollten sie allein entscheiden, ohne den Staat. Konnten sie auch, aber nur in der ersten Instanz. Da war zuständig der Vorstand jeder einzelnen Anwaltskammer. Aber die Berufung ging an das Reichsgericht in Leipzig, zum Ehrengerichtshof. Der bestand aus dem Reichsgerichtspräsidenten und drei weiteren Richtern sowie drei Anwälten. Eine nicht unwichtige staatliche Kontrolle, ähnlich wie heute. Trotzdem. Die freie Advokatur war durchgesetzt.

Einer der maßgeblichen Vertreter der nationalliberalen Partei im Reichstag ist Eduard Lasker gewesen, Jurist und gleichzeitig Repräsentant einer anderen Form von Liberalisierung der Justiz in Deutschland. Eduard Lasker war Jude. 1829 geboren, hatte er in Breslau studiert. Die ersten jüdischen Jurastudenten an deutschen Universitäten gab es zwar schon in den letzten Jahren des 18. Jahrhunderts, unter dem Eindruck der Judenemanzipation in Frankreich nach der Revolution 1789. Aber sie mussten noch lange warten auf Gleichbehandlung in der deutschen Justiz nach dem Abschluss ihres Studiums. Auch das preußische Edikt über die Judenemanzipation von 1812 änderte daran nichts. Nun hatten sie zwar – wie 100 Jahre später die Frauen – grundsätzlich dieselben staatsbürgerlichen Rechte und Pflichten wie die anderen Preußen, oder besser gesagt, sie waren jetzt preußische Staatsbürger, aber ausdrücklich mit der Einschränkung, dass sie keinen Zugang haben dürften zu öffentlichen Ämtern. Also auch nicht zur Anwaltschaft. Doch langsam ging's bergauf. 1851 Zulassung zum Referendardienst, 1859 die ersten drei jüdischen Anwälte ernannt, und 1871 waren es schon 75. Die freie Advokatur beschleunigte den Prozess ihrer Gleichstellung ganz entscheidend. Sie war jetzt ja nicht mehr ein öffentliches Amt. Während die Ernennung jüdischer Richter noch lange die große Ausnahme geblieben ist.

Im Übrigen hatte die Freigabe des Anwaltsberufs in den ersten

20 Jahren nicht die von den Älteren befürchtete Folge der Überfüllung. Die Zahlen stiegen nur langsam. 1878 gab es in Deutschland 4000 Anwälte. Um 1900 waren es 6000. In dieser Zeit hatte aber auch die Zahl der Einwohner zugenommen von 44 auf 56 Millionen im Deutschen Reich. In den nächsten 15 Jahren allerdings verdoppelte sich die Zahl der Anwälte von 6000 auf über 12000. Am Ende der Weimarer Republik sind es 20 000 gewesen. Die Anwaltsdichte war ganz schön gestiegen. Die Mitgliederversammlung des Deutschen Anwaltvereins sah 1932 eine »Anwaltsnot« und verlangte vom Reichsjustizminister eine sofortige Zulassungssperre. Nichts mehr mit freier Advokatur. Aber die Reichsregierung lehnte ab, und ein Jahr später löste Adolf Hitler das Problem auf seine Weise.

Anwälte unter Adolf Hitler

Per omne fas ac nefas.
Sie gingen durch alles Recht und Unrecht.
Livius, *Ab urbe condita* 6.14.10

Die Anwaltschaft war 1933 in einer schweren Krise. Eine große Zahl neuer Anwälte, sinkende Einnahmen und die politischen Wirren der Weimarer Zeit hatten das ruhige Selbstverständnis der freien Advokatur erschüttert. Das nutzten die Nationalsozialisten geschickt aus, über alte Vorurteile und neue Ängste. Sie gingen zuerst gegen die jüdischen Anwälte vor.

Der Anteil von Juden in der deutschen Anwaltschaft war damals sehr hoch, fast ein Viertel, nämlich 4500 von insgesamt 19 200. Und das aus einem einfachen Grund. Sie hatten fast keinen Zugang zum Staatsdienst. Nur wenige wurden eingestellt als Richter, Staatsanwälte oder Verwaltungsbeamte. Also sind die meisten von ihnen Anwälte geworden und verstärkten den in der Anwaltschaft ohnehin – wie überall in Deutschland – latenten Antisemitismus.

Gleich nach der Reichstagswahl im März 1933 kam es zu ersten Übergriffen von SA-Leuten auf jüdische Anwälte. Sie wurden aus den Gerichten gejagt, beleidigt, misshandelt. Im April folgte das »Gesetz zur Wiederherstellung des Berufsbeamtentums«, dessen Vorschriften, nach einem zweiten Gesetz vom selben Tag, ausdrücklich auch anwendbar waren auf die Anwaltschaft. Allerdings wurde es bei den Anwälten nicht so konsequent durchgesetzt wie im öffentlichen Dienst, denn die Anwälte verloren ihre Existenz, während die entlassenen Beamten und Richter ihre Pension behielten. Es war ein langsamer Prozess, der sich hinzog bis zu den Nürnberger Rassegesetzen von 1935 und die Zeit danach. 1938 sind die letzten 1750 »Altjuden und Frontkämpfer« aus der Anwaltschaft ausgeschlossen worden.

Diese »Säuberung« wurde ergänzt durch das – heute noch geltende – Rechtsberatungsmissbrauchsgesetz. Ein altes Problem. Es gab neben den studierten Anwälten schon immer so genannte Rechtskonsulenten, also Rechtsberater ohne richtige juristische Ausbildung. Seit dem Mittelalter sahen Anwälte in ihnen lästige Konkurrenten. In der Weimarer Zeit gab es erste Versuche, ihre Tätigkeit gesetzlich zu verbieten. Aber das scheiterte am Prinzip der Gewerbefreiheit. Erst jetzt – 1935 – hatten die Anwälte Erfolg. Das Rechtsberatungsmissbrauchsgesetz verbot – mit wenigen Ausnahmen – jede Rechtsberatung außerhalb der Anwaltschaft. Aus einem einfachen Grund. Denn die als Rechtsanwälte ausgeschlossenen Juden versuchten zunächst, als Rechtskonsulenten weiterzuarbeiten. Auch dieser Ausweg war ihnen nun versperrt.

Die Juden sind nicht die Einzigen gewesen, die ausgeschlossen wurden aus der Anwaltschaft. Auch die Frauen erlitten dasselbe Schicksal. Adolf Hitler war der Meinung, Recht sei Männersache. Die wenigen Richterinnen wurden in die Verwaltung versetzt, Anwältinnen durften bleiben, aber neue wurden nicht mehr zugelassen. Zuerst machte man ihnen einfach Schwierigkeiten ohne ausreichende Rechtsgrundlage, bis 1936 eine neue Anwaltsordnung erlassen wurde. Eine ihrer wichtigen Neuerungen war die Wiedereinführung des Numerus clausus, also die Abschaffung der freien Advokatur. Es gab keinen Anspruch auf Zulassung mehr. Das war ja die Forderung des Deutschen Anwaltvereins 1932 gewesen, damals aus wirtschaftlichen Gründen. Die Nationalsozialisten machten daraus ein Instrument politischer Kontrolle. Wer politisch unzuverlässig war, wurde ohne weitere Begründung abgelehnt. Auch und vor allem die Frauen.

Die Zahl der Anwälte ging zurück, in erster Linie durch die Ausschaltung der Juden. 1933 gab es 19 200 Rechtsanwälte im Deutschen Reich. 1943 waren es 16 500, obwohl inzwischen Österreich dazugekommen war. Und die Einkommen stiegen. Sie verdoppelten sich in den sechs Jahren von 1933 bis 1939 von durchschnittlich 6500 Mark jährlich auf knapp 12 000 Mark. Unter anderem auch dadurch, dass es in der Präambel zur neuen Rechtsanwaltsordnung von 1936 hieß:

»Der Rechtsanwalt ist der berufene, unabhängige Vertreter und Berater in allen Rechtsangelegenheiten. Sein Beruf ist kein Gewerbe, sondern Dienst am Recht.«

Also kein Gewerbe. Das war neu. Also auch keine Gewerbesteuer mehr wie bisher. Eine Steuerentlastung. Stattdessen »Dienst am Recht«. Das rückte die Anwälte wieder gefährlich in die Nähe von Beamten, was auch geplant war, aber bis 1945 nicht mehr durchgesetzt worden ist. Nur ihre Kammern kamen vollständig unter die Kontrolle des Staates.

Die Veränderung der Anwaltskammern begann 1933 mit der Auswechslung ihrer Vorstände, zum Teil freiwillig, zum Teil auf politischen Druck. Juden, Konservative und Liberale mussten gehen, Nationalsozialisten rückten nach. Im März 1933 wurde – durch eine Notverordnung des Reichspräsidenten – die Reichsrechtsanwaltskammer gegründet. Auch dies eine alte Forderung der Anwaltschaft, aber seit 1878 verhindert durch die Justizhoheit der Bundesländer. Diese Justizhoheit wurde 1934 abgeschafft, weil die Bundesländer beseitigt und zu Verwaltungseinheiten der Reichsregierung herabgestuft wurden. Deutschland war aus einem Bundesstaat zu einem Zentralstaat geworden. Das hatte die »Verreichlichung der Justiz« zur Folge. Bisher waren für die Gerichte und Staatsanwaltschaften die Justizminister der Länder zuständig. Die fielen nun weg, und zuständig wurde das Reichsjustizministerium in Berlin, bisher eine kleine und feine Behörde, nur befasst mit der Aufsicht über das Reichsgericht und der Vorbereitung von Gesetzen für den Reichstag. Jetzt wurde daraus ein Riesenapparat, ebenfalls zuständig für alle deutschen Rechtsanwälte, was für die ein weiterer zusätzlicher Vorteil gewesen ist. Denn nun fiel der Ländervorbehalt weg. Ebenfalls eine alte Forderung der Anwälte. Bis 1934 hatte ein junger Jurist Anspruch auf Zulassung zur Anwaltschaft nur in dem Bundesland, in dem er sein Assessorexamen gemacht hatte. Nun konnte er sich im ganzen Deutschen Reich niederlassen. Verreichlichung der Anwaltschaft durch Verreichlichung der Justiz.

Die Verstaatlichung der Kammern fand statt durch die neue Anwaltsordnung von 1936, die das »Führerprinzip« einführte. Oberstes Organ war nun die Reichsrechtsanwaltskammer, deren Präsident vom Reichsjustizminister ernannt wurde. Die Anwaltskammern in den einzelnen Bezirken der Oberlandesgerichte verloren ihre Selbstständigkeit, wurden Unterabteilungen der Reichsrechtsanwaltskammer, ihre Präsidenten ernannt vom Präsidenten dieser obersten Einheit und ihm gegenüber weisungsgebunden.

Ähnlich erging es der Ehrengerichtsbarkeit. Nach der Anwaltsordnung von 1878 entschieden in erster Instanz die Kammern selbst, in zweiter der Ehrengerichtshof beim Reichsgericht. Er war zusammengesetzt aus Richtern des Reichsgerichts und Anwälten. Die Reichsgerichtsräte verkörperten die staatliche Kontrolle, die Anwälte die Selbstverwaltung ihrer Kammern. Allerdings waren die staatlichen Richter in der Mehrheit. Sie konnten die Anwälte in diesem Ehrengerichtshof überstimmen. Ein Kompromiss. Eigentlich wollten die Anwälte mit der freien Advokatur auch in letzter Instanz allein entscheiden über Verfehlungen ihrer Kollegen. Selbst diese Forderung haben die Nationalsozialisten 1934 erfüllt, allerdings nicht ohne politische Hintergedanken. Die Ehrengerichtsbarkeit wurde deswegen vom Reichsgericht auf die Reichsrechtsanwaltskammer übertragen, weil das Gericht sich unbeliebt gemacht hatte im Reichstagsbrandprozess 1933 mit seinem Freispruch für die vier anderen angeklagten Kommunisten neben dem Todesurteil für Marinus van der Lubbe. Es galt als politisch unzuverlässig, war zu liberal. Also übertrug man die Ehrengerichtsbarkeit lieber einem Gremium von Anwälten, die nationalsozialistisch einwandfrei waren. Zwei Jahre später wurde es ohnehin eine staatliche Behörde. Später, im Krieg, ist die Ehrengerichtsbarkeit allerdings ganz beseitigt und die Aufsicht über die Anwälte – 1943 – den Dienststrafgerichten für Richter übertragen worden. Es war dies die logische Folge der Präambel in der neuen Anwaltsordnung mit ihrem »Dienst am Recht«, der erste ernsthafte Schritt zur Verbeamtung der Rechtsanwälte, wie im absolutistischen Staat des 18. und frühen 19. Jahrhunderts. Der nächste Schritt ist nicht mehr gelungen. Das »Dritte Reich« hatte jetzt andere Sorgen, und zwei Jahre später war es am Ende.

Neben den Kammern und der Ehrengerichtsbarkeit gab es seit 1871 die private Organisation »Deutscher Anwaltverein« mit freiwilliger Mitgliedschaft im Gegensatz zu den Kammern. Eine seiner Hauptaufgaben ist heute wieder die Veranstaltung des Deutschen Anwaltstages. Natürlich war er mit seinem aufrechten Präsidenten Rudolf Dix der Regierung Hitler ein Dorn im Auge und wurde schnell beseitigt. Diese Aufgabe übernahm Hans Frank, Hitlers Anwalt seit frühen Zeiten, der spätere Generalgouverneur von Polen. Schon 1928 hatte er den Bund Nationalsozialistischer Deutscher Juristen gegründet – BNSDJ – als Selbsthilfeorganisation für die Verteidigung von Parteigenossen in Strafprozessen der Weimarer Republik. Das Gegenstück zur Roten Hilfe der Kommunisten. Mit mehr oder weniger sanftem Druck ist es Frank schon 1933 gelungen, alle privaten Juristenvereinigungen zur Auflösung und ihre Mitglieder unter das Dach des BNSDJ zu bringen – den Deutschen Richterbund, den Deutschen Anwaltverein, den Deutschen Notarverein und so weiter. Ihre Mitglieder kamen in großen Massen zum ersten nationalsozialistischen Juristentag in Leipzig im September 1933, veranstaltet von Hans Frank unter dem Motto »Durch Nationalsozialismus dem deutschen Volk das deutsche Recht«, etwa 12 000, für Juristentage eine ungeheure Zahl, darunter auch tausende Anwälte. Seit 1936 nannten sie sich Nationalsozialistischer Rechtswahrerbund – NSRB – mit Hans Frank als »Reichsrechtsführer«, bis er dann im Krieg als Generalgouverneur in Polen eingesetzt und schließlich in Nürnberg wegen seiner Beteiligung an den Verbrechen gegen Juden und Polen 1946 zum Tode verurteilt und gehängt wurde.

Zwei Jahre nach dem Krieg schrieb Hans Lewald – später in der Bundesrepublik einer der prominenten Anwälte – über die Rolle der Anwaltschaft im Nationalsozialismus. Sein Ergebnis, *Neue Juristische Wochenschrift*, 1947, Seite 3:

> »Alles in allem, trotz mancher Vorbehalte, wird man sagen dürfen, dass die deutsche Anwaltschaft die Probe der großen Versuchung der Jahre 1933 bis 1945 bestanden hat.«

Kein Protest gegen die Vertreibung der Juden aus der Anwaltschaft. Tausendfacher Jubel für den Führer auf dem nationalsozialistischen Juristentag 1933 in Leipzig. Kein Protest gegen die

Übernahme der Macht durch die Nationalsozialisten in den Kammern. Kein Protest gegen die Auflösung des Deutschen Anwaltvereins. Kein Protest gegen die Gleichschaltung im BNSDJ. Ein Ruhmesblatt der deutschen Anwaltschaft war das nicht, und eine Probe haben sie auch nicht bestanden, sondern ganz einfach das gemacht, was die meisten Deutschen getan haben: mitgemacht.

Die Bundesrepublik

Ingeniorum cos est aemulatio.

Schleifstein der Tüchtigen ist der Wettbewerb.

Cicero, *Tusculanae Disputationes* 4.43

Inzwischen hat auch die Anwaltschaft der Bundesrepublik eine Geschichte, sogar eine mit zwei völlig unterschiedlichen Abschnitten. Der erste, das ist die gute alte Zeit. Es sind die ersten vier Jahrzehnte vom Ende des Krieges bis zum Anfang der Achtzigerjahre. Zuerst ist das Leben der Anwälte nicht leicht gewesen, aber dann behäbig und behaglich. Im zweiten Abschnitt wurde es unruhig mit tief greifenden Veränderungen bis heute, es war der Umbruch der Achtzigerjahre, die »kopernikanische Wende« (Rudolf Nirk) vom justistischen Lebensgefühl der Anwälte zur modernen Dienstleistung in der kalten Luft des Marketing.

Die gute alte Zeit beginnt nach dem Krieg mit der Wiederherstellung der freien Advokatur und von Anwaltskammern wie vor 1933. Schon vor der Gründung der Bundesrepublik wurde in den neu gegründeten Ländern der Besatzungszonen die alte Rechtsanwaltsordnung von 1878 wieder in Kraft gesetzt und blieb dort gültig, bis sie 1959 vom Bundestag ersetzt wurde durch eine Bundesrechtsanwaltsordnung. Die brachte nicht viel Neues. Im Grunde war es die alte, nur dass es jetzt ein Bundesgesetz war und es eine Bundesrechtsanwaltskammer gab, aber nicht wie im Dritten Reich als Zentrale, sondern als Dachorganisation, gewählt von unten, nicht ernannt von oben. Das entsprach der föderalistischen Struktur des neuen Staates.

Die Anwaltschaft hatte ihren Anteil an der Not der Nachkriegszeit, aber auch am Aufschwung des bald folgenden Wirtschaftswunders. Der Deutsche Anwaltverein wurde 1947 wieder gegründet und setzte die Arbeit fort, die er 1933 abbrechen musste. Die Zahl der Anwälte stieg allmählich und führte Mitte der Fünfzigerjahre zu einer ähnlichen Anwaltsdichte wie 1933. Damals war die Aufregung groß wegen der Wirtschaftskrise, jetzt blieb alles ruhig bei wachsendem Wohlstand. Die größere Zahl der Anwälte wurde mühelos aufgefangen. Die Leute hatten mehr Geld, führten mehr Prozesse, zum Beispiel wegen der starken Zunahme des Straßenverkehrs. Wer hatte in der Weimarer Zeit schon ein Auto? Die Motorisierung der Bundesrepublik brachte auch den Anwälten viel neue Arbeit in Schadensersatzprozessen nach Verkehrsunfällen oder in Strafverfahren wegen Verkehrsdelikten. Aber nicht nur das. Immer neue Lebensbereiche wurden rechtlich geregelt, eine zunehmende Verrechtlichung, die sich bemerkbar machte in einer starken Ausweitung der Verwaltungsgerichtsbarkeit und in Finanz- und Sozialgerichten, die es vorher nicht gegeben hatte, und nicht zuletzt durch die Existenz des Bundesverfassungsgerichts und von Landesverfassungsgerichten. Der Rechtsstaat nahm zu und brachte viel Arbeit für Anwälte. Und noch anderes nahm zu. Der Anteil von Anwältinnen. Immer mehr Frauen studierten Jura, immer mehr gingen in die Anwaltschaft.

In den Achtzigerjahren beginnt der Umbruch. Ganz allgemein lag er im Zug der Zeit, in der wirtschaftlichen Entwicklung mit Computerisierung, moderner Telekommunikation, Entwicklung zur Dienstleistungsgesellschaft, Globalisierung und Unternehmenskonzentration. Konkrete Auslöser waren die Anwaltsschwemme und eine Entscheidung des Bundesverfassungsgerichts von 1987, die das alte Standesrecht beseitigte und den Weg frei gemacht hat für eine fast atemberaubende Entwicklung der Anwaltschaft in den Neunzigerjahren. Das alte Standesrecht. Schon der Name weist in eine Vergangenheit, die längst vergangen war. In die ständische Gesellschaft. Es war konkretisiert in den Standesrichtlinien der guten alten Zeit, beschlossen von der Bundesrechtsanwaltskammer, die auch nicht gerade dafür bekannt war, eine besondere Vorliebe für einstürzende Neubauten zu haben. Anlass für den umstürzenden Altbau war ein Ehrengerichtsverfahren gegen einen Rechtsanwalt, in dem ihm eine Rüge erteilt worden war, weil er sich beleidigend geäußert hatte gegenüber Staatsanwälten. Die hatten ein Ermittlungsverfahren eingestellt, das er für seinen Mandanten veranlasst hatte mit einer

Strafanzeige. Er legte gegen den Einstellungsbescheid Beschwerde ein und schrieb über die Begründung der Staatsanwälte:

»Ich muss sagen, ich habe im Laufe meines langen Anwaltslebens schon manchen Unsinn gelesen. Dies übersteigt jedoch das übliche Maß.«

Der Anwalt zog vor das Bundesverfassungsgericht und hatte Erfolg. Die Entscheidung des Ehrengerichts mit der Rüge wurde aufgehoben. Sie sei ein Eingriff in die Berufsfreiheit, der nur auf Grund eines Gesetzes erfolgen dürfe. Die Standesrichtlinien seien ein Beschluss der Bundesrechtsanwaltskammer und kein Gesetz. Das wären sie nur dann, wenn der Bundestag in einem Gesetz – der Bundesrechtsanwaltsordnung – den Anwälten die Erlaubnis gegeben hätte, sich über ein ordnungsgemäß gewähltes Organ eigene Regeln zu schaffen darüber, was ein Anwalt dürfe oder nicht dürfe. Und eine solche »Satzungsermächtigung« gab es damals noch nicht.

Der Bundestag hat das nachgeholt. Die Bundesrechtsanwaltsordnung wurde ergänzt, eine neue »Satzungsversammlung« der Bundesrechtsanwaltskammer geschaffen, wodurch diese ermächtigt wurde, solche Regeln aufzustellen. 1996 hat sie die neue Berufsordnung beschlossen, die an die Stelle der alten ungültigen Standesrichtlinien getreten ist. Schon die Worte zeigen den Wandel. Standesrecht ist ständisches Recht, ist Vergangenheit. Berufsrecht ist Gegenwart und Zukunft. Die Zukunft wurde schon vorbereitet in der »gesetzlosen« Zeit zwischen 1987 und 1996. Da es keine gesetzlichen Schranken gab, veränderten sich die Arbeitsbedingungen der Anwälte sehr schnell unter dem schützenden Dach der Berufsfreiheit des Artikels 12 im Grundgesetz. Diese Freiheit darf nur eingeschränkt werden durch ein Gesetz. Und dieses Gesetz gab es eben in dieser Zeit noch nicht.

Gegen eine Vorschrift der alten und jetzt unwirksamen Standesrichtlinien entstanden schon 1988 die ersten überörtlichen Sozietäten, also Zusammenschlüsse von Kanzleien in verschiedenen Orten der Bundesrepublik. Der Beginn der Entwicklung von Fusionen zu Großkanzleien mit hunderten von Anwälten. 1994 wird in München vom Bayerischen Obersten Landesgericht die erste

Gründung einer Anwalts-GmbH bestätigt, also einer Gesellschaft mit beschränkter Anwaltshaftung, als Schutz gegen die strenge Rechtsprechung des Bundesgerichtshofes zur Haftung von Rechtsanwälten. Eine Sensation. Denn die GmbH, eine so genannte Handelsgesellschaft, war bisher nur für Kaufleute vorgesehen. Undenkbar nach den alten Richtlinien. Vier Jahre später wird die erste Eurokanzlei geplant mit über 800 Anwälten nach einer Verordnung der EG in Brüssel als »EWIV« (Europäische wirtschaftliche Interessenvereinigung) und schließlich – im März 2000 – wieder vom Bayerischen Obersten Landesgericht der Zusammenschluss von Rechtsanwälten in Form einer Rechtsanwaltsaktiengesellschaft für zulässig erklärt. Die erste deutsche Rechtsanwalts-AG. Der Höhepunkt der Entwicklung von Anwälten zu Handelsgesellschaften.

Dem folgt der Trend zur Spezialisierung. Ein altes Thema: die Fachanwälte. Schon Anfang der Dreißigerjahre hatten der Deutsche Anwaltsverein und die Versammlung der deutschen Anwaltskammern beschlossen, diese Bezeichnung zu verleihen unter bestimmten Voraussetzungen. 1935 kam das Verbot der Reichsrechtsanwaltskammer. Die »standesrechtliche Auffassung« habe sich geändert. Nur der Fachanwalt für Steuerrecht durfte bleiben. Klar, was dahinter stand. Die »standesrechtliche Auffassung« war jetzt Dienst am Recht, der Anwalt auf dem Weg zurück zum Beamten. Und ein Beamter muss alles können, ohne Spezialisierung als vielfach verwendbare Mehrzweckwaffe. Auch die Bundesrechtsanwaltskammer hat sich 1955 noch dagegen ausgesprochen. Einsam und allein stand da der Fachanwalt für Steuerrecht. Wie 1935. 30 Jahre später änderte sie ihre Meinung. Seit 1986 wurden Zulassungen von Fachanwälten für andere Gebiete ausgesprochen, vom Bundesgerichtshof und Bundesverfassungsgericht aber bald wieder verboten, weil es keine gesetzliche Grundlage gab. Die kam 1992. Der Bundestag erließ das Rechtsanwaltsfachbezeichnungsgesetz. Jetzt gab es auch Fachanwälte für Arbeitsrecht, Sozialrecht und Verwaltungsrecht, nach genauer Prüfung ihrer Kompetenz durch die Anwaltskammern. Seitdem sind noch andere dazugekommen, nämlich für Familienrecht, Strafrecht und Insolvenzrecht.

Dann die Werbung. Für Anwälte ein ganz heikles Thema. Nach dem alten Standesrecht undenkbar. Man verkauft doch nicht Waschmaschinen oder Autos. Aber nachdem die Richtlinien 1987 gefallen waren, tastet man sich vor, ganz vorsichtig, und 1996 kommt in der neuen Berufsordnung das große Wunder. In § 6 mit der Überschrift »Werbung«:

> »Der Rechtsanwalt darf über seine Dienstleistung und seine Person informieren, so weit die Angaben sachlich unterrichten und berufsbezogen sind.«

Das führte zu der heute üblichen – und komischen – Unterscheidung zwischen sachlicher Werbung und unsachlicher Reklame. Sachlich ist zum Beispiel die Bezeichnung einer Kanzlei mit TQM. Das heißt *Top Quality Management*, ist bei dynamischen Anwälten sehr beliebt und eine Qualifikation, die verliehen wird auf Grund von Überprüfungen nach einer Norm DIN EN ISO 9001. Was immer das bedeutet. Jedenfalls ist es die – private – Überprüfung der betriebswirtschaftlichen Organisation von Wirtschaftsunternehmen. Eine solche »Zertifizierung« einer Anwaltskanzlei gab es zum ersten Mal 1996, aber nur auf Grund des Programms ihrer organisatorischen Betriebsabläufe. Sinnvoller wäre es gewesen, mal die sprachliche und juristische Qualität ihrer Schriftsätze zu beurteilen, sozusagen TQFA, *Top Quality Formulation and Argumentation*.

Zu neuen Organisationsformen, Spezialisierung und Werbung gehört natürlich auch Innovation. Neue Formen der Dienstleistung. Haben wir. Sie heißen Mediation, Übernahme von Prozesskostenrisiken gegen Gewinnbeteiligung und Hotline 0190. Mediation ist Streitschlichtung ohne Gericht, kommt aus den USA, ebenso wie die Gewinnbeteiligung, die bei uns allerdings als »Erfolgshonorar« verboten ist. Also haben Anwälte in Berlin 1996 eine Aktiengesellschaft gegründet, die Foris heißt, Prozesse finanziert und damit praktisch dasselbe erreicht wie das »Erfolgshonorar«. Hotline 0190 ist anwaltliche Beratung am Telefon, nicht ohne Probleme.

Abgerundet wird die kopernikanische Wende durch die Europäisierung der Anwaltschaft, das Niederlassungsrecht von Anwälten in allen EU-Staaten und – im nationalen deutschen Bereich – einen ähnlichen Wegfall von Lokalisierung. Bisher durften Anwälte bei uns nur dort auftreten, wo sie zugelassen sind, also im Bezirk eines Oberlandesgerichts. § 78 der Zivilprozessordnung in der alten Fassung:

>»Vor den Landgerichten und vor allen Gerichten des höheren Rechtszugs müssen die Parteien sich durch einen bei dem Prozessgericht zugelassenen Rechtsanwalt als Prozessbevollmächtigten vertreten lassen (Anwaltsprozess).«

Also vor dem Amtsgericht geht es ohne Anwalt. Aber sonst nur einer aus dem Bezirk. Seit dem 1. Januar 2000 kann jeder Anwalt überall vor Landgerichten auftreten. Einer aus Bremen in München oder einer aus Dresden in Köln. Wenn sich die Reise denn lohnt. Sonst nimmt er einen »Korrespondenzanwalt« wie bisher. Also § 78 Zivilprozessordnung, neue Fassung:

>»Vor den Landgerichten müssen sich die Parteien durch einen bei einem Amts- oder Landgericht zugelassenen Rechtsanwalt und vor allen Gerichten des höheren Rechtszugs durch einen bei dem Prozessgericht zugelassenen Rechtsanwalt als Bevollmächtigten vertreten lassen (Anwaltsprozess).«

Mit anderen Worten, vor Oberlandesgerichten gilt das noch nicht, beim Bundesgerichtshof erst recht nicht. Wird aber nicht mehr sehr lange dauern.

Schließlich und endlich, auch neue Bürotechniken und moderne Telekommunikation haben die Anwaltschaft verändert. PC, Scanner, Spracherkennungssysteme, Fax, Internet, Datenbanken. Es ist eine Menge passiert in diesem zweiten Abschnitt der Anwaltsgeschichte in der Bundesrepublik. Ihr Ansehen hat darunter nicht gelitten. Im Gegenteil. Die Nachricht kam 1993 vom Institut für Demoskopie in Allensbach. Anwälte haben die Professoren überrundet und stehen in der Wertschätzung der Bundesbürger unter den Berufen an dritter Stelle, hinter Ärzten und Pastoren. Die Professoren belegen nur den vierten Rang. Auch das ist neu.

DDR und was danach kam

> »Drei berichtigende Worte des Gesetzgebers, und
> ganze Bibliotheken werden zu Makulatur.«
>
> Julius von Kirchmann, *Die Werthlosigkeit der
> Jurisprudenz als Wissenschaft*, 1847

In einer der unzähligen Ergänzungen zu den 45 Artikeln des Vertrages über die Herstellung der Einheit Deutschlands von 1990 heißt es (Anlage II, Kapitel III, Sachgebiet A, Abschnitt III):

> »Folgendes Recht der Deutschen Demokratischen Republik bleibt... in Kraft: 1. Rechtsanwaltsgesetz...«

Man könnte meinen, es sei das Gesetz über die ungefähr 600 Anwälte der alten DDR. Das gab es aber nicht. Hilde Benjamin, berühmt-berüchtigte Justizministerin von 1953 bis 1967, wollte Anwälte eigentlich ganz abschaffen als bürgerliches Relikt, überflüssig in einer sozialistischen Gesellschaft. Denn nun gab es keine Widersprüche mehr innerhalb der Klassengesellschaft, die beseitigt war. Also gab es in der DDR auch kein Rechtsanwaltsgesetz, das ihnen zu viel Sicherheit gegeben hätte. Nein, dieses Gesetz als Anlage zum Einigungsvertrag ist eine Übergangsvorschrift, drei Wochen vor der staatlichen Einheit erlassen von der letzten Volkskammer der DDR in Absprache mit der Bundesregierung. Es sollte denjenigen Juristen der Deutschen Demokratischen Republik die Möglichkeit geben, Anwalt zu werden in der Bundesrepublik, die vorher etwas anderes gemacht hatten und nun vor der Gefahr einer Entlassung standen. Richter, Staatsanwälte, Professoren, Betriebsjuristen. Eine Geste des guten Willens nach dem Motto, als Richter oder Professoren können wir euch nicht mehr brauchen, aber Anwalt dürft ihr noch werden. Für die Zulassung als Rechtsanwalt genügte das Examen als Diplomjurist und eine zweijährige juristische Praxis.

In der DDR hatte man die beiden Staatsexamen 1954 abgeschafft und ersetzt durch ein Universitätsexamen, nachdem die Universitäten so weit unter staatlicher Kontrolle waren, dass man ihnen das ohne weiteres überlassen konnte. Also vier Jahre Jurastudium und dann das Examen mit den Professoren, bei denen man studiert hatte. Dann war man Diplomjurist und konnte anfangen. Nicht zwei Staatsexamen vor zum Teil völlig fremden Prüfungsbeamten wie in der Bundesrepublik und fertig erst nach frühestens sieben Jahren. Es gab nur vier Universitäten, an denen man Jura studieren konnte: Berlin, Halle, Jena, Leipzig. In Berlin wurden Richter und Rechtsanwälte ausgebildet, in Jena Staatsanwälte und in Halle und Leipzig die Betriebsjuristen, die Justiziare genannt wurden. Der Andrang zum Studium war nicht groß. Oft suchte man Jurastudenten wie Stecknadeln im Heuhaufen. Dafür waren diejenigen, die es machten, sehr motiviert. Im Gegensatz zu denen der Bundesrepublik. Der Andrang war nicht groß, weil Juristen schlecht bezahlt wurden in der Deutschen Demokratischen Republik, also Richter, Staatsanwälte und Juristen in den Betrieben. Nur die Rechtsanwälte verdienten überdurchschnittlich gut.

Das Geheimnis des außerordentlich hohen Einkommens von Anwälten lag in ihrer geringen Zahl. Seit den Sechzigerjahren waren es konstant ungefähr 600. Das ist eine Dichte von dreieinhalb Anwälten auf je 100 000 Einwohner. In der Bundesrepublik waren es im Jahr vor der Wende 88. Insgesamt war die Justizdichte der DDR sehr gering. Denn der gesellschaftliche und wirtschaftliche Prozess wurde im Wesentlichen durch die Politik bestimmt, nicht durch das Recht wie bei uns. Nur bei den Staatsanwälten lag man leicht über der Zahl der Bundesrepublik, bei den Richtern weit darunter, und am weitesten auseinander lag die Anwaltsdichte in den beiden deutschen Staaten.

Die Anwälte waren – bis auf wenige Einzelkanzleien von Älteren – zusammengeschlossen in Kollektiven nach sowjetischem Vorbild. Sie nannten sich Kollegien, eines in jedem der 14 Bezirke der DDR und in Ostberlin. Über die Aufnahme neuer Mitglieder entschieden sie selbst. Mit der Aufnahme in das Kollegium – regelmäßig vorher abgesprochen mit dem Justizministerium – er-

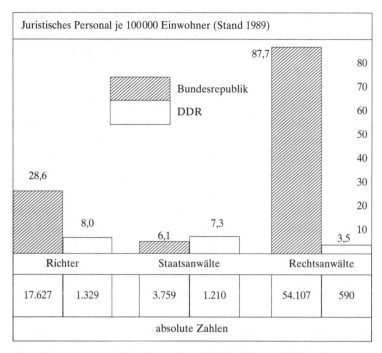

Vergleich der personellen Justizdichte von DDR und Bundesrepublik, nach: Im Namen des Volkes? Ausstellungskatalog des Bundesministeriums der Justiz 1994, Seite 144

warb man die Zulassung zur Anwaltschaft. Einen Anspruch darauf gab es nicht, also auch keine freie Advokatur. Und natürlich war klar, dass die Kollegien nicht daran interessiert waren, ihr hohes Einkommen zu gefährden durch die Aufnahme von zu viel Mitgliedern. Wer allerdings aufgenommen war, hatte es gut, bekam den Arbeitsraum gestellt und eine Einrichtung, war frei von der Gefahr individueller Haftung und hatte eine ausreichende Sozialversicherung. Ganz anders als ihre Kollegen in der Bundesrepublik, die sich selbstständig machen wollten und hohe Kosten hatten am Anfang. Trotz der Kollektivierung konnten die Mandanten frei wählen, von wem sie als Anwalt vertreten werden wollten. Und in den normalen Verfahren des Alltags haben die Rechtsanwälte deren Interessen durchaus eigenständig vertreten können, vor Zivil- und Strafgerichten. Anders war es in politischen Strafverfahren. Und dazu gehörte schon, wenn jemand mit seinem Pass an die Grenze ging und erklärte, er möchte ausreisen in die Bundesrepublik. Ohne die mühselige Antragstellerei vorher, die nicht immer Erfolg hatte. Das gab regelmäßig ein Jahr Gefängnis ohne Bewährung wegen »Behinderung der Tätigkeit staatlicher Organe« – und nach kurzer Zeit Freikauf durch die Bundesrepublik. In politischen Prozessen waren die Anwälte mehr oder weniger machtlos, auch wenn sie kritische Köpfe waren, die es durchaus gab. Diese Prozesse sind oft vorprogrammiert gewesen durch Drehbücher aus dem Ministerium für Staatssicherheit oder der Rechtsabteilung des Politbüros der SED. Widerstand gegen die Anklage war weitgehend zwecklos. In politischen Strafverfahren der Bundesrepublik ist es nicht viel besser, keine Drehbücher, aber das Ergebnis steht meistens ebenfalls schon vorher fest. Als Strafverteidiger kann man hier ohne Zweifel mehr riskieren, aber nur ganz selten mehr erreichen.

Die 600 Anwälte sind auch nach dem Beitritt zur Bundesrepublik in ihrem Beruf geblieben. Nur die Kollegien als sozialistische Kollektive wurden aufgelöst. Hinzugekommen sind viele andere. Die meisten waren jene Diplomjuristen nach dem Rechtsanwaltsgesetz der Volkskammer von 1990. Vor ihrer Zulassung sind sie überprüft worden wie Mitarbeiter im öffentlichen Dienst. Stasi oder nicht Stasi, das war hier die Frage. Denn im Gesetz war vorgesehen, § 7 Ziffer 2, dass der Bewerber sich nicht

> »eines Verhaltens schuldig gemacht hat, das ihn unwürdig erscheinen lässt, den Beruf eines Rechtsanwalts auszuüben.«

Wörtlich übernommen aus der Bundesrechtsanwaltsordnung, aber bei diesen Bewerbern besonders wichtig, meinte man. In einigen schweren Fällen ist die Zulassung abgelehnt worden. 1992 kam ein neues Gesetz für die Überprüfung der 600 alten Anwälte aus der DDR. Das ging im Grunde zu weit, denn nun waren sie Rechtsanwälte wie alle anderen und nicht im öffentlichen Dienst, für den solche Überprüfungen im Einigungsvertrag vorgesehen waren. Viele hielten das für verfassungswidrig. Das Bundesverfassungsgericht entschied 1995 anders, sagte aber, nur in sehr schweren Fällen könnte die Zulassung aberkannt werden. Viele sind es nicht gewesen. Vielleicht zehn oder 15.

Neben den ostdeutschen Juristen kamen auch westdeutsche in die Anwaltschaft der neuen Länder. Etwa 20 Prozent. Hinzukamen bald diejenigen jüngeren Ostdeutschen, die nach der Wende Jura studierten und die beiden Staatsexamen machten. Und einige aus der Übergangszeit. Studium in der DDR. Diplomprüfung 1991/92, Referendardienst nach westlichem Muster, zweites Staatsexamen. Einige mit lustigen Tricks. Wenn sie nämlich durchgefallen waren im zweiten Examen, konnten sie trotzdem die Zulassung erhalten nach dem Rechtsanwaltsgesetz von 1990. Die Diplomprüfung reichte danach aus, und einige Westjuristen ärgerten sich. Nicht ganz zu Unrecht, denn zu der besseren Sorte von Anwälten dürften diese Trickreichen nicht gehören. Jedenfalls war die Steigerung der Zahl der Anwälte im Osten gegenüber den 600 von 1989 erheblich. Die Zahlen, ohne Berlin:

1991 2053 Anwälte
1993 3938 Anwälte
1995 5476 Anwälte
1997 7548 Anwälte
1999 9043 Anwälte

Verglichen mit dem Westen der Bundesrepublik ist das immer noch sehr wenig. 1999 lag die Anwaltsdichte hier bei etwa 120 Anwälten auf je 100000 Einwohner. Im Osten war es die Hälfte, ungefähr 60 Anwälte.

Über die juristische Qualifikation derjenigen, die in der DDR ihr Examen gemacht haben, gibt es unterschiedliche Meinungen, im Westen viele abfällige Bemerkungen über Diplomjuristen. Natürlich brach für diese Juristen erst mal eine Welt zusammen. Am 3. Oktober 1990 war im Grunde alles wertlos, was sie gelernt hatten. Es galt nur noch das Recht der Bundesrepublik. Es war, wie wenn man jemandem den Teppich unter den Füßen weggezogen hat. Was natürlich nicht nur den Juristen passierte. Ihre ganze Literatur wertlos, Gesetzestexte, Lehrbücher, Kommentare, Zeitschriften. Es ist zwar bei weitem nicht so viel gewesen wie in der

Bundesrepublik, aber wenig war es auch nicht. Diese Bibliotheken waren jetzt ausgeräumt, in Gerichten, Universitäten, Verwaltung. Die Regale leer. Wie beim preußischen Staatsanwalt von Kirchmann in seinem berühmten Vortrag 1847 in Berlin. Ganze Bibliotheken wurden zu Makulatur. Und die ostdeutschen Juristen?

Westdeutsche juristische Überheblichkeit war oft zu spüren. Aber immerhin lebten auch in der DDR Juristen mit einer oft langen praktischen Erfahrung. Außerdem gibt es überall intelligente und weniger intelligente, egal ob Ost oder West. Fortbildungskurse fanden statt für ostdeutsche Richter und Anwälte, und der Verdrängungswettbewerb ist misslungen, den einige westdeutsche Anwälte dort versucht haben. Es geht ja auch nicht nur um die fachliche Qualifikation. Genauso wichtig auf der Suche nach dem richtigen Anwalt ist das Einvernehmen. Und viele Mandanten haben dort schnell gemerkt, dass dies mit den Landsleuten aus dem Osten oft besser war als mit denen aus dem Westen.

Der tödliche Krankentransport

> PALAESTRIO: *Erus meus elephanti corio circumtentust, non suo, neque habet plus sapientia quam lapis.*
> PERIPLECTOMENUS: *Ego istuc scio.*
>
> PA: Mein Herr, der steckt in einer Elefantenhaut, nicht in der eigenen, und hat nicht mehr Verstand als ein Stein.
> PE: Das weiß ich schon seit langem.
>
> Plautus, *Miles Gloriosus*, 236 f.

An einem Donnerstag im September 1998 fuhr der Krankenwagen früh von Kaltenkirchen in Schleswig-Holstein über die Autobahn nach Hamburg und brachte Frau Grüner in die Universitätsklinik Eppendorf zu einer Untersuchung. Die konnte in dem Kreiskrankenhaus nicht gemacht werden, wo sie seit einigen Tagen lag. Nach vier Stunden fuhr der Wagen mit ihr wieder zurück in Richtung Norden. Hinten saß neben ihr ein Rettungsassistent – das ist die Berufsbezeichnung dieser Männer in solchen Wagen – und vorn am Steuer der Fahrer, Walter Niemöller. Im Stadtteil Lokstedt kam er in einen Stau, schaltete das Blaulicht ein und das Martinshorn, fuhr sehr schnell an den Autos vorbei, kam an eine Kreuzung, verringerte sein Tempo nur wenig, obwohl die Ampel Rot zeigte, und dann kam es zu dem Unfall.

Von rechts fuhr eine junge Frau mit ihrem Volvo über die Kreuzung, vor sich einen anderen Krankenwagen und grünes Licht an der Ampel. Sie hörte zwar das Martinshorn, meinte aber, das sei der Krankenwagen vor ihr. Sie fuhr mit normaler Geschwindigkeit, sah plötzlich den Krankenwagen Walter Niemöllers, konnte nicht mehr bremsen und stieß mit ihm zusammen. Niemöllers Wagen wurde nach links geschleudert, drehte sich, prallte auf der anderen Straßenseite gegen einen Laternenpfahl und erdrückte den Studenten Markus Stein, der über die Nebenstraße gehen wollte und auf grünes Licht wartete. Er war sofort tot. Frau Grüner und

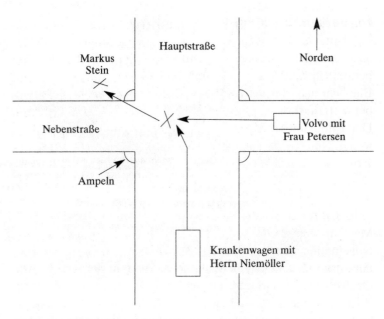

Hamburg-Lokstedt, Donnerstag, 17. September 1998, 14 Uhr

der Rettungsassistent wurden schwer verletzt, Walter Niemöller und die Fahrerin des Volvo nur leicht.

Ein Jahr später wurde verhandelt vor dem Amtsgericht Hamburg gegen Herrn Niemöller und Frau Petersen, die Volvo-Fahrerin. Fahrlässige Tötung und fahrlässige Körperverletzung war die Anklage gegen beide, gegen Walter Niemöller außerdem noch vorsätzliche Gefährdung des Straßenverkehrs, denn er war über die Kreuzung gefahren mit 55 Stundenkilometern. Viele Zeugen wurden gehört und ein Sachverständiger, der bestellt war, um Auskunft zu geben über die Geschwindigkeit der beiden Fahrzeuge und ob Frau Petersen noch rechtzeitig hätte bremsen können. Sein Ergebnis: Der Zusammenstoß war für sie unvermeidbar. Sie ist freigesprochen worden.

Walter Niemöller wurde verteidigt von Rechtsanwalt Scheffers. Keine gute Wahl. Wie es sich gehört, hatte der Anwalt vor dem Prozess die Ermittlungsakten durchgesehen und mit seinem Mandanten über die Verteidigung gesprochen. In den Akten konnte Herr Scheffers lesen, was die Zeugen bei der Polizei gesagt hatten und wohl auch vor Gericht sagen würden und wie der Sachverständige in seinem schriftlichen Gutachten die Situation beurteilt hatte. Es war eindeutig. Wenn ein Rettungswagen mit Blaulicht und Martinshorn an einer Kreuzung auf eine rote Ampel trifft, darf er nicht mit 55 Stundenkilometern weiterfahren. Der Fahrer muss abbremsen, sich umsehen und darf erst dann weiter. Nun wusste auch Herr Niemöller, das Gericht würde auf Grund des Gutachtens davon ausgehen, er sei zu schnell gefahren. Darauf hatte er sich einzustellen, obwohl er es vorher bestritten hatte.

In den Akten konnte der Anwalt außerdem lesen, womit sein Mandant sich schon vor der Polizei verteidigt hatte. Es sei eine Notsituation gewesen. Gleich nach der Abfahrt in Eppendorf habe ihm sein Kollege Kuhn – der Rettungsassistent – gesagt, Frau Grüner gehe es sehr schlecht, ihr Puls sei unregelmäßig und ihr Zustand lebensgefährlich. Deshalb habe er den Alarm angestellt und sei mit hoher Geschwindigkeit gefahren, um so schnell wie möglich nach Kaltenkirchen zu kommen.

Aus den Akten ergab sich aber eindeutig, dass diese Behauptung falsch war. Erstens hatte sein Kollege bei der Polizei das Gegenteil gesagt und Frau Grüner auch. Die Untersuchung in Eppendorf war harmlos gewesen. Es ging ihr gut. Das sagten auch die Klinikärzte. Zweitens – so das Gutachten des Sachverständigen – hatte Walter Niemöller erst nach einigen Kilometern kurz vor dem Stau in Lokstedt auf Alarm geschaltet. Krankenwagen haben nämlich eine Kontrollscheibe für Martinshorn und Blaulicht. Die Auswertung ergab, dass sie erst 300 Meter vor dem tödlichen Unfall in Betrieb gesetzt worden sind. Das alles konnte Anwalt Scheffers in den Akten lesen und musste sich selbst sagen, was dann im Prozess der Staatsanwalt gegen seine Verteidigungsstrategie mit dem Notstand vorgebracht hat, dass es nämlich völlig unsinnig gewesen wäre, bei Lebensgefahr für Frau Grüner weiterzufahren nach Kaltenkirchen. Das waren über 40 Kilometer. Und gleich hinter ihnen lagen die Universitätskliniken. Umdrehen und zurück nach Eppendorf, das wäre das einzig Richtige gewesen.

Was hätte der Verteidiger also tun müssen? Dringend abraten.

»Lieber Herr Niemöller«, hätte er sagen müssen, »erzählen Sie dem Gericht bloß nicht dieses Märchen. Das glaubt Ihnen keiner. Sie werden völlig unglaubwürdig, das Gericht hält Sie für uneinsichtig, und das wirkt sich aus auf das Strafmaß. Hier ist nichts zu machen. Keine Notsituation für Martinshorn und Blaulicht, und selbst dafür sind Sie viel zu schnell gefahren. Sie werden verurteilt, so oder so, und verderben sich jede Chance auf ein mildes Urteil. Geben Sie zu, dass Sie Fehler gemacht haben. Sagen Sie, dass es Ihnen Leid tut, denn immerhin ist hier ein junger Mann getötet worden und die beiden anderen schwer verletzt.«

Hat Anwalt Scheffers aber nicht gemacht. Weiß der Teufel warum. Hat seinen Mandanten im Gegenteil auch noch unterstützt und vor dem Amtsgericht Beweisantrag gestellt zu Gunsten dieser Version. Der zu Recht abgelehnt wurde, weil das Gegenteil eindeutig war. Hat wie ein Löwe gekämpft und dem Mandanten imponiert. Ist aber natürlich als Bettvorleger gelandet. Dazu das Amtsgericht im Urteil:

»Bedauerlicherweise hat der Angeklagte in der Hauptverhandlung durchgehend die Auffassung vortragen lassen, dass für ihn aus seiner damaligen subjektiven Sicht, die auch heute noch bekräftigt werde, dringende Veranlassung bestanden habe, die gesamte Fahrt der Kliniken von Eppendorf bis zum 40 Kilometer entfernten Krankenhaus Kaltenkirchen unter Inanspruchnahme von Sonderrechten durchzuführen. In dieser geradezu absurden Auffassung sieht das Gericht angesichts der tatsächlich gegebenen und auch für den Angeklagten ohne weiteres erkennbaren Umstände eine besonders schwer wiegende Uneinsichtigkeit.

Zur Bekräftigung seiner verfehlten Auffassung hat der Angeklagte die – ohne weiteres abwegige – Auffassung vertreten, von Anfang an, nämlich schon seit dem Verlassen der Kliniken in Eppendorf unter Inanspruchnahme von Sonderrechten gefahren zu sein. Diese Behauptung hat er alsdann auch durch Anbringung des Beweisantrages – Blatt 102 der Akten – bekräftigt. Er hat nämlich begehrt, dass eine – ergänzende – sachverständige Äußerung darüber eingeholt werden solle, ab welchem Zeitpunkt er mit Sonderrechten gefahren sei. Dieser Beweisantrag war ohne weiteres abzulehnen, da bereits auf Grund der bisherigen Beweisaufnahme, nämlich des von dem Sachverständigen Eberhardt erstatteten Gutachtens, feststeht, dass der Angeklagte nicht von Anfang an mit Sonderrechten gefahren ist. Der Sachverständige hat zur Überzeugung des Gerichts unter Bezugnahme auf die Diagrammauswertung Nr. 1287-320 der Firma Kienzle, Villingen-Schwenningen, vom 21. 7. 1999 – Anlage zur Akte – mit unzweifelhafter Klarheit dargelegt, dass das Blaulicht und das Martinshorn erst auf den letzten 300 Metern vor dem tödlichen Verkehrsunfall in Betrieb gesetzt wurden (vgl. zitierte Anlage mit Vergrößerung der Diagrammscheibe). Bei dieser Lage war das Gericht befugt, durch entsprechenden Beschluss, wie in der Hauptverhandlung ausweislich des Protokolls geschehen, den diesen Punkt betreffenden Beweisantrag abzulehnen. Das Gericht hat die erforderliche eigene Sachkunde auf Grund des Gutachtens des Sachverständigen Eberhardt erworben.

Im Übrigen ist die für den Angeklagten durch den Verteidiger in der Hauptverhandlung durchgehend vorgetragene Auffassung, dass ein dringender Notfall vorgelegen habe, welcher den Angeklagten berechtigt habe, unter Inanspruchnahme von Sonderrechten – noch dazu über die gesamte geplante Fahrstrecke von 40 Kilometern! – zu fahren, angesichts der gegebenen Tatsachen geradezu als unsinnig zu beurteilen.«

Dasselbe noch einmal zum Schluss, bei der Begründung für die Höhe der Strafe. Juristen nennen das Strafzumessung:

»Als Strafzumessungskriterium kommt der Umstand hinzu, dass der Angeklagte in der Hauptverhandlung zu keinem Zeitpunkt auch nur annähernd ein Zeichen von echter Reue gegenüber den in der Hauptverhandlung anwesenden Verwandten des getöteten Markus Stein zu erkennen gegeben hat. Noch im Schlussvortrag seines Verteidigers hat er die

›unerhörte‹ Auffassung darlegen lassen, dass er in einer notstandsähnlichen Situation (§ 35 StGB) gehandelt und sich pflichtgemäß verhalten habe.«

Auf Deutsch: Wenn Anwalt Scheffers seinem Mandanten gesagt hätte, lassen Sie um Gottes willen das Märchen, dann wäre der besser weggekommen. Mit dem Märchen und mit dieser Verteidigung ist Walter Niemöller verurteilt worden zu eineinhalb Jahren Freiheitsstrafe und neun Monaten Führerscheinentzug. Ohne Märchen wären es höchstens ein Jahr Freiheitsstrafe gewesen und der Führerschein nur für drei oder vier Monate weg, nicht für neun. Denn für ein Jahr war er schon gleich nach dem Unfall durch Beschluss des Amtsgerichts entzogen worden.

Eine schlechte Verteidigung. Nicht selten ist das und nicht selten ohne Berechnung. Im wahrsten Sinne des Wortes. Für den Mandanten sieht es aus, als kämpfe der Anwalt heldenhaft gegen eine feindliche Justiz. Das zahlt sich aus. Auch hier. Denn Herr Niemöller gab seinem Anwalt den Auftrag, Berufung einzulegen beim Landgericht. Die natürlich zurückgewiesen wurde, Herrn Scheffer zusätzliche Einnahmen brachte von über 1000,– DM und Herrn Niemöller Ausgaben mit Gerichtskosten von ungefähr 1500,– DM.

Einer gegen drei

Tres faciunt collegium.

Drei bilden einen Verein.

Marcellus, *Digesten*,
50. Buch, 16. Titel, 85. Fragment

Unser Recht ist dreigeteilt. Wir unterscheiden Zivilrecht, Strafrecht und öffentliches Recht. Zivilrecht ist das Recht der Bürger untereinander. Es ist das Recht der Verträge, des Schadensersatzes, von Eigentum und Besitz, Familie und Erbschaft. Man streitet vor Zivilgerichten. Das Strafrecht zielt gegen Bürger, die Straftaten begangen haben, zum Beispiel Diebstahl, Mord, Vergewaltigung. Es ist das Recht des Staates gegen den Bürger auf Bestrafung. Auch im öffentlichen Recht geht es um das Verhältnis von Bürger und Staat. Aber ganz anders. Im Strafrecht klagt der Staat vor Strafgerichten. Im öffentlichen Verwaltungsrecht klagt der Bürger gegen den Staat, vor Verwaltungsgerichten. Nämlich dann, wenn der Staat Rechte dieses Bürgers verletzt hat, ihm zum Beispiel zu Unrecht eine Baugenehmigung nicht geben will oder die Konzession für den Betrieb einer Gaststätte verweigert. Im Verwaltungsrecht sind Staat und Bürger gleichberechtigt, im Strafrecht nicht.

Genau da liegt das Problem für den Anwalt, der einen Mandanten vor einem Strafgericht verteidigen soll. Der Anwalt als Strafverteidiger hat sicher die schwierigste Aufgabe unter den vielen Tätigkeiten von Juristen.

Ein Rechtsanwalt, der vor einem Zivilgericht klagt oder vor einem Verwaltungsgericht, kann das Wichtigste in Ruhe an seinem Schreibtisch vorbereiten. Überlegt sich den Streitfall, sieht sich die juristische Literatur an und die Rechtsprechung der Gerichte und schreibt eine Klage. Schriftsätze gehen hin und her, bis alles so weit vorbereitet ist, dass es zur mündlichen Verhandlung vor dem Gericht kommt. Da ist schon fast alles entschieden. Überraschungen sind selten.

Ganz anders vor dem Strafgericht. Auch hier gibt es Akten, die gelesen werden müssen. Vernehmungsprotokolle der Polizei über Aussagen des Angeklagten und von Zeugen und die Anklageschrift der Staatsanwaltschaft. Die genaue Durchsicht ist außerordentlich wichtig. Wie man im Fall des Krankentransports mit tödlichem Ausgang sehen kann. Aber viel wichtiger ist die Gerichtsverhandlung selbst, mit Angeklagten und Staatsanwalt, Richtern, Zeugen und Sachverständigen. Erst hier hat der Strafverteidiger die Möglichkeit, die Anklage zu entkräften. Im Prinzip braucht er in seinem Büro gar nichts zu schreiben. Entscheidend ist, wie er in der mündlichen Verhandlung reagiert, besonders bei der Vernehmung von Belastungszeugen und Sachverständigen. Und hier steht er ganz allein und muss nicht selten ganz schnell reagieren, ohne das in Ruhe an seinem Schreibtisch vorbereiten zu können.

Bei kleineren Vergehen sieht es anders aus, besonders wenn jemand noch nicht vorbestraft ist. Dann muss der Anwalt schon im Vorfeld sehen, dass es gar nicht zur Anklage kommt, muss mit der Staatsanwaltschaft verhandeln und versuchen zu erreichen, dass das Verfahren eingestellt wird. Dann muss er sich an den Schreibtisch setzen, möglichst früh, und schriftlich Stellung nehmen zu den Vorwürfen. Oft ist die Bereitschaft von Staatsanwälten groß, auf solche »Einlassungen« positiv zu reagieren, wenn der Anwalt vernünftig argumentiert, vielleicht auch eine Bußzahlung anbietet für den Fall, dass das Verfahren eingestellt wird. Was nach der Strafprozessordnung möglich ist. Außerdem ist die Justiz überlastet und hat ein Interesse, die Verfahren möglichst zügig abzuschließen. Das Problem liegt hier öfter beim Anwalt, der nicht rechtzeitig handelt oder abwartet, bis es zur Anklage kommt, manchmal sogar darauf spekuliert, weil seine Gebühren höher sind, wenn vor Gericht verhandelt wird.

Hier allerdings steht er regelmäßig allein im Kampf gegen drei. Hat den Staatsanwalt gegen sich, die Belastungszeugen und oft auch noch das Gericht. Denn wenn es die Anklage zugelassen und damit – in der Sprache der Juristen – die Hauptverhandlung eröffnet hat, ist damit gleichzeitig gesagt, dass es nach der Aktenlage einen ziemlich starken Verdacht hat. Der ist die Voraussetzung für die Zulassung der Anklage. Nicht selten sind die Richter von der Schuld des Angeklagten überzeugt, bevor sie ihn überhaupt gesehen haben. Und so steht der Verteidiger allein gegen drei, hinter sich nur seinen Mandanten, den Angeklagten, der oft eine zusätzliche Belastung ist, wenn er sich unvernünftig verhält. Mit anderen Worten: Dann steht einer gegen vier.

Mandanten in Strafsachen können nicht nur eine zusätzliche Belastung sein, sondern sind nicht selten sogar gefährlich. Besonders, wenn der Anwalt unerfahren ist. Sind Mandanten in Untersuchungshaft, verlangen sie ständig unrechtmäßige Hilfeleistungen. Denn der Anwalt ist – außer den Bediensteten – der Einzige, der ungehinderten Zugang zu ihnen hat. Und wenn es nur ein Kassiber ist, den er nach draußen bringen soll, also einen Brief, der ohne Kontrolle von Anstaltsleitung oder Gericht aus dem Gefängnis geschmuggelt wird. Ein Schriftstück unter den vielen anderen in der Aktentasche eines Strafverteidigers, die nicht durchsucht werden darf. Mancher unerfahrene junge Anwalt macht das schon mal aus Gutmütigkeit. Andere, weil ihnen gesagt wird, dass da noch viele andere dringend einen guten Verteidiger suchen. Da wird mit neuen Mandanten gewunken, und auch hier ist der Markt inzwischen heiß umkämpft. Wenn ein Anwalt da einmal nachgegeben hat, ist er für erfahrene Kriminelle ein dankbares Opfer. Dann ist er nämlich erpressbar und muss freveln in noch tieferen Niederungen des Unrechts. Dann potenziert sich die Gefahr. Also, man muss hart bleiben können. Strafverteidiger ist ein schwerer Beruf.

Von den vielen tausend Anwälten arbeiten nur sehr wenige in der Strafverteidigung. Zum einen wissen sie, es ist schwierig. Zum anderen wollen viele damit sowieso nichts zu tun haben. Vor Zivilgerichten aufzutreten oder vor Verwaltungsgerichten, das ist in Ordnung. Aber vor einem Strafgericht? Sich für einen Angeklagten einzusetzen, dem eine Straftat vorgeworfen wird? Der sie möglicherweise sogar noch begangen hat? Betrug, Diebstahl, Raub, Mord, Vergewaltigung? Mit solchen Leuten will man nichts zu tun haben. Außerdem können sie oft nicht zahlen. Also gibt es nur wenige Strafverteidiger und nur ganz wenig gute.

Tatsächlich ist die Verteidigung eines Angeklagten eine der

wichtigsten juristischen Aufgaben, gleichgültig ob er schuldig ist oder nicht. Denn nirgendwo ist der Eingriff des Staates in die Grundrechte von Bürgern so stark wie hier, besonders wenn eine Freiheitsstrafe droht. Deshalb hat jeder Angeklagte – so verwerflich es sein mag, was er getan hat – ein Recht auf die beste mögliche Verteidigung. Sie muss ihn davor schützen, zu Unrecht in seinen Grundrechten verletzt zu werden. Und sei es nur im Recht auf ein faires Verfahren.

Dabei stellen sich viele Fragen. Soll man mit dem Mandanten darüber reden, ob er schuldig ist oder nicht? Wie weit darf man gehen in der Verteidigung eines Angeklagten, von dem man weiß, dass er die Tat begangen hat? Darf der Verteidiger dann überhaupt versuchen Belastungszeugen zu widerlegen? Antwort auf die letzte Frage: Er darf, wenn er rechtmäßig vorgeht. Unwahrheiten darf er nicht vortragen. Dann macht er sich selber strafbar, wegen Strafvereitelung. Aber Belastungszeugen darf er in die Zange nehmen, auch mit dem Ziel eines Freispruchs. Das übliche Beispiel:

In einem Strafprozess stützt sich die Anklage auf einen einzigen Belastungszeugen. Der sagt, er habe in jener Nacht von weitem gesehen, wie der Angeklagte durch ein Fenster im Erdgeschoss eingestiegen ist in das Haus desjenigen, dem dort etwas gestohlen worden ist. Er habe das sehen können, weil der Himmel klar gewesen sei und der Mond hell. Der Verteidiger weiß, dass sein Mandant in dieser Nacht in dem Haus gestohlen hat. Darf er ein Gutachten des Wetterdienstes einholen, aus dem sich ergibt, dass der Himmel damals völlig bewölkt und der Mond nicht zu sehen war? Und darf er auf diese Weise zu erreichen versuchen, dass sein Mandant freigesprochen wird? Er darf. Das ist rechtmäßig. Denn die Aussage des Zeugen kann falsch gewesen sein. Ohnehin macht die Hälfte aller Zeugen – gewollt oder ungewollt – falsche Angaben, ganz oder teilweise.

Das nächste Problem: harte oder weiche Verteidigung? Soll der Anwalt auf Konfrontationskurs gehen zum Gericht oder – wenigstens teilweise und ohne Verletzung von Rechten seines Mandanten – mit Richtern und Staatsanwaltschaft zusammenarbeiten? Konfrontationskurs heißt Kampf. Man nennt das Konfliktverteidigung. Und das heißt, ständig neue Anträge, über die das Gericht beraten und beschließen muss. In der Hoffnung, das Gericht mürbe zu machen und außerdem für den Fall einer Verurteilung später genügend Revisionsgründe zu haben, fehlerhafte Beschlüsse des Gerichts, die in der höheren Instanz zur Aufhebung der Verurteilung führen. Anträge wegen Befangenheit der Richter, wegen Beschränkung des eigenen Fragerechts bei der Vernehmung von Zeugen, auf Anhörung neuer Zeugen, die den Angeklagten entlasten können, oder – letztes Beispiel – Anträge, mit denen das Gericht oder die Staatsanwaltschaft gehindert werden sollen, Fangfragen zu stellen gegenüber dem Angeklagten. Fangfragen sind unzulässig. Denn sie täuschen den, der gefragt wird. Beispiel: »Ist es richtig, dass Sie Ihre Frau seit drei Monaten nicht mehr geschlagen haben?« Konfliktverteidigung macht Eindruck beim Mandanten, manchmal auch beim Publikum, ist aber nur selten der richtige Weg. Fangfragen allerdings muss ein Verteidiger immer verhindern.

Das Gegenteil ist die weiche Verteidigung. Weitgehendes Einverständnis mit dem Gericht. Ihren Gipfel erreicht sie in dem, was sich seit einigen Jahren immer weiter ausbreitet, in der juristischen Literatur zunehmend diskutiert und vornehm »Verfahrensabsprachen« genannt wird, auch Gentlemen's Agreement oder Deal. Kurz gesagt: Wir geben alles zu – oder meistens nur das Notwendige –, ihr vom Gericht spart Zeit und Mühe, und der Mandant erhält dafür eine schön milde Strafe.

Hart oder weich, das sind die beiden Extreme, zwischen denen ein Strafverteidiger sich zu bewegen hat. Je nach Lage des Falles und nach seinem eigenen Temperament und der Einschätzung eigener Fähigkeiten. Nur selten ist hart richtig. Und eine richtig harte Verteidigung ist viel schwerer als eine weiche. Mal so, mal so, ist manchmal auch richtig im selben Prozess. Zuckerbrot und Peitsche. Und im Übrigen gibt es viele Zwischenstufen. Ein schwieriges Gebiet. Man muss die Strafprozessordnung genau kennen, viel Fingerspitzengefühl haben, sich psychologisch auf die Richter einstellen können – was viel wichtiger ist als juristische Brillanz –, viel Erfahrung haben, gute Nerven und schnelles Reaktionsvermögen. Unmöglich für einen Anwalt, der sich normalerweise nur mit Zivilrecht beschäftigt, und fast zu viel für einen allein. Und deshalb braucht ein Angeklagter in schwierigen Fällen oft zwei oder drei Verteidiger. Im Fall eines Freispruchs werden aber regelmäßig nur die Kosten für einen ersetzt.

Die Verteidigung des Staatsratsvorsitzenden

> *Neratius Priscus tres facere existimat collegium et hoc magis sequendum est.*
>
> Neratius Priscus meint, dass drei Männer nötig sind, um ein Kollegium zu bilden. Und es spricht mehr dafür, dieser Meinung zu folgen.
>
> Marcellus, *Digesten* 50.16.85

Erich Honecker ist einer jener Angeklagten gewesen, die drei Verteidiger brauchten. Die Höchstzahl, die die Strafprozessordnung zulässt. 1971 hatte er Walter Ulbricht als Ersten Sekretär der SED abgelöst, war seitdem der mächtigste Mann der DDR und von 1976 bis Oktober 1989 als Vorsitzender des Staatsrats auch ihr Staatsoberhaupt. Dann musste er von allen Ämtern zurücktreten. Er war 77 Jahre alt. Anfang Dezember hat die Staatsanwaltschaft der DDR ein Ermittlungsverfahren gegen ihn eingeleitet wegen Machtmissbrauchs und Korruption, das kurz vor der Wiedervereinigung – nach Vorschlägen von westdeutschen Juristen – erweitert wurde auf Anstiftung zum Mord wegen der Toten an Mauer und Stacheldraht. Er lebte damals mit seiner Frau im sowjetischen Militärkrankenhaus Beelitz bei Berlin und musste damit rechnen, dass es zu einem Prozess kommen würde vor dem Landgericht in Westberlin. Sein Verteidiger war Friedrich Wolff aus Ostberlin, gemeinsam mit zwei anderen Anwälten aus der DDR. Friedrich Wolff schreibt dazu (*Verlorene Prozesse* 1953–1998, *Meine Verteidigung in politischen Verfahren,* 1999, Seite 263):

»Mit dem Beitritt zur Bundesrepublik würde, das war uns klar, auch bundesdeutsches Recht, insbesondere das Strafprozessrecht, neben dem DDR-Recht den weiteren Verlauf des Verfahrens bestimmen. Wir hielten es daher für notwendig, nach einem westdeutschen Verteidiger Ausschau zu halten. Der Versuch, Rechtsanwalt Schily zu gewinnen, war bereits gescheitert. Aus meiner Sicht war ein linker Verteidiger in diesem Verfahren nicht notwendig. Links waren wir selber, dachte ich. Notwendig waren Verteidiger mit Kenntnissen, Reputation und Standvermögen, die möglichst auch Berliner waren und die Szene hier kannten. Wen konnte ich mangels eigener Personalkenntnisse fragen? Wer wäre als Berater frei von Gunst und Missgunst? Ich entschloss mich, einen bekannten Gerichtsberichterstatter zu fragen, und kam auf den ›Spiegel‹-Redakteur Mauz, den selbst DDR-Juristen schätzten. Bei einem Podiumsgespräch war ich mit ihm in Kontakt gekommen. Er empfahl mir nach Bedenkzeit schließlich Rechtsanwalt Ziegler. Dieser wollte das Mandat nur zusammen mit Rechtsanwalt Becker übernehmen. Das wiederum setzte voraus, dass zwei von uns drei DDR-Verteidigern ausschieden. Im Endeffekt blieb ich dann als einziger Ostanwalt übrig. Im Laufe des Oktobers waren alle Formalitäten erledigt, die neue, die West-Verteidigung stand.«

Im März 1991, nach der Wiedervereinigung, ist Honecker heimlich nach Moskau geflogen mit einer sowjetischen Militärmaschine, fand dort Zuflucht bei Gorbatschow. Als der ein Dreivierteljahr später zurücktrat, ging Erich Honecker mit seiner Frau als Asylant in die chilenische Botschaft. Nach langen Verhandlungen zwischen der Bonner Regierung, Jelzin und den Chilenen wurde er im Juli 1992 in die Bundesrepublik zurückgebracht und in das Untersuchungsgefängnis Moabit eingeliefert, in dem er 1936 schon einmal einige Monate eingesessen hatte, bevor er vom Volksgerichtshof zu zehn Jahren Zuchthaus verurteilt wurde. Im Mai 1992 wird Anklage erhoben gegen ihn und fünf andere Mitglieder des Nationalen Verteidigungsrats der DDR, der in erster Linie zuständig gewesen ist für Schüsse und Minen an der Grenze. Sie wurden angeklagt wegen Anstiftung zum Totschlag in 68 Fällen, neben Honecker die fünf anderen: Erich Mielke, der mächtige Geheimdienstchef, Willi Stoph, Vorsitzender des Ministerrats, Verteidigungsminister Heinz Keßler, Generalstabschef Fritz Streletz und Hans Albrecht, Erster Sekretär der SED-Bezirksleitung Suhl und Mitglied im Verteidigungsrat als Vertreter eines Bezirks an der Grenze zur Bundesrepublik.

Der Prozess begann am 12. November 1992 vor dem Landgericht Berlin, 27. Strafkammer mit dem Vorsitzenden Richter Hansgeorg Bräutigam. Neben Honecker saß sein Verteidiger Friedrich Wolff, dahinter die beiden Westberliner Anwälte Nicolas Becker und Wolfgang Ziegler. Ein vorzügliches Team. Friedrich Wolff war sozusagen der unmittelbar Vertraute, ein – im guten Sinn – überzeugter Sozialist mit vielen Erfahrungen in politischen Prozessen der DDR. Er war der Dolmetscher zwischen Honecker und den beiden Westberliner Anwälten. Sie hatten die notwendigen Erfahrungen in Strafverteidigungen nach dem Recht der Bundesrepublik, in das der Ostberliner sich erst langsam einarbeiten musste. Nicolas Becker eher der Typ des harten Verteidigers, Wolfgang Ziegler als Strafverteidiger ganz vorzüglich, aber eher verbindlich. Eine ideale Verteidigung. Dolmetsch, Zuckerbrot und Peitsche, und alles auf hohem Niveau. Zwischen ihnen der Hauptangeklagte, ziemlich klein, eher schmächtig, inzwischen 80 Jahre alt, gezeichnet von schwerer Krankheit, aber in aufrechter Haltung. Unbeugsames Symbol für den Kampf der Arbeiterklasse. Die es nicht mehr gab.

Mit der Zulassung der Anklage durch die 27. Strafkammer, mit der Person des Vorsitzenden Richters, der sich öffentlich mehrfach als aktiven Antikommunisten bezeichnet hatte, angesichts des ungeheuren Interesses der Öffentlichkeit – im Saal saßen 70 ausgesuchte Journalisten von mindestens 150 Anmeldungen – und der erstmaligen Bestätigung der Verurteilung von so genannten Mauerschützen wegen Totschlags durch den Bundesgerichtshof eine Woche zuvor ist es klar gewesen, dass die Angeklagten praktisch schon verurteilt waren, als der Prozess begann. Obwohl auch viele juristische Gründe gegen eine Verurteilung sprachen. Denn Voraussetzung für eine solche Verurteilung war, dass die Angeklagten sich nach dem Recht der DDR strafbar gemacht hatten. Und das ist mehr als fraglich gewesen, mit dem Urteil des Bundesgerichtshofs wenige Tage zuvor allerdings schon im Sinne der Anklage entschieden.

In solchen Fällen bleibt einer Verteidigung nichts anderes übrig, als formale Hindernisse aufzubauen. Also Rüge der Zusammensetzung des Gerichts, mit dem Hinweis, das im Grundgesetz garantierte Recht auf den gesetzlichen Richter sei verletzt worden. Mit viel Akribie vorgetragen von Rechtsanwalt Ziegler. Denn tatsächlich war kurz vor dem Prozess der Geschäftsverteilungsplan des Gerichts geändert und Hansgeorg Bräutigam gezielt als »Honeckers Richter« eingesetzt worden. Zweitens Ablehnung der Richter wegen Besorgnis der Befangenheit, weil sie den Prozess in großer Eile vorantreiben wollten und keine Rücksicht nehmen würden auf Honeckers Krankheit. Auch dafür gab es tatsächlich starke Indizien. Denn das Gericht hatte nach einem eher negativen ärztlichen Gutachten über die Verhandlungsfähigkeit Erich Honeckers einen zweiten Gutachter bestellt, der dem ersten widersprach. Ihm folgte das Gericht. Das Peinliche daran war nur, dass der zweite Gutachter den Achtzigjährigen überhaupt nicht selbst untersucht hatte. Ein Gutachten vom grünen Tisch. Für einen Arzt kaum möglich. Und die Richter wussten das. Also stützte sich das von Wolfgang Ziegler vorgetragene Ablehnungsgesuch auch auf diesen Grund. In 70 Minuten ruhig vorgetragen, am Ende mit den Worten: »Es ist für Herrn Honecker auch kein Trost, dass der Vorsitzende Richter sich öffentlich mehrfach als aktiven Antikommunisten bezeichnet hat.«

Über solche Anträge wegen Befangenheit gegen alle Richter einer Strafkammer müssen andere entscheiden. Hier wird ihr Beschluss drei Tage später verkündet. Abgelehnt. Was zu erwarten war. Die kurz vor dem Prozess begründete neue Zuständigkeit der Kammer mit ihrem Vorsitzenden Bräutigam war hart an der Grenze, aber juristisch nicht unbedingt zu beanstanden. Ebenso wenig, wenn ein Richter dem einen Gutachter glaubt und dem anderen nicht. Es sei »zumindest nicht unvertretbar« gewesen, sich auf den zweiten zu verlassen, meinte die andere Strafkammer, die zu entscheiden hatte über die Befangenheit. Im Klartext: Wir hätten es nicht gemacht. Eine vorsichtige Kritik an der Haltung der 27. Strafkammer war nicht zu überhören. An diesem dritten Verhandlungstag trägt Rechtsanwalt Becker den zweiten Antrag der Verteidigung vor. Er wird zum eigentlichen Problem des Prozesses. Honeckers Leberkrebs.

Es ist ein Antrag auf Einstellung des Verfahrens, weil sein Mandant wegen dieses Krebsleidens das Ende des Prozesses nicht mehr erleben werde, auch wenn die Richter mit Blick auf diese Krankheit den Prozess mit Zustimmung der Staatsanwaltschaft stark verkürzt haben, nämlich von 68 Fällen des Totschlags auf zwölf. In jedem sind umfangreiche Beweisaufnahmen notwendig. Nicolas Becker spricht eine halbe Stunde über die Entwicklung der Krankheit. Wie groß der Leberkrebs war, als Honecker im Juli aus Moskau kam, wie groß im September und Oktober. Höchste Wachstumsstufe. Man unterscheidet drei oder vier Phasen. Herr Honecker sei jetzt in der vorletzten, müsse sich mit der Erkenntnis beschäftigen, dass er dem Tod sehr nahe sei.

Wenn sicher ist, so Anwalt Becker, dass ein Angeklagter tödlich krank sei und das Ende des Prozesses nicht erleben werde, sei das ein Verfahrenshindernis. Der Prozess müsse eingestellt und der Angeklagte aus der Untersuchungshaft entlassen werden. Denn bis zum Urteil gelte er als unschuldig. Wenn er das Urteil aber nicht mehr erleben könne, sei die Haft deshalb *punishment by trial*, so Herr Becker, der gut englisch spricht. Bestrafung durch ein Gerichtsverfahren, nicht durch ein Urteil. Ein Verfahrenshindernis, das in der Strafprozessordnung nicht genannt wird, sich aber von selbst ergibt und in der juristischen Literatur und Rechtsprechung der letzten Jahre allmählich herausgebildet worden ist, ohne dass es sich schon zu jener allgemeinen Überzeugung entwickelt hatte, die man unter Juristen »herrschende Meinung« nennt. Es war klar, die Verteidigung wollte Rechtsgeschichte machen. Denn wenn sie sich mit dieser Rechtsauffassung in einem der spektakulärsten Prozesse der Bundesrepublik durchsetzen würde, dann musste das »herrschende Meinung« werden, abgekürzt hM. Es ist hM geworden, dauert nur noch einige Wochen.

Zur Technik der Verteidigung gehörte es auch, die Anträge sehr langsam und ruhig vorzutragen. Die Verteidigung hatte Zeit, das Gericht nicht. Die Richter hatten es eilig, um noch zu einer Verurteilung Honeckers zu kommen, der von den Ärzten zwar als verhandlungsfähig erklärt worden war, aber zweimal wöchentlich nur für jeweils zwei Stunden. Deshalb trug umgekehrt der Vorsitzende der Strafkammer die ablehnenden Beschlüsse immer sehr schnell vor, um weiterzukommen. Ein etwas unwürdiges Verfahren, wenn man bedenkt, dass hier zum ersten Mal seit 800 Jahren ein deutsches Staatsoberhaupt vor Gericht stand. Karl Dönitz 1945 in Nürnberg zählt nicht. Er war angeklagt wegen Kriegsverbrechen, die er begangen hatte, bevor er Hitlers Nachfolger geworden war. Also Heinrich der Löwe ist der Letzte gewesen, Herzog von Sachsen und Bayern, vor dem Gericht des deutschen Königs und der Fürsten, 1179.

Auch der Beschluss über den Antrag von Nicolas Becker wurde wieder in schnellem Vortrag verkündet. Bestellung eines neuen Gutachtens von Ärzten über die voraussichtliche Lebensdauer. Neuer Antrag der Verteidigung, nämlich auf Vertagung. Nicht dumm. Dahinter stand ein anderes Problem dieses Prozesses. Auch die Staatsanwaltschaft hatte es eilig, hatte zwar im Mai eine Anklageschrift vorgelegt von fast 800 Seiten, um die chilenische Regierung für die Aufhebung des Asyls in der Moskauer Botschaft zu überzeugen. Aber sie brauchte noch neues Material, um die jetzt verbliebenen zwölf Totschlagsfälle zu beweisen und die Verantwortlichkeit der noch verbliebenen vier Angeklagten zu erhärten. Vier, weil Willi Stoph und Erich Mielke bereits ausgeschieden waren wegen Verhandlungsunfähigkeit. Also wurde von den Staatsanwälten während des Prozesses weiter ermittelt, mit einer großen Zahl von Mitarbeitern im Hintergrund, während die Verteidiger in einem Prozess allein standen und voll beschäftigt waren mit der Verhandlungsführung, ihren Anträgen und Gesprächen mit den Mandanten in der Zwischenzeit. Also wieder langer Antrag, und zwar auf Verschiebung, damit die Anwälte nacharbeiten konnten, und – nach einigen Tagen – sehr kurze Ablehnung. Die Waffengleichheit zwischen Verteidigung und Anklage sei gewahrt, sagte das Gericht. Was man zu Recht stark bezweifeln konnte.

In gewisser Weise allerdings wieder auch nicht. Auf einem Feld dieses juristischen Kampfes war die Verteidigung überlegen. Im Umgang mit Presse, Rundfunk und Fernsehen. Ein Verdienst von Rechtsanwalt Becker. In politischen Prozessen muss man auch politisch reagieren. In intensiven Gesprächen, mit vorsichtigen Vorinformationen und mit solchen Details, die nicht veröffentlicht werden dürfen, kann man Journalisten auf seine Seite ziehen. Und muss das auch, um die Übermacht von Staatsanwaltschaft und Gericht wenigstens teilweise zu neutralisieren. Denn es war klar: Die Angeklagten sollten verurteilt werden. Und besonders der Vorsitzende Richter gab sich Blößen, die man ausnutzen konnte.

Aber immerhin, am fünften Verhandlungstag hatte er es geschafft. Die Anklage konnte verlesen werden. Auch die Verteidigung durfte einigermaßen zufrieden sein. Sie hatte über zwei Wochen Zeit gewonnen. Keine schlechte Leistung. Und dann noch mal drei Wochen zusätzlich, weil jeder der Angeklagten nun eine persönliche Erklärung abgeben konnte. Honecker brauchte dafür natürlich einen ganzen Sitzungstag, wieder nicht schlecht beraten von seinen Verteidigern.

Kurz vor Weihnachten 1992 kamen die neuen ärztlichen Gutachten zu Honeckers Leberkrebs. Nun war auch derjenige Mediziner umgeschwenkt, der noch am Anfang des Prozesses gesagt hatte, man könne ruhig weitermachen. Jetzt hatte er Honecker selbst untersucht und war zu dem Ergebnis gekommen, die Wachstumsgeschwindigkeit sei sehr hoch, die Lebenserwartung noch zwei oder drei Monate. In dieser Zeit war der Prozess unmöglich zu schaffen. Für die Zeugen in den zwölf Todesfällen brauchte man etwa noch ein Dreivierteljahr. Eine weitere Reduzierung wäre zu peinlich. Vier Tage später, Montag vor Weihnachten. Die Entscheidung der Kammer über den Antrag auf Einstellung des Verfahrens. Abgelehnt. Honecker bleibt in Haft und wird im Januar noch einmal untersucht. Die Prognose der Ärzte sei nicht sicher genug. Allgemeine Verblüffung.

Die Verteidigung gab nicht auf. Inzwischen hatte sie Haftbeschwerde eingelegt, ebenfalls wegen des Gesundheitszustands. Vom Kammergericht aus formalen Gründen abgelehnt. Dann wieder ein Befangenheitsantrag gegen Richter Bräutigam, einen Tag vor Weihnachten. Er hatte in der Verhandlung am Montag gelogen, als Postsache bezeichnet, was in Wirklichkeit ein Gespräch war mit den Verteidigern Honeckers über ein Autogramm des Angeklagten für einen der Schöffen. Deswegen musste Richter Bräutigam Anfang Januar tatsächlich aus dem Prozess ausscheiden. Der erste große Erfolg der Verteidigung. Dann eine Verfassungsbeschwerde gegen die Ablehnung des Antrags auf Einstellung des

Verfahrens, eingereicht Dienstag nach Weihnachten, aber nicht beim Bundesverfassungsgericht in Karlsruhe, sondern beim neuen Verfassungsgerichtshof des Landes Berlin. Beides war möglich und der Weg zum Berliner Gericht ein kluger Schachzug. Dessen Richter waren näher dran und die Chance einer positiven Entscheidung sehr viel größer als in Karlsruhe. Die Entscheidung kam am 12. Januar 1993. Der Verfassungsgerichtshof hob die Entscheidung des Landgerichts vom Montag vor Weihnachten auf. Das Verfahren gegen Honecker musste eingestellt werden, weil er das Ende des Prozesses nicht erleben werde. Am nächsten Tag ist Honecker freigelassen worden, zu seiner Frau nach Chile geflogen und dort im Mai 1994 gestorben. Die drei anderen Angeklagten wurden im September 1993 zu hohen Freiheitsstrafen verurteilt. Wie zu erwarten war.

Das Trommelfeuer immer neuer Anträge durch die Verteidigung des Staatsratsvorsitzenden hatte sich ausgezahlt. Und die Entscheidung des Berliner Verfassungsgerichts ist nicht ganz ohne den Einfluss der Pressearbeit seiner Verteidiger ergangen. Auch Richter lesen Zeitungen. Ein Musterbeispiel für die Arbeit von Anwälten in großen Prozessen.

Notare

Lex est, quod notamus.

Was wir niederschreiben, ist Gesetz.

Grundregel der Notare
Liebs, *Lateinische Rechtsregeln*, 1982, Seite 108

Rechtsanwalt ist ein freier juristischer Beruf, aber nicht der Einzige. Es gibt auch noch den Notar. Ein Anwalt erhält seinen Auftrag meistens, wenn das Kind schon in den Brunnen gefallen ist. Der Notar wird tätig, ohne Kind im Brunnen. Er ist zuständig für die Abfassung solcher Verträge, die nur wirksam werden, wenn sie von ihm in einer Urkunde festgehalten worden sind, unterschrieben von ihm und denen, die sie vereinbaren. Kaufverträge über Grundstücke zum Beispiel, Schenkungsverträge, die nicht gleich erfüllt werden, Eheverträge oder Gründungen von Aktiengesellschaften und Gesellschaften mit beschränkter Haftung. Man nennt das notarielle Beurkundung. Häufigster Fall ist wohl § 313 des Bürgerlichen Gesetzbuches:

> »Ein Vertrag, durch den sich der eine Teil verpflichtet, das Eigentum an einem Grundstück zu übertragen oder zu erwerben, bedarf der notariellen Beurkundung.«

Daneben ist der Notar auch noch zuständig für Beglaubigungen von Unterschriften, nachdem er sich – durch Vorlage eines Ausweises – davon überzeugt hat, dass es auch derjenige ist, der mit seinem Namen unterschreibt. Solche Beglaubigungen sind notwendig für Anmeldungen zum Handels- oder Vereinsregister und Ähnliches.

Beurkundungen können auch in Prozessen wichtig sein, sind »öffentliche Urkunden« mit voller Beweiskraft, weil der Notar eine mit »öffentlichem Glauben versehene Person« ist, wie es in der Zivilprozessordnung heißt.

Der Notar hat wie ein Anwalt einen freien Beruf, ist selbstständig und an keinerlei Weisungen staatlicher Stellen gebunden, nähert sich aber stärker einem staatlichen Amt als ein Anwalt, weil es keinen Anspruch auf Ernennung gibt, kein freies Notariat wie die freie Advokatur. Also ein Numerus clausus. Ihre Zahl ist viel kleiner als die der Anwälte. Etwa ein Zehntel. Keine Notarschwemme. § 4 der Bundesnotarordnung:

»Es werden so viele Notare bestellt, wie es den Erfordernissen einer geordneten Rechtspflege entspricht.«

Auch die Geschichte der Notare geht zurück in die Antike. In Rom gab es seit dem 3. Jahrhundert n. Chr. private Urkundenschreiber, *tabelliones*. Sie halfen bei der schriftlichen Abfassung von Verträgen und formulierten Prozessschriften, die nicht Sache der Advokaten waren. Daneben existierten städtische Beamte der Steuerverwaltung, *tabularii*, die ebenfalls Verträge beurkundeten. Im Gegensatz zu den *tabelliones* hatten die *tabularii* aber »öffentlichen Glauben«. Weil sie Beamte waren. Daraus entsteht im Mittelalter in oberitalienischen Städten ein hoch entwickeltes Notariatswesen, und zwar zuerst im Kirchenrecht. Der für die Beweisfrage wichtige öffentliche Glaube gründete sich auf die Autorität der Kirche, die diese *notarii* ernannte. Später kamen weltliche Autoritäten dazu, der Kaiser, seine Pfalzgrafen und die Städte. Voraussetzung für die Zulassung war nicht ein Studium der Rechtswissenschaft, sondern der Grammatik an den so genannten Artistenfakultäten, also ein Studium des Lateinischen als der auch das Recht prägenden Bildungssprache, und eine Prüfung. Deshalb auch der neue Name *notarius*. In Rom war das ein Stenograph gewesen, also einer, der mit Abkürzungen schrieb. Es kam also an auf Sprache und Schrift. Und auch ihre mittelalterlichen Nachfolger verwendeten viele Abkürzungen.

Schon im 13. Jahrhundert gibt es in Oberitalien erstaunlich viele Notare. Wahrscheinlich werden gar nicht alle den Beruf ausgeübt haben, war die Zugehörigkeit zu ihren Kollegien aber ein ständisches Privileg, denn die hatten großen Einfluß auch auf die Verwaltung der Städte.

Über die Kirche und das Kirchenrecht kommt das Notariatswesen von Italien in das mittelalterliche Deutschland. Mit zwei Unterschieden. Erstens hatten die Vereinigungen der Notare nicht die große politische und ständische Bedeutung der italienischen Kollegien. Und zweitens gab es das Notariat zunächst nur in den geistlichen Territorien, also in den Ländern, die von Erzbischöfen, Bischöfen oder Äbten regiert wurden. Das waren nicht wenige. Die meisten lagen in Süddeutschland. Auch hier gründete sich der öffentliche Glaube der Urkunden auf die hinter ihnen stehende Autorität, die den Notar ernannt hatte. Das war zunächst nur die Kirche, später auch Kaiser und König. Durch die Notariatsordnung Kaiser Maximilians I. von 1512 wird das Notariat überall im Reich anerkannt, ist nicht mehr auf die geistlichen Gebiete beschränkt.

Danach entwickeln sich die einzelnen deutschen Länder immer mehr zu selbstständiger Staatlichkeit mit eigener Gesetzgebung, auch für das Notariat, das ergänzt wird durch die Urkundstätigkeit von Gerichten im Rahmen der »freiwilligen Gerichtsbarkeit«. Dieses Nebeneinander wird erst am Anfang des 19. Jahrhunderts abgelöst in den Gebieten, die in der Zeit Napoleons französisches Recht übernommen haben. Dort waren nur die Notare zuständig für Beurkundungen. Später hat auch Bayern das so geregelt, zu Gunsten der Notare. Und so war das deutsche Notariatsrecht zweigeteilt in solche Gebiete, in denen gerichtliche oder notarielle Beurkundung möglich war, und solche mit nur notarieller Beurkundung. Durch die Reichsnotarordnung ist das 1937 vereinheitlicht worden. Überall galt jetzt gerichtliche oder notarielle Beurkundung, bis 1973. Seitdem gilt wieder das notariatsfreundliche französische System. Beurkundungen können nur von Notaren vorgenommen werden.

Eine andere Zweiteilung ist in Deutschland bis heute geblieben. Sie geht zurück auf das preußische Abenteuer mit den Assistenzräten von 1781 bis 1793, den Versuch, die Prozessvertretung durch Anwälte einzubauen in die Gerichtsorganisation mit der Folge, dass Kläger und Beklagter jeweils durch ein Mitglied des Gerichts, ebenjenen Assistenzräten, anwaltlich vertreten wurden. Daneben blieb eine kleine Zahl von außergerichtlichen Anwälten bestehen, die Justizkommissare. Sie waren für die allgemeine Rechtsberatung zuständig, für außergerichtliche Verhandlungen, und ihnen wurde als Ausgleich für den Verlust der Vertretung vor Gericht auch das Notariat übertragen, das bis zu dieser Zeit völlig getrennt von der Anwaltschaft existiert hatte. Hier die Anwälte auf der einen Seite, dort die Notare auf der anderen. Zum ersten Mal war beides miteinander verbunden. Preußen 1781.

Als man zwölf Jahre später in Berlin einsah, dass das Experiment mit den Assistenzräten als Richteranwälten misslungen war, durften die Justizkommissare wieder als normale Rechtsanwälte vor Gericht auftreten. Die Assistenzräte wurden abgeschafft, aber nicht die Verbindung von Anwaltsberuf auf der einen und Notariatstätigkeit auf der anderen Seite bei den Justizkommissaren. In Preußen gab es seitdem normale Rechtsanwälte, die vor Gericht Prozesse führen konnten und gleichzeitig Notare waren. Ein System, das sich bald in anderen deutschen Ländern durchgesetzt hat, zuerst in Sachsen. In anderen blieb es bei der jahrhundertealten Trennung, zum Beispiel in Bayern und Hamburg. So ist es noch heute. Es gibt Bundesländer mit »Anwaltsnotaren« – Berlin, Niedersachsen, Bremen, Hessen und Schleswig-Holstein – und solche mit »Nur-Notaren«, nämlich Hamburg, Rheinland-Pfalz, das Saarland, Bayern und die fünf neuen Bundesländer. In Nordrhein-Westfalen und Baden-Württemberg finden sich beide Formen nebeneinander, Nur-Notare und Anwaltsnotare. Die Nur-Notare werden von den Justizverwaltungen ausgewählt unter den Bewerbern mit den besten Noten im Assessorexamen. Neidische Anwälte meinen, ihnen würden damit »Gelddruckmaschinen« zur Verfügung gestellt. Hohes Einkommen ohne die aufreibende Konkurrenz innerhalb der Anwaltsschwemme. In den Ländern mit Anwaltsnotaren – »Rechtsanwalt und Notar« – kann ein Bewerber erst ernannt werden, wenn er mindestens fünf Jahre als Anwalt tätig war und eine entsprechende Zusatzausbildung erfolgreich abgeschlossen hat. Auch hier werden nicht alle genommen, sondern nur die besseren. Die Anforderungen sind aber nicht so hoch wie in den Ländern mit Nur-Notaren. Das Einkommen auch nicht.

Honorare, Rechtsschutzversicherungen, PKH

> *Scire volunt omnes, mercedem solvere nemo.*
>
> Wissen wollen es alle, Honorar zahlen mag aber keiner.
>
> Juvenal, *Saturae* 7.157

Rechtsanwälte bekommen für ihre Tätigkeit ein Honorar, in Deutschland seit 1879 nach einem System, das im Gegensatz zu vielen anderen Ländern klar und berechenbar ist. Damals wurde nach der Rechtsanwaltsordnung von 1878 – mit der Freien Advokatur – vom Reichstag eine Gebührenordnung für Rechtsanwälte beschlossen, die bis heute im Prinzip nicht verändert worden ist. Jetzt heißt sie Bundesgebührenordnung für Rechtsanwälte, abgekürzt BRAGO, mit 134 Paragraphen. Wichtigster Teil dieses deutschen System ist, dass der Anwalt für einen Prozess feste Gebühren erhält, die man nach einer Tabelle ganz leicht selbst berechnen kann. Sie ist der BRAGO beigefügt. Entscheidende Vorschrift, § 7 Absatz 1:

> »Die Gebühren werden, so weit dieses Gesetz nichts anderes bestimmt, nach dem Wert berechnet, den der Gegenstand der anwaltlichen Tätigkeit hat ...«

Sie richten sich also nach dem Streitwert. Will jemand zum Beispiel klagen gegen einen anderen auf Ersatz eines Schadens in Höhe von 12 000,– DM, kann man aus der Tabelle entnehmen, dass eine Gebühr 665,– DM beträgt. Für den Prozess erhält der Anwalt regelmäßig zwei Gebühren – eine so genannte Prozessgebühr für die Vorbereitung, Abfassung und Einreichung der Klage und eine Verhandlungsgebühr für die mündliche Verhandlung, auch wenn es mehrere Termine sein sollten. Findet eine Beweisaufnahme statt oder wird ein Vergleich geschlossen, gibt es jeweils noch eine zusätzliche Gebühr. Also regelmäßig zwei Gebühren.

Das wären 1330,- DM. Dazu noch einige kleinere Nebenkosten – alle genau aufgeführt in der BRAGO – und die Gerichtskosten, zu zahlen an die Justizkasse und nachzulesen im Gerichtskostengesetz. Bei einem Streitwert von 12000,- DM sind es etwa 800,-DM.

Das Besondere am deutschen System ist die Kostenerstattung. In anderen Ländern gibt es das nicht. Derjenige, der den Prozess verliert, muss nicht nur die eigenen Anwaltskosten zahlen und die Gerichtskosten, sondern auch dem anderen dessen Anwaltskosten erstatten. Wenn man also eindeutig im Recht ist und weiß, dass der andere auch zahlen kann, ist eine Klage ohne Risiko. Bei einem Streitwert von 12000,- DM – jeweils zwei Gebühren für die Anwälte mit Nebenkosten, Umsatzsteuer und Gerichtskosten – muss der Verlierer über 3500,- DM zahlen.

So klar und übersichtlich das alles ist, es bringt auch Probleme mit sich. Bei geringen Streitwerten von ein paar hundert Mark können die juristischen Schwierigkeiten und die Arbeit für den Anwalt viel größer sein als bei einem Prozess über 12000,- DM oder 100000,- DM, wo er viel mehr verdient. Im Grunde wird also die Arbeit nicht richtig bezahlt, lohnen sich für Anwälte nur Prozesse mit hohen Streitwerten. Eine Gebühr für den Streitwert von 600,- DM zum Beispiel beträgt nur 50,- DM. Es kommt hinzu, dass in den letzten Jahren die neuen Großkanzleien immer mehr Prozesse mit hohen Streitwerten an sich gezogen haben. Für die kleineren Kanzleien bleiben oft nur die Verfahren mit niedrigen Streitwerten. Mit anderen Worten, viele kleine Kanzleien haben eine große Zahl von Prozessen, die viel Arbeit machen, aber wenig Geld bringen. Die großen haben weniger Prozesse mit weniger Arbeit und höherem Verdienst. So war das nicht gedacht. Das hat der Gesetzgeber vor über 100 Jahren nicht gewollt. Für ihn spielten auch soziale Erwägungen eine Rolle. Die Gebührenordnung von 1879 war gedacht für den Einzelanwalt, der alles macht, Prozesse mit kleinen und mit großen Streitwerten. Mit kleinen Streitwerten in der Regel für Leute mit weniger Geld, mit hohen Streitwerten für Leute mit größerem Vermögen. Dann gleicht sich das mit der Bezahlung bei einem Anwalt in etwa aus. Die mehr Geld haben, müssen mehr zahlen, die anderen weniger. Anders ausgedrückt, die reicheren Mandanten gleichen die geringere Bezahlung durch die ärmeren wieder aus. Das funktioniert heute nicht mehr richtig und wird in Zukunft noch schlechter funktionieren. Also muss das System eines Tages geändert werden. Aber wie?

Beim alten Reichskammergericht wurden die Anwälte lange Zeit nach der Zahl der Seiten ihrer Schriftsätze entlohnt. Was ebenso unsinnig war. Denn natürlich sind die Schriftsätze auch in einfachen Prozessen damals immer länger geworden. Es gibt im Grunde keinen anderen Maßstab für den Schwierigkeitsgrad juristischer Arbeit als die Zeit. Deshalb nehmen Anwälte seit einigen Jahren auch in Deutschland für ihre Tätigkeit außerhalb von Prozessen ein Stundenhonorar. Es liegt zwischen 100,– und 1000,– DM. Also für Gutachten, Verhandlungen, Beratungen. Nach der BRAGO ist das zulässig. Hat sich in der Praxis der letzten Jahre durchgesetzt und ist im Ausland – in wirtschaftlich starken Ländern – seit langem allgemein üblich, auch für die Prozessführung, was bei uns nach der BRAGO noch verboten ist.

Es gibt aber eine andere Möglichkeit. Für schwierigere Prozesse kann der Anwalt mit dem Mandanten ein höheres Honorar vereinbaren, als nach der BRAGO vorgesehen. Das ist zulässig. Man kann sich auf das Doppelte der Gebühren einigen, auf das Dreifache oder mehr. Eine feste Obergrenze ist nicht gezogen, dürfte aber wohl beim Sechsfachen liegen. Also, man darf mehr nehmen. Aber nicht weniger als die gesetzliche Gebühr der BRAGO. Das ist verboten. Man soll die anderen nicht unterbieten. Auch ein Erfolgshonorar ist unzulässig, also die Vereinbarung, der Mandant solle nur zahlen, wenn der Prozess gewonnen wird, dann aber meistens mehr, oder sogar einen Teil des erstrittenen Betrags, wie es in den Vereinigten Staaten möglich ist. Man meint, es sei mit der Stellung eines Anwalts unvereinbar, wenn er seine wirtschaftlichen Interessen so stark mit denen des Mandanten verknüpft, dass die Gefahr entsteht, er könne auf den Erfolg hinarbeiten mit allen Mitteln, auch unfairen oder unzulässigen Methoden. Das ist ausdrücklich verboten in der Neufassung der Bundesrechtsanwaltsordnung von 1994 in § 49b. Nun ja. In den Vereinigten Staaten scheint es tatsächlich manchen Missbrauch zu geben mit Erfolgshonoraren.

Für viele Risiken kann man vorsorgen, auch für Anwalts- und Gerichtskosten, nämlich bei Rechtsschutzversicherungen. Sie kamen auf in den Zwanzigerjahren für Prozesse im Zusammenhang mit Verkehrsunfällen und sind in der Bundesrepublik seit den Fünfzigerjahren ständig erweitert worden, zuerst für andere Schadensersatzforderungen – außerhalb des Straßenverkehrs – und für Strafverfahren, dann für Streitigkeiten im Miet- und Arbeitsrecht und schließlich für fast alle Prozesse bis auf einige wenige. Nicht versichern kann man sich für Rechtsschutz bei Ehescheidungen und für solche Verfahren, in denen man selbst verklagt wird wegen eines Schadens außerhalb von Vertragsverhältnissen, zum Beispiel wenn man jemanden aus Versehen beim Sport verletzt. Dafür gibt es Haftpflichtversicherungen, die nicht nur den ganzen Schaden zahlen, sondern auch die Prozesskosten. Da soll es keine Überschneidungen geben. Rechtsschutzversicherungen dagegen übernehmen nur die Anwalts- und Gerichtskosten und zahlen nicht die ganze Summe, zu der jemand verurteilt wird, wenn er einen Prozess verliert. Trotzdem sind sie günstig, nicht nur für den Mandanten, auch für den Anwalt. Mit den Versicherungen hat er einen sicheren Schuldner für sein Honorar. Erstaunlich ist ihr Prämienaufkommen. 1980 haben sie etwa 1,6 Milliarden DM eingenommen. Zehn Jahre später waren es schon über drei Milliarden.

Wahrscheinlich nicht ganz so hoch, aber sicher beträchtlich ist die Summe, die jährlich von den Gerichten bewilligt wird für Prozesskostenhilfe, abgekürzt PKH. Gerichtskosten werden erlassen und – meistens – Anwaltskosten übernommen nach § 114 der Zivilprozessordnung:

»Eine Partei [Kläger oder Beklagte, U. W.], die nach ihren persönlichen und wirtschaftlichen Verhältnissen die Kosten der Prozessführung nicht, nur zum Teil oder nur in Raten aufbringen kann, erhält auf Antrag Prozesskostenhilfe, wenn die beabsichtigte Rechtsverfolgung oder Rechtsverteidigung hinreichende Aussicht auf Erfolg bietet und nicht mutwillig erscheint.«

Gezahlt wird vom Staat, nämlich von den Bundesländern, die die

Justizhoheit haben. Früher nannte man das Armenrecht, das zurückgeht bis ins Mittelalter und seinen Ursprung hat im alten Kirchenrecht. Prozesskostenhilfe heißt es erst seit einer Neufassung der Zivilprozessordnung aus dem Jahr 1994. Wenn man ein Nettoeinkommen hat von etwa nur 2500,– DM im Monat und davon Miete zahlen muss und anderes, dann sollte man einen Antrag stellen. Bis zu dieser Grenze hat man eine gewisse Chance, die Hilfe zu erhalten, das Gericht genaue Vorschriften für die Berechnung. Anwälte sind sogar verpflichtet, ihre Mandanten auf diese Möglichkeit hinzuweisen, wenn sie sehen, dass jemand zum Kreis der Berechtigten gehören könnte. Tun sie es nicht, sind sie im Rahmen der normalen Anwaltshaftung zum Schadensersatz verpflichtet. Zweite Voraussetzung für die Bewilligung von PKH ist, dass es eine gewisse Aussicht auf Erfolg gibt für die Prozessführung. Das entscheidet der Richter nach Lage der Akten. Meistens wird eher großzügig entschieden. Sogar für Ehescheidungen wird PKH bewilligt, anders als bei Rechtsschutzversicherungen.

Auch dieses Recht der Prozesskostenhilfe ist nicht nur für Mandanten wichtig, sondern für viele meist jüngere Anwälte, die heute zu einem guten Teil davon leben, dass ihnen auf diese Weise ein Honorar vom Staat gezahlt wird. Zum Beispiel Steffi Grothe, deren Weg beschrieben ist im ersten Kapitel. Sie lebt in einem Berliner Stadtviertel, dessen Einwohner meistens die Bedingungen erfüllen, die für die Einkommensgrenze gesetzt sind, wenn man PKH beantragt. Die Formulare dafür liegen schon immer auf ihrem Tisch. Saturierte Kollegen, die genug verdienen, lehnen solche Mandate oft ab. Wollen mit solchen Leuten nichts zu tun haben. Vor 200 Jahren hätten sie vom Gericht als Advokaten noch gezwungen werden können, arme Parteien kostenlos zu vertreten als Ausgleich dafür, dass sie vom Landesfürsten in dieses Amt berufen waren mit einem guten Einkommen. Heute wissen vielleicht manche Anwälte in den neuen Großkanzleien noch nicht einmal, was PKH ist. Steffi Grothe weiß es und macht munter mit, auch bei der Beratungshilfe, der Ergänzung von PKH. Für eine Rechtsberatung ohne Prozess erhält der Anwalt 50,– DM von der Justizkasse, und der Mandant braucht nur 20,– DM zu zahlen. Plus Mehrwertsteuer. Geregelt im Beratungshilfegesetz von 1980.

Die Party

Post festum.

Auf Deutsch: zu spät.

Ein Sommerabend in Berlin und eine Party im vornehmen Stadtteil Dahlem. Auch mehrere Anwälte sind dabei, darunter der junge Karsten Ploetz. Sie unterhalten sich über Prozesse und Erfolge, auch Anwalt Ploetz, der schon einiges vorzuweisen hat. Ein älterer Herr steht dabei, hört aufmerksam zu, sieht sich alle an und kommt später zu Karsten Ploetz. Der hat ihm am besten gefallen. Er sei Eigentümer eines größeren Hauses und stellt sich vor, Werner Reichelt. Im Haus sei bis vor kurzem ein Laden vermietet gewesen, und er habe Ärger mit dem Mieter. Ob er mal ein paar Fragen stellen könne? Karsten Ploetz wittert ein gutes Mandat, vielleicht noch einiges mehr, und sie setzen sich in eine stille Ecke. Herr Reichelt hat alle Einzelheiten des Mietvertrages im Kopf und erzählt von den Schäden. Schönheitsreparaturen seien nicht durchgeführt, der Boden beschädigt und Umbauten vorgenommen, die hätten beseitigt werden müssen. So könne er den Laden nicht wieder vermieten. Der Mieter würde behaupten, nach dem Vertrag sei er zu nichts verpflichtet. Sie gehen alles im Einzelnen durch. Ein Gespräch von über einer Stunde. Anwalt Ploetz glänzt mit Kenntnissen im Mietrecht. Herr Reichelt hat alle Zahlen im Kopf, macht sich viele Notizen, hat am Ende die Bestätigung, er sei im Recht und könne 120 000,– DM Schadensersatz von seinem Mieter verlangen, ist hoch zufrieden, bedankt sich, lässt sich eine Visitenkarte des Anwalts geben und sagt, er wolle dem Mieter jetzt erst mal selbst einen Brief schreiben, bevor er den Angriff mit einem Anwalt beginnt. So verabschieden sie sich.

Herr Reichelt schreibt dem Mieter einen Brief, hört längere Zeit nichts, und nach sechs Monaten kommt endlich die Antwort. Auf einem leeren Blatt steht in großen Zahlen und Buchstaben nur »558 BGB«. Damit geht er zu seinem Hausanwalt, und der liest ihn vor, den Wortlaut von § 558 BGB:

»Die Ersatzansprüche des Vermieters wegen Veränderungen und Verschlechterungen der vermieteten Sache ... verjähren in sechs Monaten. Die Verjährung der Ersatzansprüche des Vermieters beginnt mit dem Zeitpunkt, in welchem er die Sache zurückerhält ...«

Die sechs Monate waren verstrichen, Herrn Reichelts Forderung verjährt. Als er mit Karsten Ploetz auf der Party sprach, waren schon fünf Monate vorüber. Das hatte er am Anfang des Gesprächs auch nebenbei erwähnt, aber Anwalt Ploetz nicht richtig aufgepasst und auch gar nicht an § 558 BGB gedacht. Es ist eine Vorschrift, die von Juristen oft übersehen wird. Also Karsten Ploetz hätte sagen müssen: Herr Reichelt, es eilt. Sie haben nur noch einen Monat Zeit. Setzen Sie in Ihrem Brief eine Frist von höchstens einer Woche, und wenn Sie dann keine Antwort haben, müssen Sie schnell klagen. Denn nur so – oder durch einen Mahnbescheid – wird die Verjährung unterbrochen. Aber auch wenn Herr Reichelt nichts von den fünf Monaten gesagt hätte, würde solch ein Hinweis notwendig gewesen sein. Wenn die Verjährung so extrem kurz ist, muss ein Anwalt das in einer Beratung immer sagen. Und wenn er es nicht tut oder gar nicht weiß, ist es ein Beratungsfehler. Die übliche positive Vertragsverletzung. Aber war das hier überhaupt ein Vertrag? Auf einer Party?

Das war die entscheidende Frage. Wäre Herr Reichelt in die Kanzlei von Anwalt Ploetz gekommen, vielleicht gleich am nächsten Tag, keine Frage. Auch ohne schriftliche Vereinbarung. Verträge können auch mündlich geschlossen werden, sogar stillschweigend, ohne ausdrückliche Vereinbarung. Wenn jemand in die Kanzlei eines Anwalts geht und sich eine Stunde beraten lässt, ist der Anwaltsvertrag stillschweigend zu Stande gekommen. Jetzt kam Herr Reichelt tatsächlich, aber erst sechs Wochen später und nicht, wie Karsten Ploetz gehofft hatte, mit einem guten Auftrag, sondern mit der Forderung nach Schadensersatz in Höhe von 120000,– DM. Die würde er nämlich vom Ladenmieter bekommen haben, wenn Herr Ploetz ihn auf jener Party in der stillen Ecke auf § 558 BGB aufmerksam gemacht und nicht nur einfach genickt hätte, als er sagte, nun werde er erst mal selbst einen Brief schreiben. Es war nur noch einen Monat Zeit. Das hätte durchaus gereicht für Brief und Klage. Er hätte sich beeilt. Jetzt war es zu spät. *Post festum.*

Aber genügt ein Gespräch auf einer Party? War das nicht völlig unverbindlich? Steht nicht in § 675 BGB:

> »Wer einem anderen einen Rat... erteilt, ist... zum Ersatz des aus der Befolgung des Rates... entstehenden Schadens nicht verpflichtet.«

Ja. Das steht da. Aber wenn man genauer liest, vollständiger, steht da auch noch:

> »Wer einem anderen einen Rat... erteilt, ist, unbeschadet der sich aus seinem Vertragsverhältnis... ergebenden Verantwortlichkeit, zum Ersatz des aus der Befolgung des Rates... entstehenden Schadens nicht verpflichtet.«

Also, wenn ein Vertrag entstanden war, ist Herr Ploetz zum Schadensersatz verpflichtet. Nur wenn es einen Anwaltsvertrag gab, war der Hinweis auf die Verjährung notwendig. Sonst nicht. Und die entscheidende Frage lautet, ob durch ein Gespräch auf einer Party ein Anwaltsvertrag zu Stande kommt. Wie so oft lautet auch hier die juristische Antwort: Es kommt drauf an. Wenn es nur ein kurzes Gespräch ist, kaum. Wohl aber, wenn man sich eine Stunde in eine stille Ecke zurückzieht, der Anwalt merkt, dass für den anderen viel auf dem Spiel steht und er seinem Rat folgen will. Dann trägt er Verantwortung. Dann ist ein Vertrag geschlossen. Und so war es hier. Sie haben lange gesprochen. Herr Reichelt machte sich viele Notizen und gab damit zu erkennen, dass er sich danach richten wolle und es für ihn wichtig sei. Auch war klar, dass es um eine hohe Summe ging. In einem solchen Fall muss man annehmen, dass ein anwaltlicher Beratungsvertrag zu Stande gekommen ist. Auch wenn Anwalt Ploetz das so nicht gesehen hat. Oder

Herr Reichelt. Entscheidend ist, wie es ein objektiver Beobachter beurteilt. Also Vertrag. Als Beratungsgebühr kann Anwalt Ploetz nicht mehr als 350,- DM verlangen, aber Herr Reichelt kann Schadensersatz verlangen, denn Karsten Ploetz hat insgesamt drei Fehler gemacht. Erstens hätte er merken müssen, dass er mit einem solchen Gespräch in eine vertragliche Beziehung und die Gefahr der Haftung kommt. Zweitens hat er nicht richtig aufgepasst, als Herr Reichelt die fünf Monate seit Auszug des Mieters erwähnte. Drittens hat er nicht an § 558 BGB gedacht.

Er konnte zunächst nicht glauben, dass auf der Party ein Anwaltsvertrag geschlossen worden und er nun zum Schadensersatz verpflichtet war, musste sich aber bald eines Besseren belehren lassen. Es wurde verhandelt mit seiner Haftpflichtversicherung, die sich schließlich mit Herrn Reichelt auf die Zahlung von 50000,- DM einigte, weil nicht ganz sicher war, ob Werner Reichelt den Prozess gegen seinen Mieter gewonnen hätte. 5000,- DM entfielen auf Karsten Ploetz, denn er hatte eine Versicherung mit entsprechender Selbstbeteiligung. Risiko Rechtsanwalt, für Anwalt und Mandant. Auch auf Partys muss man aufpassen.

Auch nach dem Ende des Mandats

Tempore hostilitatis non currit praescriptio.
Solange gekämpft wird, läuft die Verjährung nicht.
Dekretalen 2.26.10

Die Spedition in Hamburg hatte es nicht leicht. Herr Gerster hatte seine Firma Anfang Juli 1991 gegründet, zwei große Lastkraftwagen gekauft, mit Anhängern und auf Kredit, die Aufträge kamen nicht so, wie er dachte, und die Zahlungsmoral der Kunden war schlecht. Das fing schon an mit seinem ersten Auftrag, einem Transport mit beiden Lkws nach Frankreich für eine Motorenfabrik in Kiel. Zwei Mahnungen blieben ohne Antwort, und schließlich gab er einen Auftrag an den Kieler Rechtsanwalt Muthesius. Der schrieb im Dezember 1991 einen Brief an die Fabrik mit der Aufforderung, endlich die 116 000,– DM zu zahlen, zuzüglich 1142,– DM Anwaltskosten plus Mehrwertsteuer. Die Motorenfabrik rührte sich nicht. Damit schien die Sache für den Anwalt erst mal erledigt. Dann rief ihn drei Monate später ein Herr Körner an. Die Spedition Gerster hätte Konkurs angemeldet. Er sei seit gestern der Konkursverwalter und wolle mal hören, was denn inzwischen mit den 116 000,– DM von der Motorenfabrik geschehen sei. Er müsse die offenen Rechnungen eintreiben. Anwalt Muthesius entschuldigte sich. Er hätte von denen nichts mehr gehört, werde sich aber sofort darum kümmern und schnell wieder melden. Das war am 26. März 1992. Am nächsten Tag schickte er eine zweite Zahlungsaufforderung an die Motorenfabrik und setzte eine Frist von zehn Tagen. Der Konkursverwalter erhielt eine Durchschrift des Briefes mit folgendem Begleitschreiben:

»Anlässlich Ihres Anrufs musste ich feststellen, dass die Angelegenheit hier bedauerlicherweise liegen geblieben ist. Ich habe, wie angekündigt, die Gegenseite wieder wie aus der Anlage ersichtlich angeschrieben.«

Die »Gegenseite« meldete sich wieder nicht, und Rechtsanwalt Muthesius ließ die »Angelegenheit« wieder liegen. Der Konkursverwalter auch. Aber im Februar des nächsten Jahres, 1993, schrieb er immerhin selbst einen Brief an die Kieler Motorenfabrik, forderte Zahlung und drohte eine Klage an. Nun meldete sich die »Gegenseite«, verweigerte die Zahlung und berief sich auf § 40 der KVO, der Kraftverkehrsordnung für den Güterfernverkehr mit Kraftfahrzeugen. Solche Forderungen aus Speditionsverträgen verjähren nämlich in einem Jahr, das beginnt »mit dem Ablauf des Tages, an dem das Gut zur Beförderung angenommen ist«.

Die Spedition Gerster hatte die Motoren am 21. Juli 1991 in Kiel abgeholt. Also begann die Verjährung für die 116000,– DM am 22. Juli 1991 und war abgelaufen am 22. Juli 1992. Nichts mehr zu machen. Die Forderung der Firma Gerster war nicht mehr zu retten. Die Übersicht:

21. 7. 91	Entstehung der Forderung
Nov. 91	Mandat an Rechtsanwalt Muthesius
Dez. 91	1. Zahlungsaufforderung durch den Anwalt
25. 3. 92	Konkurseröffnung der Firma Gerster
26. 3. 92	Anfrage des Konkursverwalters beim Rechtsanwalt
27. 3. 92	2. Zahlungsaufforderung durch den Anwalt
22. 7. 92	Verjährung der Forderung
Feb. 93	Zahlungsaufforderung durch den Konkursverwalter
März 93	Motorenfabrik beruft sich auf Verjährung

Herr Körner rief wieder an bei Anwalt Muthesius in Kiel und fragte, ob das richtig sei mit der Verjährung. Ja, sagte der. Das stimme. »Nun hört's aber auf«, meinte der Konkursverwalter. »Dann hätten Sie doch rechtzeitig klagen müssen. Als ich vor einem Jahr anrief, waren noch vier Monate Zeit.« Der Anwalt widersprach. Als er damals hörte, die Firma Gerster sei im Konkurs, habe er den Brief an die Motorenfabrik nur geschrieben, um Herrn Körner noch einen Gefallen zu tun. Denn mit der Eröffnung des Konkursverfahrens sei der Auftrag der Firma Gerster an ihn erloschen, der Anwaltsvertrag am 25. März des vorangegangenen Jahres beendet. Sein Brief vom 27. März sei eine Wiedergutmachung dafür gewesen, dass er das vorher vergessen habe. Das Mandatsverhältnis hätte schon nicht mehr bestanden. Das stehe in der Konkursordnung, und ein Konkursverwalter müsse das wissen. »Werfen Sie einen Blick ins Gesetz. Das fördert die Rechtskenntnis. § 23 Konkursordnung. Das Mandat war beendet, ich zu nichts mehr verpflichtet. Sie hätten sich selbst darum kümmern können. Vier Monate hatten Sie noch Zeit. Ein Mahnbescheid genügt, und die Verjährung ist unterbrochen. Dafür brauchen Sie keinen Anwalt.« Ende des Gesprächs. Herr Körner nimmt die Konkursordnung und liest § 23. Tatsächlich. Das Mandat war – wohl – beendet. Heute ist es die neue Insolvenzordnung, § 115. Aufträge in Vermögenssachen erlöschen mit der Eröffnung des Konkurses. Damals wie heute. Und der Anwaltsvertrag mit Herrn Muthesius war ein solcher Auftrag.

Der Konkursverwalter ging zum Hamburger Hausanwalt der Firma Gerster. Das hätte der Kieler Anwalt ihm doch wenigstens sagen müssen. Er hätte keine Ahnung gehabt von diesem § 40 KVO und der kurzen Verjährung von Speditionsforderungen. Der Hamburger Anwalt saß an seinem Schreibtisch, sah Herrn Körner an, dachte nach, bewegte seinen Kopf ein wenig nach rechts, dann nach links, wieder nach rechts, hielt an und sagte. »Sie können Recht haben. Dann haben Sie einen Schadensersatzanspruch gegen den Kollegen. Ganz sicher ist das nicht. Aber es gibt auch nach dem Ende von Verträgen noch Sorgfaltspflichten. Das könnte man hier annehmen. Wie die Gerichte entscheiden werden, weiß ich nicht genau. Es fängt an beim Landgericht Kiel, könnte weitergehen über das Oberlandesgericht Schleswig bis zum Bundesgerichtshof, beim Streitwert von 116 000,– DM. Ihre Chancen sind nicht schlecht. Etwa 60 zu 40. Aber vor Gericht und auf hoher See sind wir alle in Gottes Hand. Denken Sie nach. Muthesius hätte Sie wohl wirklich auf die Verjährung hinweisen müssen. Wenn Sie einen Anwalt in Kiel brauchen, kann ich Ihnen einen nennen.«

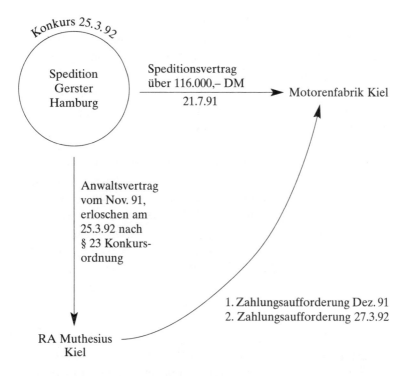

Herr Körner dachte nach. Dann ließ er sich den Anwalt in Kiel nennen und Klage erheben gegen Rechtsanwalt Muthesius auf Schadensersatz in Höhe von 116000,– DM. Er gewann den Prozess. Aber Muthesius legte Berufung ein beim Oberlandesgericht Schleswig. Das meinte, nach § 23 der Konkursordnung sei der Anwaltsvertrag beendet gewesen am 25. März 1992. Also kein Vertrag mehr und auch keine positive Vertragsverletzung. Kein Schadensersatz. Abweisung der Klage. Der Hamburger Anwalt meinte, Herr Körner solle weitermachen. Der beauftragte also einen Karlsruher Anwalt. Revision zum Bundesgerichtshof. Und er hat den Prozess endgültig gewonnen.

Der Bundesgerichtshof hat 1996 entschieden, das Mandatsverhältnis sei wohl tatsächlich nach § 23 Konkursordnung am 25. März 1992 beendet worden. Aber es gebe Sorgfalts- und Auskunftspflichten auch nach dem Ende des Mandats. Den zweiten Brief an die Motorenfabrik hätte Rechtsanwalt Muthesius nicht mehr schreiben müssen. Wohl aber den Konkursverwalter Körner darauf aufmerksam machen, dass in vier Monaten die Verjährung drohe und nur durch Mahnbescheid oder Klage unterbrochen werden könne. Die Spedition hätte erst kurz vor dem Auftrag der Motorenfabrik ihren Betrieb aufgenommen, konnte deshalb kaum etwas wissen von der kurzen Verjährung des § 40 KVO und ebenso wenig der Konkursverwalter. Wörtlich:

>»Dieser Umstand brauchte den Beklagten [Rechtsanwalt Muthesius, U. W.] zwar nicht veranlassen, sich nach Vertragsende weiter um die Durchsetzung der Forderung zu bemühen; insoweit hat er in seinem Schreiben vom 27. 3. 1992 mehr übernommen, als... nötig gewesen wäre. Der Beklagte hätte sich darauf beschränken dürfen, den... Konkursverwalter auf den drohenden Ablauf der Verjährungsfrist und die rechtliche Möglichkeit zu deren Unterbrechung sowie darauf hinzuweisen, dass bisher nichts in dieser Richtung geschehen sei.«

Rechtsanwalt Muthesius ist zu 116000,- DM Schadensersatz verurteilt worden. In vielen Fällen muss ein Anwalt eben aufpassen, auch nach dem Ende des Mandats.

Anwaltskammern und Ehrengerichte

Illiacos intra muros peccatur et extra.

Sünden werden begangen in Troja und
auch noch vor seinen Mauern.

Horaz, *Epistolae* 1.2.16

Bis zum Erlass der Rechtsanwaltsordnung von 1878 sind es fast überall in Deutschland die Gerichte gewesen, die das Verhalten von Anwälten überwacht haben. Mit vielfältigen Maßnahmen wurden sie diszipliniert nicht nur wegen Fehlern ihrer beruflichen Tätigkeit bis zur Kleiderordnung, auch wegen mangelnder Moral im privaten Leben. Der Kampf um die freie Advokatur war immer verbunden mit der Forderung nach Freiheit von staatlicher Gängelung. Die Anwälte wollten Selbstverwaltung und Selbstdisziplin. Vorbild war Frankreich. Anwälte sind dort zwar erst mal abgeschafft worden nach der Revolution von 1789, denn freie Bürger sollten sich selbst vertreten vor Gericht. Aber bald merkten auch die Revoluzzer, dass es oft nützlich und notwendig ist, wenn jemand fachkundig beraten und vor den Gerichten vertreten wird. Also gab es bald wieder Anwälte, genau seit dem 18. März 1800 – nach damaliger Zählung der 27. Ventôse VIII –, und sie waren organisiert in Selbstverwaltung von Anwaltskammern mit eigener Disziplinargewalt, *chambres des avoués*. Das wollten die deutschen Liberalen auch. Freiheit vor staatlichem Einfluss, der immer verbunden war mit politischer Disziplinierung. 1878 – in der Reichsrechtsanwaltsordnung – ist das nur ungenügend gelungen. Denn das Bismarckreich war immer noch ein autoritärer Staat. Manche Historiker sprechen sogar von einer Militärdiktatur, die nur leicht gemildert war durch ein Parlament.

Dieses Parlament – der Reichstag – hat in der Rechtsanwaltsordnung zwar Anwaltskammern eingeführt neben der freien Advokatur, ihnen aber letztlich keine eigene Disziplinargewalt gegeben wie in Frankreich. Sodass man sich bis heute fragen muss, was denn eigentlich ihre Funktion ist. Letztlich entscheiden auch heute noch staatliche Richter, ob Disziplinarmaßnahmen angeordnet werden oder nicht.

Es gibt seit 1878 Anwaltskammern, eine in jedem Bezirk eines Oberlandesgerichtes. In der Bundesrepublik sind es 28, dazu die »Dachorganisation« der Bundesrechtsanwaltskammer – BRAK – in Berlin. Jeder Anwalt ist mit seiner Ernennung automatisch Mitglied der Kammer seines Bezirkes, ob er will oder nicht. Muss jährlich einige hundert Mark Beiträge zahlen, darf an den Mitgliederversammlungen teilnehmen und den Präsidenten und Mitglieder des Vorstands wählen, kann natürlich auch gewählt werden. Und was machen die da? Dazu eine Broschüre der Bundesrechtsanwaltskammer von 1997, *Ihr Anwalt – Ihr Recht. Die deutschen Anwälte stellen sich vor*, die an die Anwälte gegeben wurde, damit die sie ihren Mandanten geben (S. 14):

> »Zum Aufgabenbereich der Rechtsanwaltskammern gehören nicht nur Organisation und Verwaltung ihrer Mitglieder, sondern auch die Überwachung berufsrechtlicher Vorschriften, die Ernennung von Fachanwälten und die Fortbildung der Anwaltschaft. Das Recht der Selbstverwaltung der Anwaltschaft gewährleistet ihre Unabhängigkeit von staatlicher Einflussnahme und sichert damit die hervorgehobene Stellung des Rechtsanwalts als unabhängiges Organ der Rechtspflege.
>
> Auch Sie können sich jederzeit an die Rechtsanwaltskammern wenden. Bei Uneinigkeit über die Gebühren hilft Ihnen die Kammer durch Rat oder Schiedsgutachten. Wenn ein Anwalt gegen seine Berufspflichten verstößt, können Sie sich bei der Kammer beschweren. Zudem sorgt die Kammer dafür, dass Ihr Anwalt haftpflichtversichert ist, damit Sie im Fall eines Schadens wegen falscher Beratung oder Vertretung nicht leer ausgehen.«

Die Unabhängigkeit von staatlichem Einfluss ist wichtig. Da hat die Broschüre Recht. Denn der Anwalt muss für seinen Mandanten eintreten nicht nur bei zivilrechtlichen Streitigkeiten gegen

Privatleute oder Firmen, sondern oft auch gegen den Staat. Im Strafprozess muss er ihn verteidigen gegen den staatlichen Strafanspruch, vor Verwaltungsgerichten wendet er sich für ihn gegen Maßnahmen oder Versäumnisse der Verwaltung, und auch in der Zivilgerichtsbarkeit muss er vorgehen gegen fehlerhafte Entscheidungen von Richtern. Es ist seine Pflicht, die Interessen seines Mandanten auch gegen den Staat wahrzunehmen. Und immer besteht die Gefahr, dass staatliche Instanzen gegen ihn zurückschlagen mit der Begründung, nicht sie hätten Fehler gemacht, sondern er. Das war die alte Disziplinierung von Anwälten durch staatliche Gerichte bis ins 19. Jahrhundert. Also Selbstverwaltung und Selbstdisziplinierung durch Kammern. Erst dadurch wird die Anwaltschaft wirklich unabhängig und frei. So weit, so gut. Aber wenn man dieses wichtigste Fundament ihrer Unabhängigkeit etwas genauer betrachtet, sieht es nicht ganz so gut aus. Also die Ehrengerichtsbarkeit, wie es bis 1994 hieß. Jetzt nennt man sie anwaltsgerichtliches Verfahren, weil Ehre ein Begriff der Vergangenheit ist und Disziplinarverfahren gegen Anwälte bei uns grundsätzlich nur noch geführt werden wegen beruflichen Fehlverhaltens und nicht – wie zum Beispiel in Frankreich – wegen moralischer Verfehlungen im Privatleben. Und wer entscheidet in diesem Verfahren? Wirklich die Anwälte selbst? Also die Kammern? Wie in Frankreich und anderswo? Und wer leitet sie ein? § 121 Bundesrechtsanwaltsordnung:

»Das anwaltsgerichtliche Verfahren wird dadurch eingeleitet, dass die Staatsanwaltschaft bei dem Anwaltsgericht eine Anschuldigungsschrift einreicht.«

Wundervoll, nicht wahr? Der Staat leitet das Verfahren ein, nicht die Kammer. Seit 1878. Ein tolles Stück. Es nennt sich Selbstverwaltung und Unabhängigkeit der Anwaltschaft. Allerdings hat es sich seit damals ein wenig geändert. Erstens kann die Kammer heute dem Anwalt eine Rüge erteilen, ohne einen Staatsanwalt zu bemühen. Gegen die Rüge ist Einspruch des Anwalts möglich beim Anwaltsgericht, und dann kommt es zum Verfahren ohne den Staat. Zweitens hat die Kammer das Recht, beim Staatsanwalt den Antrag zu stellen, dass ein Verfahren eingeleitet wird gegen einen Anwalt. Weigert der sich, kann sie beim Anwaltsgericht eine Entscheidung darüber erzwingen, ob ein Verfahren durchgeführt wird oder nicht.

Und wer ist das Anwaltsgericht? Seit 1878 sind es in der ersten Instanz nur Anwälte, die von den Kammern benannt werden. Damals fünf, heute drei. Damals gab es nur zwei Instanzen, heute drei. Damals Ehrengericht und Ehrengerichtshof. Heute Anwaltsgericht, Anwaltsgerichtshof und der Anwaltssenat beim Bundesgerichtshof. Und schon kommt der Pferdefuß zum Vorschein. Bundesgerichtshof. Ein staatliches Gericht. So, wie der Ehrengerichtshof damals ein Senat des Reichsgerichts in Leipzig gewesen ist. Und in beiden Fällen – Reichsgericht und Bundesgerichtshof – hatten und haben noch heute staatliche Richter die Mehrheit, jeweils mit vier zu drei. Vier staatliche Richter und drei Anwälte als Richter. Vorsitzender war damals der Reichsgerichtspräsident, heute ist es der Präsident des Bundesgerichtshofes. Nicht die Rechtsanwaltskammern entscheiden, sondern letztlich staatliche Richter. Es ist noch genauso wie unter Bismarcks gemäßigter Militärdiktatur. Über diese Abhängigkeit steht nichts in der Broschüre der Bundesrechtsanwaltskammer, sondern:

»Das Recht der Selbstverwaltung der Anwaltschaft gewährleistet ihre Unabhängigkeit von staatlicher Einflussnahme und sichert damit die hervorgehobene Stellung der Rechtsanwaltschaft als unabhängiges Organ der Rechtspflege.«

Der nächste Pferdefuß: das »unabhängige Organ der Rechtspflege«. So steht es im §1 der Bundesrechtsanwaltsordnung. Die Unabhängigkeit erweist sich als unvollständig. Und das Organ der Rechtspflege ist eine Erfindung des Ehrengerichtshofes am Reichsgericht von 1883 zur Disziplinierung von Anwälten. Rechte haben sich für sie daraus noch nie ergeben, nur Pflichten. Der Fall von 1883:

In einem Strafverfahren hatte ein Verteidiger immer wieder versucht, mit schnell aus der Tasche gezogenen Anträgen die Verkündung von Beschlüssen zu verhindern, die für seinen Mandanten hätten ungünstig werden können. Der Vorsitzende Richter ärgerte sich, erklärte die Sitzung für beendet und ließ den Saal räumen. Nun ärgerte sich der Verteidiger und forderte den Richter zum Duell heraus. Schon damals eine fragwürdige Antwort, die zu Recht ein Ehrengerichtsverfahren zur Folge hatte, beantragt vom Staatsanwalt. Das mit Anwälten besetzte Ehrengericht sah keine Verletzung von Pflichten des Verteidigers. Freispruch. Die Staatsanwaltschaft ging in die Revision zum Ehrengerichtshof beim Reichsgericht. Und der hat den Verteidiger mit einem Verweis bestraft:

»Auch der Rechtsanwalt ist Organ der Rechtspflege und berufen, eine unabhängige Rechtspflege zu fördern, namentlich auch dadurch, dass er die Achtung von den Trägern der richterlichen Gewalt und das Vertrauen, dass ihm gegen Unbilden des einzelnen Richters die Vorgesetzten desselben ausreichend Genugtuung gewähren werden, nicht aus dem Auge setzt.«

So sind die Anwälte zu Organen der Rechtspflege geworden und bis heute geblieben. Die Bundesrechtsanwaltsordnung hat allerdings das Wort »unabhängig« davor gesetzt. Was aber auch die Gerichte der Bundesrepublik nicht gehindert hat, den Begriff zu verwenden als Mittel der Disziplinierung. Es gibt aber auch noch andere Möglichkeiten. Dafür ein Beispiel aus jüngster Zeit: ein Zivilprozess vor einem Amtsgericht im Dezember 1983. Die mündliche Verhandlung ist beendet, und der Richter nennt als Termin für die Verkündung des Urteils den 1. Februar 1984. Aber es kommt nicht an diesem Tag, stattdessen ein Beschluss, mit dem der Termin verschoben wird um einen Monat. Der Richter ist nicht fertig geworden. Sagt, er sei überlastet. Das passiert noch dreimal. Schließlich soll das Urteil Ende August verkündet werden. Einer der Anwälte meint, das ginge zu weit, und schickt Anfang August eine Dienstaufsichtsbeschwerde an den Landgerichtspräsidenten, den Dienstvorgesetzten des Richters. Die Fotokopien der vier Verlegungen sind beigefügt, und – eine Packung Dextro Energen, ein Stärkungsmittel. Dazu die Bemerkung:

»Dies veranlasst uns zu dem nach Lage der Dinge sicherlich nicht mehr ungewöhnlichen Schritt, Sie zu bitten, die beigefügte Originalpackung Dextro Energen Ihrem offenbar vollkommen überlasteten Kollegen ... zur physischen Stärkung zu überreichen und diese Maßnahme vielleicht durch eine psychische Stärkung bewirkende Worte zu flankieren.«

Kurz danach kommt in der örtlichen Zeitung ein Artikel mit der Überschrift »Energie-Bonbons für einen Bummel-Richter« und dann ein Ehrengerichtsverfahren gegen den Anwalt. Mit der Begründung, er habe verstoßen gegen eine Pflicht, die seit 1994 ausdrücklich formuliert ist in § 43a der Bundesrechtsanwaltsordnung:

»Der Rechtsanwalt darf sich bei seiner Berufsausübung nicht unsachlich verhalten. Unsachlich ist insbesondere ein Verhalten, bei dem es sich um die bewusste Verbreitung von Unwahrheiten oder solche herabsetzenden Äußerungen handelt, zu denen andere Beteiligte oder der Verfahrensverlauf keinen Anlass gegeben haben.«

Das akzeptierten die Richter des Ehrengerichts. Sie erteilten ihrem Kollegen einen Verweis. Das ist die zweite Stufe der anwaltsgerichtlichen Sanktionen. Erstens Warnung, zweitens Verweis, drittens Geldbuße, viertens Verbot der Tätigkeit für eine bestimmte Zeit, fünftens Ausschluss aus der Anwaltschaft. Also hier ein Verweis. Das fand der Kollege falsch, hielt seine Beilage nicht nur für witzig, sondern auch sachlich für richtig, und ging in die Revision zum Anwaltssenat des Bundesgerichtshofes. Der bestätigte den Verweis, indem er die Revision ohne Begründung zurückgewiesen hat. Eins zu null für *law and order?* Nein. Der Anwalt legte Verfassungsbeschwerde ein gegen diesen Beschluss des Bundesgerichtshofes und hat gewonnen: Das Bundesverfassungsgericht hat den Verweis als verfassungswidrig aufgehoben (*Neue Juristische Wochenschrift,* 1989, Seite 3148):

»Der Ehrengerichtshof hat sich nicht damit auseinander gesetzt, dass die sachlich berechtigte Kritik des Beschwerdeführers in satirische Form gekleidet war. Er hat keine Unterscheidung zwischen dem erkennbaren Aussagekern und dessen satirischer Einkleidung getroffen. Der Aussagekern des Briefes des Beschwerdeführers enthält keine Missachtung des Richters, sondern weist nur auf dessen Versäumnisse in der Prozessführung oder Mängel in der Justizorganisation hin. Bei der Prüfung, ob die satirische Form als solche eine Beleidigung darstellt, hätte der Ehrengerichtshof berücksichtigen müssen, dass es zum Wesen der Satire gehört, mit Mitteln zu arbeiten, die übertreiben und in grotesker und verzerrender Weise pointieren und verfremden, was ein größeres Maß an Gestaltungsfreiheit voraussetzt. Auch wenn sich mit dem Schreiben eine gewisse Polemik verband, ging es dem Beschwerdeführer doch unverkennbar nicht um die private oder persönliche Herabsetzung des Richters, sondern um eine Kritik, die zu den legitimen Aufgaben eines Anwalts gehört und deshalb im Lichte der grundrechtlich geschützten Berufsfreiheit gewürdigt werden muss.«

Über den Sinn von Ehrengerichtsverfahren kann man also streiten, auch wenn sie jetzt einen anderen Namen haben. Manche haben schon vorgeschlagen, sie ganz abzuschaffen. Die normale Justiz bei wirklichen Gesetzesverstößen dürfte ausreichen. Im Übrigen haben die Kammern dabei auch nur eine begrenzte Kompetenz und inzwischen eine große Zahl anderer sinnvoller Aufgaben gefunden. Die Interessenvertretung nach außen beispielsweise, die Fortbildung in Kursen und Seminaren, die Ernennung von Fachanwälten. Und nicht nur das. Das Wunder des Hauses Brandenburg kam 1998. *Le miracle de la maison de Brandebourg.* Eine Ergänzung der Bundesrechtsanwaltsordnung durch Gesetz des Bundestages vom 31. August 1998, § 224a, »Übertragung von Befugnissen auf die Rechtsanwaltskammern«. Sie ist nun in allen Bundesländern vollzogen. Nicht mehr der Justizminister ist zuständig für die Zulassung zur Anwaltschaft, sondern die Rechtsanwaltskammer. Der Staat hat sich aus dem Geschäft tatsächlich zurückgezogen. Die Anwaltschaft ernennt ihre Anwälte selbst. Echte Selbstverwaltung. Wie in vielen anderen Ländern auch.

Die wunderbare Einbauküche

> *Qui transigit, quasi de re dubia et lite incerta neque finita transigit.*
>
> Wer einen Vergleich schließt, beendet den Streit über einen unsicheren Anspruch und einen Prozess mit ungewissem Ausgang.
>
> Ulpian, *Digesten*, 2. Buch, 15. Titel, 1. Fragment (Ulp. D. 2.15.1)

Das war schon lange der Traum des Ehepaars. Nicht nur ein Eigenheim im Grünen, sondern dazu eine Einbauküche mit allem Komfort, altes Holz, moderne Geräte, Naturstein als Spülbecken und Arbeitsplatte, überall Marmor an der Wand, ein schöner alter Kamin, Kronleuchter, Sitzecke mit Fernseher, und alles vom Feinsten. Walter Dähne hatte in den letzten Jahren gut verdient, und nun war es so weit. Oben am Killesberg in Stuttgart hatte er das Haus gekauft und sich umgesehen unter den Firmen der Stadt, die spezialisiert sind auf die Einrichtung von guten Küchen. Am besten schien ihm das Küchenstudio Nord. Die Verhandlungen dauerten ein paar Tage. Man sah sich gemeinsam den Raum der Küche an, oben am Killesberg mit Blick in den Garten. Frau Dähne machte eine Skizze, wie sich die beiden ihren Traum vorstellten und was wohin sollte. Küchenstudio Nord ergänzte sie zu einem genauen Plan mit einem Kostenvoranschlag, und dann unterschrieben sie den Vertrag im Juli 1995. Kein schlechter Preis, den Walter Dähne dafür zu zahlen hatte, 95 000,– DM. Es war eben eine wunderbare Einbauküche, die von der Firma geliefert und montiert wurde zwei Monate später. Schon zu Anfang gab es einige Schwierigkeiten. Die Schubladen waren nicht ganz nach dem Wunsch der Familie, die indirekte Beleuchtung über Herd und offenem Grill war nicht hell genug und anderes mehr. Die Firma Küchenstudio Nord besserte nach, Herr Dähne zahlte, der Fernseher kam in den schönen Einbauschrank aus altem Holz neben der gepolsterten Sitzecke, der Kronleuchter an die Decke, und dann ging es los mit dem Ärger. Walter Dähne meldete sich mit immer neuen Reklamationen beim Küchenstudio Nord: Der Geschirrschubwagen schließt nicht richtig, Risse sind im Waschbecken, der Deckel über dem offenen Grill klemmt, die Türen der Einbauschränke sind verzogen, die Regale drinnen sitzen nicht genau. Überhaupt die gerade Linie. Die Oberschränke haben nicht eine gleichmäßige Tiefe, die Spülmaschine steht einen Zentimeter weiter nach vorn als die Schubladen daneben, die Bank der Sitzecke schließt nicht genau ab mit dem daneben stehenden Kamin, die Schalter für die elektrischen Kochplatten sitzen schief, der Dunstabzug hat einen Riss von einem Millimeter und so weiter und so weiter.

Man verhandelt. Der Chef vom Küchenstudio kommt, schickt seine Leute, die bessern nach, aber Dähnes werden immer unzufriedener mit der Arbeit. Die Firma bietet eine einmalige Rückzahlung von 6000,- DM an für mögliche Fehler, die sie im Übrigen nicht anerkennt. Dähnes seien übergenau, altes Holz sei nun mal nicht perfekt, aber sie hätten es doch so gewollt. Also 6000,- DM, denn das Küchenstudio möchte endlich seine Ruhe haben. Walter Dähne reagiert nicht und ruft stattdessen einen Gutachter. Der Gutachter kommt, sieht sich alles genau an, schreibt einen langen Brief mit 22 Positionen fehlerhafter Arbeit des Küchenstudios und erhält ein Honorar von 1500,- DM. Mit diesem Bericht geht Herr Dähne zu seinem Anwalt. Der liest. Die Kosten für die Beseitigung der Fehler ergeben zusammengerechnet die Summe von 31 000,- DM. Steht im Gutachten. Man könnte auf Schadensersatz klagen, meint der Anwalt. Denn das ist ja wohl alles vom Küchenstudio falsch gemacht, schadhaft. Herr Dähne sagt, er solle das machen. Also erst mal ein Schreiben mit der Forderung auf Zahlung von 32 500,- DM – Schadensersatz plus Kosten für das Gutachten – und Klage, wenn das Küchenstudio nicht freiwillig zahlt. Im März 1997 reicht Anwalt Dahlhaus Klage ein beim Landgericht Stuttgart. Anwalt Jokel, Vertreter des Küchenstudios, meldet sich beim Gericht und schreibt eine lange Klageerwiderung. Die Klage sei völlig unbegründet aus mehreren Gründen.

Der Kläger Walter Dähne habe bald nach Fertigstellung mit

Unterschrift bestätigt, dass alles ordnungsgemäß geliefert und eingebaut worden sei und keine weiteren Mängel ersichtlich wären. Eine so genannte Abnahmebestätigung. Außerdem seien die beanstandeten Fehler keine wirklichen Fehler, könnten entweder mühelos in wenigen Stunden behoben werden oder würden der vereinbarten Planung entsprechen oder beruhten einfach darauf, dass Naturstein und altes Holz verwendet wurden wie von vornherein vorgesehen. Naturstein und altes Holz hätten eben immer einige Unregelmäßigkeiten und seien nicht so perfekt wie neues Material. Und so weiter. 35 Seiten, noch etwas länger als die Klageschrift. Der Anwalt von Herrn Dähne schreibt wieder zurück, und schließlich trifft man sich in einer mündlichen Verhandlung vor dem Landgericht. Ein Richter, das Ehepaar Dähne mit seinem Anwalt und für das Küchenstudio der andere Anwalt. Der Richter zweifelt, ob alles begründet ist, was in der Klage geltend gemacht wird. Auf der einen Seite wohl wirklich einige Fehler des Küchenstudios Nord, auf der anderen aber auch viele Kleinigkeiten, die keine Rolle spielen. Das Ehepaar Dähne scheint ihm etwas zu penibel. In seiner eigenen Küche ist auch nicht alles perfekt, und er fühlt sich trotzdem sehr wohl. Sie hat allerdings auch nicht 95000,- DM gekostet. Man spricht noch über das Gutachten, das nicht in Ordnung sei, wie Anwalt Jokel meint, über die Möglichkeit von Schadensersatz nach Abnahme, über Verjährung und einige Einzelheiten der Fehlerliste. Auch die Fotografien werden angesehen, die der Klageschrift beigelegt waren. Soll man noch einen gerichtlichen Gutachter bestellen? Nein, meint der Richter und macht einen Vorschlag. Die Parteien sollten einen Vergleich schließen, das Küchenstudio 8000,- DM an Herrn Dähne zahlen, und dann sei die Angelegenheit erledigt. Herr Dähne geht leicht in die Luft. Er will sein Recht. Anwalt Dahlhaus beruhigt ihn und sagt zum Richter, man werde darüber nachdenken. Auch der Anwalt des Küchenstudios ist einverstanden, die mündliche Verhandlung beendet, wird vertagt auf November 1998. Bis dahin hätten die Parteien Zeit zu überlegen.

Einen Tag später schreibt Rechtsanwalt Jokel an das Gericht, das Küchenstudio sei höchstens bereit zu einem Vergleich in Höhe von 7000,- DM. Am selben Tag sitzen Herr und Frau Dähne bei ihrem Anwalt. Er sagt ihnen, es sähe nicht so gut aus. Nicht nur die juristischen Fragen seien schwierig. Mit Sicherheit würde das Küchenstudio einen unabhängigen Gutachter durch das Gericht beantragen, und es sei nicht sicher, was der dann sagen würde. Er rate zu einem Vergleich. Und wusste, was kommen würde, nämlich helle Empörung beim Ehepaar Dähne. Am heftigsten äußerte sich die Ehefrau: »Wir sind doch in einem Rechtsstaat«, war ihr erster Satz, ziemlich laut, und das Wort »Rechtsstaat« kam dann noch öfter in der nächsten halben Stunde. »Das kommt überhaupt nicht in Frage«, meinte Herr Dähne, ruhig, aber ebenso entschieden. Er sei doch schließlich im Recht. Alles Pfusch. Kein Kompromiss, und Anwalt Dahlhaus hatte einen schweren Stand.

So ist es meistens, wenn Anwälte ihren Mandanten zu einem Vergleich raten. Auch, wenn er vernünftig ist wie hier. Denn tatsächlich war wohl nicht alles korrekt gemacht vom Küchenstudio, aber die Beanstandungen auch nicht ohne Übertreibung. Es gibt eben viele Fälle, in denen man nicht eindeutig sagen kann, das Recht sei ganz auf der Seite des einen oder des anderen. Und dann ist es richtig und vernünftig, sich ungefähr in der Mitte zu treffen. Schon im alten Rom ist es so gewesen, wo unser Recht seinen Anfang hat. Selbst in Stammesgesellschaften weiß man das. Bei den Papua auf Neuguinea gibt es ein Wort für Recht, *uta uta*, das wörtlich übersetzt »halbe-halbe« bedeutet. *Uta uta*. Das wusste Anwalt Dahlhaus natürlich nicht, aber er versuchte sein Bestes. Vergebens. Die Mandanten wollten im Rechtsstaat ihr Recht, und also schrieb er an das Landgericht, für den Kläger sei ein Vergleich leider nicht möglich.

Leider. Denn tatsächlich hat solch ein Vergleich auch Vorteile für das Gericht und die Anwälte. Für das Gericht bedeutet er, dass der Vergleich protokolliert wird und damit das Verfahren beendet ist. Der Richter braucht nicht weiter zu verhandeln, langwierige Beweisaufnahmen durchzuführen, und – ganz entscheidend – er braucht nicht eine lange Urteilsbegründung zu schreiben. Der Anwalt erhält eine zusätzliche Gebühr, insgesamt drei nach der Tabelle der BRAGO: Prozessgebühr, Verhandlungsgebühr, Vergleichsgebühr. Ergeht ein Urteil, bekommt er nur zwei. Nehmen wir mal an, das war für Anwalt Dahlhaus hier nicht das Motiv,

sondern wirklich vernünftig, den Mandanten den Vergleich zu empfehlen.
Also neue mündliche Verhandlung im November. Die Beteiligten wie vorher, aber auch der Chef des Küchenstudios war gekommen. Dann wurde es ernst. Der Richter lässt erkennen, seiner Meinung nach sei die Klage gegen das Küchenstudio weitgehend unbegründet. Das ergebe sich aus dem ganzen Zusammenhang, besonders aus den sehr genauen Farbfotos. Er rät zu einem Vergleich. Der Chef des Küchenstudios ist prinzipiell einverstanden. Die Eheleute Dähne sind empört. Protestieren ziemlich laut, und ihr Anwalt bittet um eine kurze Unterbrechung, um sich mit ihnen auf dem Flur zu beraten. Das Gericht macht eine Pause.
So ist das eben, wenn man auf dem Flur eines ungemütlichen Gerichtsgebäudes steht und mit Mandanten reden muss, die meinen, ein Vergleich sei das Eingeständnis von Unrecht, eine Niederlage, blamabel. Man ist doch im Recht. Wieso soll man da nachgeben? Und sie können nicht verstehen, dass ihr Anwalt das nicht versteht. »Kommt überhaupt nicht in Frage«, sagt Herr Dähne, »alles Pfusch.« »Wir sind doch in einem Rechtsstaat«, erregt sich Frau Dähne. Anwalt Dahlhaus versucht ihnen klarzumachen, das auch in juristischen Auseinandersetzungen die Wahrheit oft in der Mitte liegt. Wie bei persönlichen Streitigkeiten. Selten ist einer allein schuld. Und es sehe jetzt hier vor Gericht eben tatsächlich schlecht aus. Sie hätten doch den Richter gehört. In der nächsten Instanz vor dem Oberlandesgericht seien die Chancen wahrscheinlich auch nicht besser. Wenn man jetzt noch einen Vergleich über 9000,- DM erreichen könne, sei das seiner Meinung nach ein guter Erfolg. Sonst würden sie noch viel mehr Geld verlieren. Also gut, meint Herr Dähne und sieht sich sogar von seinem Anwalt verlassen. Er ist Techniker und etwas realistischer als seine Frau. Auch die lenkt schließlich ein. Zähneknirschend.
Es wird noch ein wenig verhandelt vor Gericht, und tatsächlich, Anwalt Dahlhaus erreicht mit der Gegenseite und mit Hilfe des Gerichts einen Vergleich. Das Küchenstudio muss 9000,- DM zahlen an das Ehepaar. Jeder trägt seine Anwaltskosten selbst, Dähnes übernehmen die Gerichtskosten. Die Sitzung ist geschlossen. Ein vernünftiger Vergleich.

Wenig später kommt das Geld vom Küchenstudio auf Dähnes Konto, aber auch zwei Rechnungen. Gerichtskosten etwas über 500,– DM, Anwaltskosten für Herrn Dahlhaus fast 4200,– DM. Ihnen bleiben von den 9000,– DM im Vergleich also nur 4300,– DM. Und wieder sinkt die Stimmung ganz tief in der wunderbaren Einbauküche da oben auf dem Killesberg in Stuttgart. »Die Anwaltskosten zahlen wir nicht«, sagt Herr Dähne zu seiner Frau. »Der Dahlhaus hat uns falsch beraten.«

Anwalt Dahlhaus wartet noch ein Jahr auf sein Honorar. Dann schreibt er einen Brief und kriegt eine patzige Antwort. Falsche Beratung. Wir zahlen nicht. Schließlich klagt er nach einiger Zeit gegen seinen Mandanten auf Zahlung der Anwaltskosten von 4164,– DM vor dem Amtsgericht. Wieder mündlicher Termin. Wieder Verhandlung vor einem Gericht. Diesmal Anwalt gegen Mandant. Was selten vorkommt. »Er hat uns falsch beraten, und wir haben einen großen Verlust gehabt«, sagt Herr Dähne der Richterin am Amtsgericht. Und wieder dasselbe Spiel. Sie macht einen Vorschlag für einen Vergleich. Herr Dähne soll vier Fünftel der Anwaltskosten zahlen, Anwalt Dahlhaus auf ein Fünftel verzichten. Immerhin 833,– DM. Aber nun hat Herr Dähne endgültig genug von Vergleichen. Denn er ist doch wieder im Recht, lehnt ab, und das Urteil, das dann ergeht, gibt dem Anwalt Recht. Er erhält seine Gebühren von 4164,– DM, und Herr Dähne muss nicht nur zusätzliche Gerichtskosten zahlen, sondern auch neue Gebühren für den Anwalt, denn, so steht es in der Zivilprozessordnung in § 91, auch wenn er in eigener Sache auftritt, kann er dafür ein Honorar verlangen. Dadurch, dass Herr Dähne den Vergleich ablehnte, hat er noch mal 800,– DM verloren. »Was lernt uns das?« Die Papua auf Neuguinea haben meistens Recht. *Uta uta.* Es ist keine Schande, einen Vergleich zu schließen, und meistens billiger.

Der Fehler mit dem Steuerrecht

Sero venientibus ossa.

Wer nicht kommt zur rechten Zeit,
der muss nehmen, was übrig bleibt.

Erasmus, *Adagia* 4.3.97

Einer hatte es kommen sehen: Ernst Heinitz, Präsident der Berliner Anwaltskammer. 1920 schrieb er einen Artikel in der Festschrift für den Verleger der *Deutschen Juristen-Zeitung*, sprach von einer »Schicksalsstunde der Rechtsanwaltschaft« und fragte,

»ob sie den Willen und Befähigung besitzt, sich zum hervorragendsten Träger und Verfechter des steuerlichen Rechtsschutzes zu machen und damit ein Tätigkeitsfeld zu gewinnen, das wenn auch nicht unbegrenzte Möglichkeiten so doch weitgehende Perspektiven eröffnet.«

Er meinte die Erzberger'sche Finanzreform. Matthias Erzberger war ein außerordentlich fähiger, aber ungeliebter Politiker der katholischen Zentrumspartei. 1921 haben ihn Rechtsextremisten ermordet, weil er in der Reichsregierung die Annahme des Versailler Friedensvertrages durchgesetzt hatte. Seine größte Leistung war die Finanzreform, eine völlige Umkehr der bisherigen Steuerverteilung, nämlich zu Gunsten des Reichs und auf Kosten der Länder, auch heute noch Grundlage der Finanzordnung des Grundgesetzes. Ihr Kernstück war die neue Abgabenordnung, 1919 vom Reichstag beschlossen. Ernst Heinitz meinte § 88 dieses Gesetzes. Dort war die Beratung und Vertretung in Steuerangelegenheiten geregelt. Seit fast 30 Jahren gab es Steuererklärungen, die für Durchschnittsbürger und auch für Betriebe kompliziert gewesen sind. Deshalb hieß es im § 88, man könne Steuererklärungen auch durch andere machen lassen, so genannte »Bevollmächtigte«, und sich später von ihnen vor den neuen Finanzgerichten vertreten lassen. Das Finanzamt könne allerdings Bevollmächtigte zurückweisen, wenn sie unfähig seien. Weiter:

»Dies gilt nicht für Rechtsanwälte sowie ... für Personen, die von einem Landesfinanzamt zugelassen worden sind.«

In erster Linie sollten es Rechtsanwälte sein. Es ging ja um komplizierte Fragen des Steuerrechts. Aber in zweiter Linie konnten es auch andere sein, ohne festes Berufsbild, und sie konnten vom Finanzamt und von den Finanzgerichten nicht mehr zurückgewiesen werden, wenn ein Landesfinanzamt – heute entspricht das der Oberfinanzdirektion – sie nach Prüfung ihrer Sachkunde zugelassen hatte. Sie waren damit den Anwälten im Steuerrecht gleich gestellt. Die Morgenröte für die Steuerberater von heute. Heinitz sah diese Gefahr und warnte die Anwälte: »Lasst euch von denen nicht eine der wichtigen Aufgaben der Zukunft nehmen, das Steuerrecht.« Er warnte vergeblich. Die Anwälte wollten nicht.

Sie wollten schon seit fast 30 Jahren nicht. Damals war es eine andere entscheidende Veränderung des Steuerrechts, die bis heute nachwirkt. Erzberger ging es um die Veränderung der Verteilung zwischen dem Reich und den Ländern. Deshalb führte er eine einheitliche Abgabenordnung für das ganze Deutsche Reich ein. 30 Jahre zuvor hat man das Fundament der Einnahmen neu gebaut: die Miquel'sche Steuerreform von 1891 in Preußen, der die anderen deutschen Länder schnell gefolgt sind. Bis dahin war der Staatshaushalt im Wesentlichen finanziert worden über indirekte Steuern. Die wurden von den Bürgern nicht direkt in die Staatskasse gezahlt, sondern erst mal an die Händler, zum Beispiel beim Kauf von Tabak, Branntwein oder Bier. Und die Steuern gelangten erst auf diesem Umweg in die Kassen des Staates, über den Händler, seinen Lieferanten oder Fabrikanten. Auch die Umsatzsteuer gehört dazu. Steuern, die direkt vom Bürger an den Staat gezahlt wurden, spielten nicht die große Rolle. Am Anfang war es die Kopfsteuer, die für alle gleich gewesen ist, für Arme und Reiche. Also ungerecht. Diese Ungerechtigkeit wurde etwas gemildert durch die Klassensteuer im 18. und 19. Jahrhundert. Mit einer groben Schätzung durch Steuerkommissionen sind die Bürger eingeteilt worden in neun oder zehn Klassen, von ganz arm bis sehr reich. Die Reichen mussten zum Beispiel 1000 Gulden jährlich zahlen, die Armen nur zehn. Aber auch das war noch zu pauschal und verbunden mit Ungerechtigkeiten. Die richtige und gerechteste Lösung fand der preußische Finanzminister Johannes von Miquel. Sie hieß Einkommenssteuer statt Klassensteuer. Also Besteuerung nach dem individuellen Einkommen.

Und nun wurde es kompliziert. Das preußische Gesetz über die Klassensteuer hatte zehn Paragraphen. 88 waren es schon im Einkommenssteuergesetz von 1891. Der Schwierigkeitsgrad stieg besonders dadurch, dass jetzt Einkommenssteuererklärungen abgegeben werden mussten mit vielen Abzugsmöglichkeiten beruflicher und persönlicher Art. Für Inhaber kleiner und mittlerer Betriebe brauchte man außerdem Kenntnisse im betrieblichen Rechnungswesen, also in der Buchhaltung. Schon damals konnten »Bevollmächtigte« zu Hilfe gerufen werden für diese Steuererklärungen. So stand es im preußischen Einkommenssteuergesetz, und von Miquel – als früherer Anwalt – hatte natürlich an Steuerjuristen gedacht mit akademischer Ausbildung. Aber nur wenige Rechtsanwälte waren bereit, sich mit diesen Fragen zu befassen, die eine Mischung waren aus juristischen und ökonomischen Problemen. Das hatten sie nicht gelernt auf ihren Universitäten und im Dienst als Referendare. Also drängten die alten »Rechtskonsulenten« in diese Lücke, Rechtsbeistände, die nicht studiert, aber seit alten Zeiten neben den akademischen Juristen rechtlichen Rat gegeben hatten und in Sachsen ganz offiziell als »Winkeladvokaten« bezeichnet wurden. Ältere Bürovorsteher aus Rechtsanwaltskanzleien waren es zum Beispiel, oder jetzt – für die Steuer – ehemalige Buchhalter aus Betrieben. So entstanden neben der Anwaltschaft selbstständige Steuerberater schon vor dem Ersten Weltkrieg, zum Teil mit großem Erfolg, aber erst mal ohne sichere juristische Grundlage für ihre Tätigkeit. Das änderte sich 1919 mit § 88 der Abgabenordnung, die ihnen eine vorsichtige Gleichstellung mit den Rechtsanwälten brachte, wenn sie von den Landesfinanzämtern anerkannt waren. Nun hätten die Anwälte aufwachen müssen. Aber sie schliefen weiter bis auf einige wenige. Die durften sich später Fachanwälte für Steuerrecht nennen, seit 1930. Die erste Fachanwaltsbezeichnung, die von den Nationalsozialisten aber abgeschafft und erst in der Bundesrepublik wieder eingeführt wurde.

Die seit 1891 mit der Miquel'schen Steuerreform entstandene Lücke blieb, weil die große Zahl der Anwälte sich weiter zurückhielt. Sie wurde jetzt über § 88 Abgabenordnung offiziell gefüllt durch andere, die von den Landesfinanzämtern zu Bevollmächtigten ernannt wurden. Sie hatten keine juristische Ausbildung, aber meistens kaufmännische Kenntnisse, die fast genauso wichtig waren. Bücherrevisoren, Volkswirte, Diplomkaufleute, Diplomsteuersachverständige der Handelshochschule Leipzig und – wohl die größte Gruppe – die alten Rechtskonsulenten. Ein buntes Volk aus verschiedenen Richtungen, jeweils mit eigenen Verbänden. Am Beginn der Weimarer Republik waren es etwa 500, am Ende über 10000. Die »Schicksalsstunde der Rechtsanwaltschaft« blieb ungenutzt, und die Folge ist jener Beschluss des Deutschen Anwaltvereins von 1932 mit der Forderung nach einem Numerus clausus gewesen, weil die Zahl der Anwälte sich inzwischen verdoppelt und zu einer »Anwaltsnot« geführt hatte. Das bunte Volk der zehntausend ist von den Nationalsozialisten sehr schnell vereinigt worden, im Mai 1933 mit einem »Gesetz über die Zulassung von Steuerberatern«. Das hatte natürlich ein politisches Ziel, nämlich den Ausschluss von Juden. War aber der endgültige Abschluss jener Entwicklung, dass sich nun neben der Anwaltschaft eine klar definierte Gruppe gebildet hatte, die zuständig war für das Steuerrecht. Heute gibt es eine Bundessteuerberaterkammer, die eine Körperschaft des öffentlichen Rechts ist wie die Bundesrechtsanwaltskammer, und daneben einen Deutschen Steuerberaterverband als Parallele zum Deutschen Anwaltverein. Ihr Honoraraufkommen ist etwa genauso hoch wie das der Anwälte, vielleicht sogar noch höher, wenn man die daneben existierenden Steuerbevollmächtigten und Steuerberatungsgesellschaften dazu nimmt. Mit anderen Worten, die Anwälte haben damals einen Fehler gemacht. Ernst Heinitz konnte ihn nicht verhindern. Bleibt ein schwacher Trost, dass es heute im Steuerberatungsgesetz immer noch heißt, in § 3:

»Zur geschäftsmäßigen Hilfeleistung in Steuersachen sind befugt:
1. Steuerberater, Steuerbevollmächtigte und Steuerberatungsgesellschaften,
2. Rechtsanwälte...«

Aber es gibt jetzt wieder eine neue Chance, ähnlich wie 1891 und 1919. Sie heißt Mediation. Und die Anwälte sind aufgewacht.

Mediation

> *Mediocritas est inter nimium et parum.*
>
> Der Mittelweg liegt zwischen zu viel und zu wenig.
>
> Cicero, *De officiis* 1.89

Es gibt Neues im deutschen Recht, und es betrifft jeden, der sich juristisch streiten will oder muss. In der neuen Berufsordnung für Rechtsanwälte – im § 18 – erscheint der Mediator:

> »Wird der Rechtsanwalt als Vermittler, Schlichter oder Mediator tätig, so unterliegt er den Regeln des Berufsrechts.«

Ein Mediator ist jemand, der Mediation betreibt. Das hat nichts mit Meditation zu tun, sondern bedeutet Vermittlung, außergerichtliche Streitschlichtung. Ein Mediator ist also jemand, der zwischen streitenden Parteien vermittelt, um eine außergerichtliche Einigung zu finden.

Der Begriff »Mediation« stammt zwar aus den Vereinigten Staaten, die Idee aber kommt aus einer Welt, die uns sehr viel fremder ist, nämlich aus den Stammesgesellschaften Afrikas und anderer Länder der Dritten Welt, in denen Streitschlichtung ohne Gerichte die Regel war – aus dem einfachen Grund, weil es dort Gerichte nicht gab. Es waren amerikanische Ethnologen, die das Verfahren am besten beobachtet und beschrieben haben, dann wurde es von amerikanischen Juristen übernommen.

Nun heißt es zwar auch in § 279 der deutschen Zivilprozessordnung:

> »Das Gericht soll in jeder Lage des Verfahrens auf eine gütliche Beilegung des Rechtsstreits... bedacht sein«,

und jeder vernünftige Richter versucht zuerst eine solche Einigung, den Vergleich, zu erreichen. Wozu dann noch Mediation, also die außergerichtliche Einigung? Die nahe liegende Begründung lautet, man spare durch sie Gerichtskosten. Nur trifft sie in manchen Fällen nicht zu, denn die Mediation ist oft teurer als ein normaler Prozess vor Gericht. Es muss also noch andere Gründe geben. Einer von ihnen lautet: Das Leben ist kurz, und Gerichtsverfahren sind lang. Schon besser. Zwar dauert auch Mediation oft eine gute Weile, aber kürzer als Prozesse, die durch mehrere Instanzen geführt werden, ist sie sicherlich. Wenn allerdings ein Prozess mit einem gerichtlichen Vergleich beendet wird, gibt es ebenfalls keine weiteren Instanzen mehr, und er kann manchmal sogar noch schneller erreicht werden als eine außergerichtliche Einigung.

Warum wird das Thema also mit zunehmender Intensität diskutiert, warum werden darüber viele Bücher geschrieben und Aufsätze in juristischen Zeitschriften verfasst, einschlägige Tagungen veranstaltet, und warum lassen sich immer mehr – meist jüngere – Rechtsanwälte in teuren Kursen zu Mediatoren ausbilden?

Nun, zum einen haben die deutschen Anwälte gesehen, dass in den Vereinigten Staaten damit sehr viel Geld verdient wird. Inzwischen ist Mediation sogar ein Lehrfach für amerikanische Juristen geworden, und es gibt eigens dafür geschaffene Forschungsgruppen an den Elitehochschulen in Harvard und Stanford. Doch es kommt noch ein Zweites hinzu: die Anwaltsschwemme mit über 100 000 Anwälten.

Sie suchen neue Märkte, neue Aufgaben und wollen jenen Fehler vermeiden, den ihre Vorgänger in den Zwanzigerjahren mit dem Steuerrecht gemacht haben.

Ein lukrativer Markt ist die Mediation, und wie in den Zwanzigerjahren steht ein außerjuristischer Berufsstand bereit, ihn zu übernehmen: die Psychologen. Denn viele Regeln richtig betriebener Mediation haben psychologische Grundlagen. Gleichwohl proklamierte der Deutsche Anwaltstag in Frankfurt 1997 ausdrücklich: »Streitschlichtung ist Anwaltssache.« Und das hieß indirekt: Wir werden das Geschäft nicht den Psychologen überlassen. Dafür sprechen auch sachliche Gründe, denn letztlich geht es um juristische Fragen, die möglicherweise auch noch vor Gericht geklärt werden müssen, wenn die Mediation misslingt. Und das ist nicht selten der Fall.

In der Bundesrepublik spielt sie besonders im Familienrecht eine Rolle, aber inzwischen auch schon öfter im Wirtschaftsrecht, jenem Gebiet, auf dem in den USA Millionen verdient werden. Einige Verfahren gab es im Umweltrecht, mit unterschiedlichen Erfahrungen. Es ist wohl ein Markt mit Zukunft. Hier erst mal ein kürzeres Beispiel aus dem Familienrecht.

Ein Ehepaar – beide Partner etwa 40 Jahre alt und seit zehn Jahren verheiratet – hat zwei Kinder im Alter von sechs und acht Jahren. Frau und Mann leben seit einem Jahr getrennt, nachdem der Mann schon vorher längere Zeit mit einer anderen Frau befreundet gewesen und dann endgültig zu ihr gezogen war. Er ist höherer Angestellter in einer größeren Firma, die Ehefrau hat studiert und gibt zu Hause Nachhilfeunterricht. Die beiden haben ein Haus gebaut, in dem nun die Frau mit den beiden Kindern lebt. Das Paar will sich scheiden lassen. Beide sind schon bei Rechtsanwälten gewesen, wollen aber eine gerichtliche Auseinandersetzung über die Einzelheiten vermeiden, also über das Sorgerecht und die Betreuung der Kinder, das Haus und die Schulden, den Unterhalt für die Frau und die Kinder, die Teilung des Hausrats und so weiter. Einer der Anwälte hat ihnen empfohlen, zu einem Mediator zu gehen und dort zu versuchen, alles vor der gerichtlichen Scheidung einvernehmlich zu regeln, nachdem die Verhandlungen zwischen den Anwälten immer schwieriger geworden waren, da die Eheleute in ihrem sehr gespannten Verhältnis zueinander Maximalforderungen gestellt hatten und überall Verrat und Rache vermuteten.

Zum Glück konnten sie sich gerade noch darauf einigen, eine Mediation zu versuchen. Die beiden Anwälte sollten in der Pflicht bleiben und von den Eheleuten auch während der Mediation jederzeit zu Rate gezogen werden können. So wird es auch meistens gehandhabt.

Nun begann die Mediation – und zwar nach festen Regeln, entwickelt von Psychologen, Ethnologen und Juristen in den Vereinigten Staaten. Zuerst gibt es eine Vorbereitungsphase, in der der

Mediator klären muss, ob überhaupt eine Chance für eine Einigung besteht. In der zweiten Stufe werden die einzelnen Streitpunkte gesammelt. Jeder der Eheleute muss eine Liste mit Problemen aufstellen, und zwar in der für ihn entscheidenden Reihenfolge der Wichtigkeit. Im vorliegenden Fall steht für die Ehefrau an erster Stelle die Frage des Unterhalts und des Sorgerechts für die Kinder. Der Ehemann nennt das Sorgerecht an erster Stelle und an zweiter den Wohnsitz der Kinder, der Unterhalt kommt für ihn erst an letzter Stelle.

Nun muss der neutrale Mediator erst einmal versuchen zu verstehen, wie diese unterschiedlichen Reihenfolgen zu bewerten sind. Das gemeinsame Haus zum Beispiel, das für beide mittlere Wichtigkeit hat: Die Frau verbindet damit in erster Linie Geborgenheit für die Kinder, der Mann die Möglichkeit, die künftigen finanziellen Probleme besser lösen zu können, indem er es verkauft.

Immerhin wird zunächst eine vorläufige Vereinbarung über Unterhalt und Sorgerecht für die Kinder getroffen, damit die Schlichtung überhaupt eine Grundlage hat und weitergehen kann. Die Eheleute einigen sich darauf, dass sich der Vater in den kommenden Monaten an drei Tagen in der Woche nach Dienstschluss um die Kinder kümmert und dass die Wochenenden zwischen den Eltern geteilt werden. Weiter einigt man sich, dass der Mann für die nächste Zeit 1500,- DM Unterhalt bezahlt, da die Ehefrau nicht nur mit ihren Nachhilfestunden etwas verdient, sondern auch von ihrer Mutter unterstützt wird.

So kann die dritte Phase beginnen. Der Mediator fordert das Paar auf, alle Unterlagen zu beschaffen – über Haus und Schulden, den Wert des Hauses, die Bankkonten und Lebensversicherungen, das Einkommen und so weiter. Die Eheleute werden aufgefordert, für die Streitpunkte alle denkbaren Lösungen aufzuschreiben, wobei der Phantasie keine Grenzen gesetzt werden. Hier muss der Mediator immer wieder nachfragen und eher die Unterschiede klar benennen, als die Gemeinsamkeiten betonen.

Er bringt auch eigene Ideen ein, zum Beispiel ein besonderes Konto für die Kinder einzurichten, auf das der Mann und die Frau und ihre Mutter Zahlungen leisten und von dem die Anschaffungen für die Kinder gemeinsam beglichen werden können. Allmählich beruhigt sich die Atmosphäre, und man kann zur vierten Phase übergehen, in der dann über die einzelnen Streitpunkte verhandelt werden soll, Punkt für Punkt, wobei der Mediator sich immer wieder vergewissern muss, dass sich keiner der beiden übervorteilt fühlt.

Diese vierte Phase ist die Entscheidende. In ihr ist das Verhandlungsgeschick des Mediators besonders gefordert. Er soll eine Atmosphäre schaffen, in der geschrien, geweint, aber auch gelacht werden darf. In unserem Beispielfall erreicht er tatsächlich eine Einigung über alle Streitpunkte, sodass man zur fünften Stufe übergehen kann, der Protokollierung der Einigung – nachdem die beiden sich noch einmal mit ihren Anwälten beraten haben.

In dieser fünften Phase wird vereinbart, dass die Frau ihre Mutter bittet, ihr vorzeitig einen Teil ihres Erbes auszuzahlen, damit sie das abgebrochene Studium finanzieren und ihrem Ehemann seinen Anteil am gemeinsamen Haus abkaufen kann. Der Ehemann darf das gemeinsame Auto behalten, dafür die Frau die Einrichtung des Hauses. Beide verzichten auf Unterhalt, allerdings liegt der für die Kinder zu zahlende Betrag nicht unerheblich über den Sätzen jener berühmten Düsseldorfer Tabelle, die sich bei deutschen Gerichten allgemein durchgesetzt hat. Das Sorgerecht wollen beide gemeinsam behalten, der Umgang mit den Kindern wird vernünftig geteilt.

Das Ergebnis wurde in zehn Sitzungen während etwa eines halben Jahres erreicht – eine gelungene Mediation. Das Gericht braucht nur noch die Scheidung auszusprechen. Billig ist das Verfahren freilich nicht. Der Mediator wird leistungsabhängig bezahlt, pro Stunde erhält er zwischen 50,- und 300,- DM, und da kommen leicht einige Tausender zusammen, wobei die beiden Anwaltshonorare und die Gerichtskosten auch noch bezahlt werden müssen.

Hier setzt schon Kritik ein. Das Verfahren kann sich nicht jeder leisten. Allerdings haben in letzter Zeit einige Jugendämter die Kosten übernommen, wenn es um das Sorgerecht für Kinder ging. Das wichtigste Argument für diese neue Art von Streitschlichtung wird aber wohl in Zukunft entscheidend sein. Die Parteien einigen sich selbst. Zwar mit Hilfe eines Mediators, der aber nur helfen, nicht entscheiden kann. Die Parteien einigen sich selbst. Die Lösung des Konflikts kommt nicht von oben durch den Spruch eines Richters, sondern die streitenden Parteien können sich sagen: »Wir haben es selbst geschafft.« Das ist nicht nur wichtig für das Selbstbewusstsein, sondern erlaubt für die Zukunft ein vernünftiges Zusammenleben, auch wenn nun jeder seinen eigenen Weg geht. Ein vernünftiges Zusammenleben, das unerlässlich ist bei Scheidungen, bei denen Kinder betroffen sind, die auch in Zukunft verbunden bleiben müssen mit Mutter und Vater.

Solche Verhandlungen zwischen streitenden Parteien können allerdings nur dann wirklich frei und selbstbestimmt sein, wenn beide etwa gleich stark sind. Eine gerechte Einigung ist nur möglich auf der Grundlage von Gleichheit, denn freie Verhandlungen sind das Einfallstor für Verhandlungsmacht. Den Gewinn macht regelmäßig der Stärkere. Die Mediation bei Scheidungen ist dafür ein gutes Beispiel. Scheidungen finden statt zwischen einer Frau und einem Mann. Wer ist der Stärkere? Der Mann. Er hat, wie in unserem Beispiel, meist einen festen Beruf und ein höheres Einkommen und ist trotz mancher Veränderungen in den vergangenen Jahren immer noch privilegiert. Die Zukunftsaussichten einer Frau, die über viele Jahre ihre Kinder großgezogen und ihren Beruf vernachlässigt hat, sind oft schlechter.

Dem Schutz der Mütter dient das Recht, also das Gericht. Für den Schwächeren kann es daher günstiger sein, nicht auf so genannte freie Verhandlungen einzugehen, sondern sich auf das Recht und ein Gericht zu verlassen. Gerade im Familienrecht ist das Gesetz viel eher ein Schutz für Schwächere als eine Waffe in der Hand der Starken. Deshalb lehnen feministische Anwältinnen die Mediation oft grundsätzlich ab. Nicht ganz zu Unrecht. Denn auch wenn man sich das oben beschriebene Beispiel einer Mediation ansieht, dann ergeben sich wesentliche Vorteile für den Mann: Er braucht seiner Frau keinen Unterhalt zu zahlen und erhält den halben Wert des gemeinsamen Hauses. Allerdings zahlt er einen etwas höheren Unterhalt für die Kinder und kann sie etwa genauso oft sehen wie die Mutter.

Der Nachteil in der Verhandlungsposition von Schwächeren

kann aber dadurch ausgeglichen werden, dass die Parteien nach den Regeln der Mediation immer auch ihre Anwälte zu Rate ziehen sollen. Ein erfahrener Anwalt als Mediator wird außerdem vorsichtig auf die rechtlichen Vorschriften hinweisen, auch wenn er verpflichtet ist, neutral zu bleiben, und nicht der einen Partei helfen darf gegen die andere. Auf die Rechtslage hinweisen kann er allerdings, wenn auch zurückhaltend.

Mediation ist bei uns noch nicht auf dem Königsweg. Millionen werden noch nicht verdient wie in den USA. Im Moment fließt bei uns erst mal Geld in die Kassen derjenigen, die Mediatoren ausbilden. Aber es wird nicht mehr lange dauern, dann haben es auch deutsche Mediatoren geschafft. Im Übrigen ist es kein Zufall, das diese Art von Streitschlichtung in Amerika entstand, in dessen Geschichte die Ethnologie, die geistige Mutter des Verfahrens, eine ganz andere Bedeutung und ein höheres Ansehen hat als bei uns. Man hatte ja seine eigenen Stammesgesellschaften im Lande, die Indianer. Amerikanische Anthropologen sind es auch gewesen, die Konfliktlösungen in anderen Stammesgesellschaften intensiv untersucht haben, insbesondere in Afrika.

Konflikte wurden in Stammesgesellschaften nicht von Gerichten gelöst, da es diese vor der Kolonialzeit nicht gab, sondern in endlosen Verhandlungen zwischen Verwandtschaftsgruppen der Streithähne, in unendlichen Palavern, in denen man oft mit Hilfe eines unparteiischen Dritten zu einem Ergebnis kam, besser: kommen musste, weil die streitenden Parteien dort eben auf engem Raum zusammenlebten und auch in Zukunft weiter zusammenleben mussten. Der Ablauf und die Psychologie dieses Verhandelns in afrikanischen Stammesgesellschaften und die Erforschung seiner Struktur wurden zur entscheidenden Grundlage für die Methoden der Mediation in den Vereinigten Staaten.

Mediation hat in Massengesellschaften immer dann eine Chance, wenn es für die Beteiligten besser ist, nach einem Streit weiter in guter Verbindung zu bleiben. Zum Beispiel die geschiedenen Eltern von Kindern. Auch in der Wirtschaft ist es ähnlich. Für die Firmen ist es günstiger, wenn sie nach einem Streit weiter zusammenarbeiten können. Die Aussichten für Mediation sind nicht schlecht.

Das Misstrauen des Werner Rinkowski

Suspiciones maiorem pariunt calumniam quam ipsa facta.

Misstrauen bringt größeren Schaden als die Tatsache selbst.

Albinus, *Epigrammata*, 1609, Seite 64

Bei Mediation im Familienrecht geht es immer um dieselben Themen: Unterhalt vor und nach der Scheidung, Sorgerecht für die Kinder und das Umgangsrecht mit ihnen, wer in der Wohnung bleibt und Vermögensfragen wie gemeinsame Schulden, ihre Teilung, und was wird mit einem Haus, das ihnen beiden gehört. Aber letztlich ist jeder Fall doch wieder anders. Zum Beispiel der von Birgit und Werner Rinkowski in Frankfurt am Main. Sein Anwalt meinte, er solle es doch mal mit einer Mediation versuchen. Mit dem Anwalt seiner Frau komme er einfach nicht weiter. Sie wollten doch beide eine einverständliche Scheidung, würden aber trotz jahrelanger Ehe nicht mehr miteinander reden, und das Scheidungsverfahren liefe jetzt schon einige Monate. Mediation. Rinkowski verstand. Hatte studiert, und der Anwalt ergänzte, das sei eine neue Art von außergerichtlicher Streitschlichtung. Er kenne da einen jungen Kollegen. Der sei darauf spezialisiert. Er solle doch mal mit seiner Frau sprechen und dann zu diesem Kollegen gehen. Das Scheidungsverfahren bliebe so lange in der Schwebe, und er sei auch weiterhin sein Anwalt. Er könne auch jederzeit zwischendurch seinen Rat einholen. Thomas Stein, so hieß der junge Kollege, hätte schon schwierigere Fälle mit seiner Mediation gelöst.

Werner Rinkowski rief seine Frau an. Die Verständigung war tatsächlich schwierig geworden in der letzten Zeit. Er hatte eine neue Freundin, wohnte jetzt sogar bei ihr, und seine Frau nahm ihm vieles übel, nicht nur das. Ständig musste sie sich mit ihm verständigen wegen der beiden Kinder, und vor kurzem hatte er auch noch die Unterhaltszahlungen gekürzt mit der Begründung, seine Einnahmen seien stark zurückgegangen. Dabei verdiente er nicht schlecht, war selbstständiger Kaufmann, mit wechselnden Einnahmen zwar, aber ziemlich hohen. Die Kürzung, fand sie, sei sehr ungerecht. Das hatte die Stimmung weiter verschlechtert. Aber als er anrief und von Mediation sprach, war sie gleich einverstanden, auch sie intelligent und beweglich, früher Redakteurin beim Rundfunk in Frankfurt.

Rinkowski ruft bei Rechtsanwalt Stein an. Der ist gern bereit, meint aber, es sei besser, wenn er es nicht allein mache. In diesem Falle würde er eine Co-Mediation empfehlen mit einer Psychologin. Die hätte dieselbe Ausbildung wie er in Mediation. Jede einzelne Sitzung sei dann zwar teurer, aber meistens würde es schneller gehen. Das gleiche sich oft aus. Jedenfalls sei es besser. Werner Rinkowski will unbedingt eine Verständigung mit der Mutter seiner Kinder und sagt Ja. Sie vereinbaren einen Termin. Co-Mediation ist häufig tatsächlich die beste Lösung. Erstens ist ein Mediator in schwierigen Fällen allein oft ohnehin überfordert, und zweitens die Zusammenarbeit eines Juristen mit einem Psychologen schon deswegen richtig, weil in der Mediation beide eine Rolle spielen, das Recht und die Psychologie.

Erste Sitzung im Mai. Die Mediatoren stellen sich vor und erklären Sinn und Zweck und die Strukturen des Verfahrens. Rinkowskis sollen erst mal erzählen, wo die Schwierigkeiten liegen. Frau Rinkowski sagt, sie wolle anders als ihr Mann allein die elterliche Sorge für die Kinder nach der Scheidung und für ihn ein großzügiges Umgangsrecht. Außerdem möchte sie eine Vereinbarung über den Unterhalt. Ihr Mann dagegen will das gemeinsame Sorgerecht behalten.

Frau Rinkowski begründet ihre Meinung. Sie habe sich die ganzen Jahre fast völlig allein um die Erziehung der Kinder gekümmert. Markus ist neun Jahre alt, seine Schwester Lorina sieben. Sie war immer zuständig für alles. Mache das auch jetzt noch. Die Schulaufgaben mit den beiden, die Elternabende, mit den Kindern zum Arzt, die vielen anderen Probleme und dann noch der Haushalt. Deshalb hätte sie vor einigen Jahren auch ihre Stelle aufgegeben beim Hessischen Rundfunk. Ihr Mann sei oft auf Reisen, bis heute. Ist oft nur an den Wochenenden in Frankfurt. Vor zwei Jahren sei es zur Trennung gekommen wegen der neuen Freundin. Er hätte die gemeinsame Wohnung verlassen. Und besonders übel nimmt sie ihm, dass er dieses Jahr mit den Kindern und der Freundin eine Woche verreist sei, und zwar, als Markus und Lorina Geburtstag hatten. Die lägen nur drei Tage auseinander. Das Ganze sei eine Erpressung gewesen. Sie hätte nur eingewilligt im Interesse der Kinder, damit es nicht noch mehr Streit gäbe. Ein großzügiges Umgangsrecht würde völlig ausreichen für den Vater, der sowieso nur schwer zu erreichen sei, wenn man sich über etwas einigen müsste. Er würde zwar immer zurückrufen, wenn sie sich meldet auf seinem Anrufbeantworter oder auf der Mailbox seines Handys. Aber dann sei es fast immer zu spät. Sie habe das satt. Letztlich müsse sie doch alles allein entscheiden, wolle dafür eine juristische Sicherheit, auch für den Unterhalt.

Der Vater sagt, ein Umgangsrecht reiche ihm nicht, und sei es noch so großzügig. Er will das gemeinsame Sorgerecht, will beteiligt sein an wichtigen Entscheidungen über die Kinder. Die brauchen, meint er, zwei Ansprechpartner. Mutter und Vater. Er liebe sie sehr, und es sei schlimm genug, dass die Eltern jetzt getrennt wären. Die Kinder seien ein Teil seines Lebens. Deswegen hätte er darauf gedrungen, jene Woche mit ihnen zusammen zu sein. Denn inzwischen hätte er das Gefühl, für die Mutter sei er nur noch ein Geldgeber. Als er mit den Kindern vorher darüber sprach, hätten sie es gut gefunden, auch gewusst, dass es eine neue Frau gibt in seinem Leben, und das akzeptiert. Er hätte mit ihnen alles besprochen und sei sicher gewesen, sie würden daran keinen Schaden nehmen. Im Gegenteil.

Ende der ersten Sitzung. Rinkowskis sagen noch, sie würden hoffen, hier wieder eine Möglichkeit zu finden, miteinander zu reden. Ein neuer Termin wird vereinbart. Drei Wochen vergehen.

Zweite Sitzung Ende Mai. Frau Mohrin, die Psychologin, fragt, in welcher Reihenfolge sie die beiden Probleme behandeln wollen. Die Mutter möchte zuerst über den Unterhalt sprechen, will ihre Existenz und die ihrer Kinder gesichert wissen, weil ihr Mann am Telefon öfter den Vorwurf hören lässt, sie könne doch wieder für den Rundfunk arbeiten, wenn sie Geld brauche. Das sei eine

Bedrohung, die jeden Monat wieder auf sie zukomme. Ihre Stelle beim Rundfunk sei besetzt, neue gebe es nicht, als freie Mitarbeiterin würde man viel zu schlecht bezahlt, und es koste sehr viel Zeit. Die hätte sie einfach noch nicht. Außerdem würden die Zahlungen ihres Mannes immer viel zu spät kommen. Werner Rinkowski sagt, für ihn sei das Sorgerecht das Wichtigste, sozusagen die Grundlage seiner Zahlungen. Das ist zwar nicht ganz logisch, meint seine Frau, aber sie sei bereit, mit dem Sorgerecht anzufangen, wenn er sich bereit erklären würde, erstens den Unterhalt pünktlich zum Anfang jeden Monats zu überweisen und zweitens aufzuhören, ihr Vorwürfe zu machen, dass sie noch nicht wieder beim Rundfunk angefangen habe. Sie brauche dafür einfach noch etwas Zeit. Ihr Mann ist einverstanden. Anwalt Stein macht den Vorschlag, man könne die Rundfunkarbeit zum Gegenstand der Mediation machen, wenn der Unterhalt behandelt wird. Also zuerst die elterliche Sorge.

Frage an die Mutter: Was möchte sie, was soll sich nach der Scheidung ändern? Sie antwortet, tatsächlich habe sie ja jetzt schon die alleinige Sorge. Es sei ihr aber aufgefallen, dass ihr Mann sie in der letzten Zeit und anders als früher immer öfter nach Einzelheiten frage, nach den Leistungen von Markus und Lorina in der Schule, was auf den Elternabenden besprochen würde usw. Während sie von ihm überhaupt nichts darüber erführe, wie es an den Wochenenden mit den Kindern ginge. Sie könne Markus und Lorina nur vorsichtig danach fragen. Das sei für sie unzumutbar.

Dieselbe Frage an den Vater. Er meint, seine Frau müsse ihn besser informieren. Beide müssten in Zukunft wieder mehr aufeinander zugehen. Er sehe hier ein Kommunikationsproblem und möchte mehr einbezogen werden in das Leben der Kinder. Er könne sie an den Wochenenden doch auch nicht nach allem fragen. »Nun gut«, meint Birgit Rinkowski, »wir können uns ja bei Bedarf treffen.« »Was heißt das?«, fragt Thomas Stein. »Bei Bedarf?« Sie meint, wenn es Schwierigkeiten gibt. Bei wichtigen Themen. Werner Rinkowski sieht das anders. Erstens sollten die Treffen eine gewisse Regelmäßigkeit haben, zweitens auch alltägliche Fragen besprochen werden und drittens nicht ausufern in Gespräche über Unterhaltsfragen. Er sei auch gern bereit, jedes Mal zu erzählen, was an den Wochenenden los war. »Einverstanden«, sagt seine Frau. Ende der zweiten Sitzung. Nur noch ein Vorschlag der Mediatoren für das nächste Mal. Beide sollten erzählen, wie sie ihre Kinder sehen und wie die, ihrer Meinung nach, das Ganze einschätzen. Wichtig: Was wünschen sich die Kinder von ihnen als Eltern?

Dritte Sitzung, Ende Juni. Werner Rinkowski hat nun plötzlich ein grundsätzliches Problem mit der Mediation. Er habe vom Familiengericht einen Schriftsatz bekommen mit dem Antrag seiner Frau auf Übertragung der alleinigen elterlichen Sorge. Er sieht darin einen Verstoß gegen die Prinzipien der Mediation und sei nicht sicher, ob er hier überhaupt weitermachen könne. Seine Frau ist erschrocken. Sie habe mit ihrem Anwalt über die elterliche Sorge vor ziemlich langer Zeit gesprochen. Im Januar oder Februar. Und hätte vergessen, ihm zu sagen, dass sich das jetzt erst mal erledigt hätte. Sie werde sofort mit ihm reden, die Sache klären und ihrem Mann schnell telefonisch Bescheid geben. Frau Mohrin fragt ihn, ob er nach dieser Erklärung bleiben wolle und sie die Mediation fortsetzen sollen. Widerwillig sagt er Ja.

Die Mutter beginnt ihre Kinder vorzustellen, schildert ihren Charakter und meint, der Sohn sei eher ihr Kind, die Tochter mehr das ihres Vaters. Der Vater spricht am längsten über die Tochter, mit vielen Vorwürfen an die Adresse der Mutter. Allerdings überwiegen in der Beschreibung der beiden die Gemeinsamkeiten. Die Eltern kommen sich näher. Also Schluss der Sitzung, und die Mediatoren schlagen für das nächste Mal vor: Was erwarten die Kinder aus ihrer Sicht? Termin für die nächste Sitzung... »Halt!«, sagt Werner Rinkowski. Bis zum nächsten Termin muss die Sache mit dem Antrag seiner Frau geklärt sein. Sie verspricht das. Also nächste Sitzung in drei Wochen.

Mitte Juli. Es ist alles geklärt. Birgit Rinkowski zeigt ein Schreiben ihres Anwalts. Der Antrag ist zurückgenommen. Mittlerweile habe sie aber erfahren, dass ihr Mann sich beim Gericht erkundigt hätte, ob ihre Darstellung richtig sei. Das hat sie tief verletzt, sagt sie und fragt ihn: »Warum glaubst du mir nicht?« Er antwortet: »Weil ich dir misstraue.« Die zweite Krise der Mediation. Ein schwerer Schlag für Birgit Rinkowski. Sie weiß nicht mehr weiter, kann auf Fragen nicht antworten, steht auf und will gehen. Die beiden Mediatoren schlagen vor, eine Pause zu machen, eine Viertelstunde. Sie ziehen sich zurück und beraten. Wie kann es weitergehen? Lösung? Wir müssen das Misstrauen zum Thema machen.

Also vierte Sitzung, zweite Runde, nach der Pause. Frau Mohrin fragt beide, woher das Misstrauen kommt und wie man es abbauen kann. Werner Rinkowski versucht eine Antwort. Nachdem er damals seiner Frau gesagt habe, wegen seiner stark zurückgegangenen Einnahmen müsse er jetzt 300,– DM weniger zahlen, sei sie zu einem Anwalt gegangen, um sich über ihre Rechte zu informieren. Seitdem gebe es ein gegenseitiges Misstrauen. Er hätte sich dann auch einen Anwalt genommen, und dadurch habe sich das Misstrauen wohl auf beiden Seiten verstärkt. Sein Anwalt habe ihm gesagt, für seine Frau brauche er gar keinen Unterhalt zu zahlen, nur für die Kinder. Trotzdem hätte er auch für sie weitergezahlt, nur eben etwas weniger. Birgit Rinkowski nickt. Seitdem sei dieses Misstrauen vorhanden, aber nur auf seiner Seite. Sie hätte keins gegen ihn. Aber sie müsse überlegen, ob sie unter diesen Umständen die Mediation weiterführen könne. Dafür brauche sie Zeit. Ihr Mann sagt, für ihn sei das kein Problem. Er möchte weitermachen. Unbedingt. Die beiden Mediatoren bitten ihn, darüber nachzudenken, wie er sein Misstrauen abbauen kann. Termin für die nächste Sitzung in drei Wochen. Anfang August.

Fünfte Sitzung. Die große Überraschung. Anwalt Stein fragt, zu welchem Ergebnis Frau Rinkowski für die Mediation gekommen sei. Ihr Mann antwortet. Sie hätten sich inzwischen getroffen, über alles gesprochen, auch über das Misstrauen. Das Eis sei gebrochen, und sie hätten sich geeinigt, über Sorgerecht und Unterhalt. Beide werden die elterliche Sorge für die Kinder gemeinsam behalten, auch nach der Scheidung. Der Umgang bleibt wie bisher. Er zahlt seiner Frau und den Kindern monatlich zusammen erst mal 2900,– DM. Wenn sie Arbeit findet, wird man weitersehen. Seine Frau ergänzt: Auch nach der letzten Sitzung war für sie klar, dass sie eine gemeinsame Lösung finden müssen. Sie beide hätten durch die Mediation viel gelernt, nämlich die Möglichkeit gefunden, wieder miteinander zu reden. Es war wichtig und gut, über Gefühle zu sprechen und Ängste. Die beiden Mediatoren seien sehr hilfreich gewesen, weil sie ihrem Mann und ihr die Gefühle des jeweils anderen in sehr fairer Weise hätten klar werden lassen. Sie beide hätten das vorher nicht so aussprechen können, seien blockiert gewesen. Sie bedanken sich beide. Thomas Stein und Petra Mohrin freuen sich. Eine gelungene Mediation. Sie werden die Vereinbarung der beiden schriftlich formulieren und zur Unterschrift schicken. Die Eltern sollen ihre Anwälte und das Jugendamt informieren. Bald danach gab es eine einverständliche Scheidung vor dem Familiengericht, ohne Probleme. Werner und Birgit Rinkowski konnten sich sagen, wir haben es selbst geschafft, zwar mit Hilfe, aber letztlich waren wir es selbst.

Die großen und die kleinen Kanzleien

*Illi inter se magna vi bracchia tollunt
in numerum versantque tenaci forcipe ferrum.
Non aliter si parva licet componere magnis
Cecropias innatas apes amor urget habendi.*

Die Kyklopen erheben mit Macht ihre Arme
im Ätna,
immer im Takt und wenden mit packender Zange
das Eisen.
Ebenso – wenn es erlaubt ist Kleines an
Großem zu messen –
drängt die attischen Bienen natürlicher Trieb
zum Besitze.

Vergil, *Georgica* 4.176–180

Am Anfang war der Anwalt allein. Ist auch nicht anders möglich gewesen in jenen Zeiten, als Advokaten und Prokuratoren Beamte waren der Fürsten. Ebenso wenig wie heute ein Regierungsrat sich mit einem Kollegen zusammentun könnte zu einer eigenen Erwerbsgesellschaft im öffentlichen Dienst. Ging also nicht. Deshalb ist die erste Anwaltskanzlei in einer Hansestadt entstanden. Dort gab es keinen Fürsten, sondern nur einen Rat der Stadt, und der war ziemlich liberal. Hamburg 1822. Zwei Anwälte, eine Sozietät. Etwas später auch in der Hansestadt Bremen und im liberalen Königreich Württemberg. Erst seit 1878 war die Anwaltschaft ein freier Beruf, mit der Reichsrechtsanwaltsordnung und ihrer freien Advokatur. Jetzt war es überall in Deutschland möglich, sich zu einer Sozietät zusammenzuschließen. Aber nicht üblich. Der Einzelanwalt blieb noch lange das Ideal. Erst in der Weimarer Zeit mit ihrer Not nach dem Weltkrieg tat man sich öfter zusammen, um die Bürokosten zu senken. Aber meistens nur zwei oder drei Rechtsanwälte. Dann, in der Bundesrepublik ging es richtig los. Um die Mitte der Sechzigerjahre lebte schon ein Viertel der Anwälte in einer Sozietät. Aber die waren klein. Wenn es

15 oder 20 Rechtsanwälte gewesen sind, galt eine Sozietät schon als riesig. Und das waren nur ganz wenige.

Heute gibt es Großkanzleien mit über 300 Anwälten. Als mittlere Sozietät gilt eine Kanzlei, in der bis zu 20 arbeiten. Die größte Zahl der Büros sind kleine Sozietäten von zwei oder drei Anwälten. Und die meisten arbeiten noch heute allein als Einzelanwalt, über die Hälfte der 104000 im Jahr 2000. Genauere Zahlen sind nicht bekannt. Aber es gibt gute Schätzungen. Zum Beispiel vom Münchner Anwalt Benno Heussen (*Anwaltsblatt*, 2000, Seite 338, wo er sich nur ein wenig verrechnet hat, was hier so weit wie möglich berichtigt wurde):

»Großkanzleien (über 20 Anwälte bis 350): 50 Büros, 4500 Anwälte, etwa 4 Prozent; mittlere Sozietäten: 2000 Kanzleien, 11500 Anwälte, etwa 11 Prozent der Anwaltschaft; kleine Sozietäten (zwei bis drei Anwälte): 14000 Kanzleien, 33000 Anwälte, etwa 32 Prozent; Einzelanwälte: 55000, etwa 53 Prozent der Anwaltschaft.«

Die Zahl der Riesenkanzleien wird in Zukunft noch etwas größer werden, aber der Markt für sie ist begrenzt, ihre Einnahmen sind in den letzten Jahren sogar zum Teil deutlich zurückgegangen. Die Zahl der Einzelanwälte wird wohl langsam zurückgehen. Sie werden allerdings wahrscheinlich die größte Gruppe bleiben, während die kleinen und mittleren Kanzleien zunehmen dürften. Die Riesenkanzleien sind jedenfalls nicht die einzige Lösung der Zukunft, wie viele meinen. Man kann das am Beispiel der Vereinigten Staaten sehen, die uns in dieser Entwicklung zeitlich weit voraus waren. Anwälte, die dort in Großkanzleien arbeiten, sind innerhalb der Anwaltschaft eine kleine Gruppe geblieben, die wie bei uns deutlich unter fünf Prozent liegt, verdienen aber regelmäßig sehr viel mehr als die anderen, insgesamt etwa 20 Prozent des gesamten Honoraraufkommens. Wie bei uns.

Großkanzleien in der Bundesrepublik gehören zu jenem radikalen Wandel, der seit den Achtzigerjahren die Anwaltschaft verändert hat. Nachdem das Bundesverfassungsgericht 1987 die alten Standesrichtlinien gekippt hatte, kam 1989 eine fast ebenso sensationelle Entscheidung des Anwaltssenats beim Bundesgerichtshof. Eher nebenbei enthielt sie am Schluss die Bemerkung, es spreche nun auch nichts mehr gegen die Gründung »überörtlicher Sozietäten«, also nichts mehr gegen Zusammenschlüsse von Kanzleien an verschiedenen Orten der Bundesrepublik. Das war nach den alten Standesrichtlinien noch verboten gewesen. Und jetzt ging's los aus vielen Gründen, die noch nicht exakt erforscht sind. Eine der Ursachen für ihre Ausbreitung war sicherlich die Konkurrenz der großen Wirtschaftsprüfergesellschaften, die mit Juristen zusammenarbeiteten und immer wichtiger geworden waren als Berater von Großunternehmen. Eine zweite Ursache ist die Globalisierung gewesen und die mit ihr verbundenen Megafusionen der internationalen Multis. Ein Riesenmarkt war die juristische Steuerung dieser Zusammenschlüsse, in der Branche *m and a* genannt, *mergers and acquisitions*, Fusionen und Erwerb von Betrieben. So etwas ist verbunden mit einer großen Zahl komplizierter juristischer Probleme im Gesellschaftsrecht, Steuerrecht, Arbeitsrecht, und das dann auch noch nach den verschiedenen Rechten derjenigen Staaten, in denen diese Unternehmen, die miteinander verbunden werden sollten, ihren Sitz haben. Damit waren auch die großen alten Männer überfordert, die Stars unter den Wirtschaftsanwälten aus Frankfurt oder Düsseldorf, die bis in die Siebzigerjahre Großunternehmen beraten haben. Heute wird für solche Transaktionen blitzschnell ein Team von 20 oder 30 Spezialisten zusammengestellt, jung, dynamisch, progressiv, nicht nur deutsche Spitzenkräfte, sondern auch ausländische, meistens aus dem angelsächsischen Bereich. Alle aus einer einzigen Großkanzlei. Seit über zehn Jahren drängen englische und amerikanische *law firms* auf den deutschen Markt und verbinden sich hier mit einheimischen Großkanzleien. Oder besser gesagt, die deutschen Kanzleien werden von ihnen aufgekauft. Eine der spektakulärsten Aktionen dieser Art war der Zusammenschluss der englischen Megakanzlei Clifford Chance mit einer deutschen und einer amerikanischen Kanzlei Anfang des Jahres 2000. Eine Anzeige auf einer ganzen Seite der *Frankfurter Allgemeinen* erklärte, worum es geht. »*More powerful legal solutions*« sind »die Antwort auf Ihre globalen rechtlichen Bedürfnisse«, und »Sie werden sehen: Rechtsberatung ist nicht mehr das, was es einmal war.«

Im Fall Clifford Chance bedeutete das die größte Wirtschaftskanzlei der Welt mit 2700 Rechtsanwälten in allen Wirtschaftszentren der Erde mit einem Jahresumsatz von zwei Milliarden Mark. Die Industrialisierung der Anwaltschaft. Allein die juristischen Probleme dieser Fusion brauchten solch ein Team von wohl 20 Spezialisten, zumal das Anwaltsberufsrecht der drei wichtigsten Länder – England, USA, Deutschland – zum Teil sehr unterschiedlich ist.

Und in der Tat. »Sie werden sehen: Rechtsberatung ist nicht mehr das, was es einmal war.« Das gilt nicht nur für Clifford Chance, sondern für alle Großkanzleien. Ein Haifischbecken, nicht nur in der Konkurrenz untereinander, auch oft innerhalb der Sozietäten. Die Konkurrenz untereinander ist gnadenlos, unvorstellbar für Anwälte vor 20 Jahren. Da finden so genannte *Beautycontests* statt, Schönheitswettbewerbe. Die großen Kanzleien gehen zu den großen Unternehmen und werben um Mandate. Verhalten sich tatsächlich wie die jungen Damen bei Schönheitswettbewerben. Hier ein Minimum an Textilien, da ein Minimum an Preisen. Es geht um Rechtsberatung, und da lässt sich das Honorar frei aushandeln. Meistens wird es nach Arbeitsstunden berechnet oder pro Tag, *man day*. Bei den jungen Damen ein Maximum an besten Kurven, hier die meisten und besten Spezialisten. Die übrigens nicht so leicht zu finden sind und auch gern untereinander abgeworben werden. Was früher undenkbar war. Also, die Manager von Daimler-Chrysler, Thyssen-Krupp oder Mannesmann-Vodaphone dürfen wählen. Und die Anwälte sind nicht mehr wie bisher ein unabhängiges Organ der Rechtspflege, sondern Teil der Schlachtordnung bei *m and a. Powerful*. Juristische Auseinandersetzungen verändern sich vom Kampf ums Recht zum Kampf gegen den Wettbewerber. Der Anwalt wird zum juristischen Schlachtschiff.

Allerdings nur in einem kleinen Bereich der Anwaltschaft, der unter fünf Prozent liegt, einem Bereich, in dem als Mandanten regelmäßig nur Großunternehmen auftreten. Otto Normalverbraucher oder selbst ein mittelständischer Unternehmer sind da fehl am Platz. Sie brauchen einen festen Ansprechpartner, bei dem die Atmosphäre stimmt. Das können Riesenkanzleien im Prinzip nicht leisten. Die Sachbearbeiter dort wechseln häufiger als bei Behörden. Nicht selten kommt es vor, dass man bei drei Vorsprachen in einer Kanzlei mit drei verschiedenen Anwälten zusammensitzt. Mit anderen Worten, auch die mittleren und kleinen Sozietäten haben eine Zukunft, und der Einzelanwalt ebenso.

Hotline 0190 und noch eine Neuigkeit

Scopae recentiores semper meliores.

Die neuen Besen sind immer die besseren
(oder: Neue Besen kehren gut).

Lateinischer Spruch des Mittelalters

Die »kopernikanische Wende« der Anwaltschaft in den Achtzigerjahren brachte nicht nur ein neues Berufsrecht mit überörtlichen Sozietäten, die GmbH für Rechtsanwälte und sogar Anwaltsaktiengesellschaften, Werbung von Anwälten, eine Zwangsalterssicherung in so genannten Versorgungswerken, Mediation und *Top Quality Management* mit Zertifizierung nach DIN EN ISO 9001, sondern auch die Hotline 0190.

Hotline ist englisch und heißt »heiße Linie«. 1998 entdeckten sie findige Berliner Rechtsanwälte für die juristische Beratung am Telefon. Bis dahin war sie im Wesentlichen reserviert für den mündlichen Verkehr einer ganz anderen Art. Aber solche Telefonanschlüsse für schnelle Dienstleistungen lassen sich natürlich auch für anständige Zwecke verwenden. Computerfirmen haben diese Möglichkeit ebenfalls schon entdeckt. Warum dann nicht die Rechtsanwälte? Eine neue Form von Dienstleistung in einer Dienstleistungsgesellschaft für den Dienst im Recht? Die Frage wird bis heute heiß diskutiert. Mit vielen juristischen Problemen.

Die technische Konstruktion ist einfach. Sie läuft über einen Hotline-Anbieter, der oft auch noch andere telefonische Dienste betreibt, zum Beispiel für Schwierigkeiten mit Computern, Fernsehprobleme oder auch »tabulose gelegentliche Treffs«. Der Hotline-Anbieter ist also für das Telefon etwas Ähnliches wie ein Provider für das Internet. Nur etwas komplizierter. Er bestellt bei der Telekom eine 0190-Nummer und zahlt dafür. Diese Nummer vermietet er in Schichten von drei bis vier Stunden weiter an Rechtsanwälte, meist jüngere, die sich dafür bei ihm gemeldet haben. Außerdem organisiert er die Werbung, in der Regel über Zeitungen

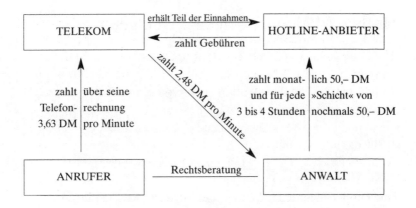

und Zeitschriften, zum Beispiel: »Holen Sie sich Ihr Recht per Telefon«, mit dem Zusatz »preiswert«. Derjenige, der sich sein Recht am Telefon preiswert holen will, wählt die Nummer, wird – häufig über einen Vermittlungsrechner der Telekom – an einen Anwalt weitergeleitet, erhält die telefonische Rechtsberatung und zahlt 3,63 DM für jede Minute mit seiner normalen Telefonrechnung an die Telekom. Die gibt davon 2,48 DM pro Minute direkt an den Anwalt und den Rest nach Abzug der normalen Telefongebühren an den Hotline-Anbieter. Zehntausende versuchen inzwischen jeden Monat auf diesem Weg Licht zu bringen in ihre juristischen Probleme. Der Umsatz liegt bei mehreren Millionen Mark im Jahr. Und nun beginnen die juristischen Probleme.

Viele Anwälte halten die Hotlines für unzulässig. Teilweise auch ihre Kammern. Beide führen Prozesse gegen die Anbieter oder die Anwälte, die telefonisch beraten. Es gibt bereits ein lustiges Durcheinander, eine große Zahl von Urteilen, die erlassen worden sind bei Landgerichten und Oberlandesgerichten, mal für die Hotlines, mal gegen sie und immer wieder mit neuen Begründungen. Die Landgerichte wohl immer dafür, die Oberlandesgerichte meistens dagegen. Die Hotlines laufen munter weiter, weil gegen die Urteile der Oberlandesgerichte Revision eingelegt wurde. Sie sind also noch nicht rechtskräftig. Irgendwann wird eine Entscheidung des Bundesgerichtshofes kommen und vielleicht auch noch eine des Bundesverfassungsgerichts. Einzelne Anwaltskammern haben sich für die Hotline-Beratung ausgesprochen, auch der Deutsche Anwaltverein. Die Bundesrechtsanwaltskammer hat sich offiziell noch nicht erklärt, dafür aber die Bundesregierung – also die Bundesjustizministerin – in ihrer Antwort vom August 2000 auf eine Anfrage der FDP-Fraktion im Bundestag. Sie hält die telefonische Rechtsberatung über Anwalt-Hotlines grundsätzlich für eine sinnvolle und zeitgemäße Entwicklung. Aha. Wenn Juristen nämlich »grundsätzlich« sagen, heißt das immer, man muss Einschränkungen machen. Das ist wohl auch richtig. Denn es gibt tatsächlich Probleme.

Sie sind beschrieben unter der Überschrift »Schnell, bequem und falsch« in der Zeitschrift *Finanztest* vom März 2000. Mitarbeiter der Stiftung Warentest hatten Beratungsgespräche geführt bei fünf verschiedenen Hotline-Anbietern und die Anwälte telefonisch um Auskunft über je einen Fall aus dem Erbrecht, dem Baurecht und dem Mietrecht gebeten. Im Erbrecht waren vier Auskünfte richtig, eine falsch, im Baurecht war es umgekehrt. Eine richtige Antwort, vier falsche. Beim Mietrecht gaben drei Anwälte eine richtige Auskunft, zwei nicht.

Möglicherweise sind die Testergebnisse nicht repräsentativ für die Zuverlässigkeit aller juristischen Hotlines. Vielleicht noch nicht einmal für jede einzelne der fünf, die im Test waren. Aber sie zeigen einen Trend. Bei einfachen Fragen sind die Auskünfte schnell, bequem und richtig. Gefährlich wird es, wenn komplizierte Probleme geklärt werden sollen. Besonders dann, wenn es um schriftliche Verträge geht, die der Anrufer nicht immer richtig wiedergeben kann. Denn im Recht ist es wie in der Medizin: Ein Arzt muss den Patienten sehen, anfassen, sich ein unmittelbares Bild machen. Der Jurist muss Papier haben, Verträge lesen und den ganzen Schriftwechsel drumherum. *Quod non est in actis non est in mundo.* Sagten die mittelalterlichen Juristen. Was nicht in den Akten steht, ist nicht in der Welt. Man muss alles schriftlich vor sich haben.

Hotlines im Recht sind trotzdem sinnvoll, denn viele scheuen den Gang zum Anwalt, nicht nur aus finanziellen Gründen. Wenn man zu Hause das eigene Telefon benutzen kann, wird der Zugang zum Recht erleichtert. Die Hotline ist ein erster Anfang, der den Gang zum Anwalt möglich macht, wenn man am Telefon hört, dass es Chancen gibt. Die vielen juristischen Probleme im Umfeld lassen sich lösen, notfalls durch den Gesetzgeber. Im Übrigen sind gewisse Mindestforderungen zu erfüllen, die von der Berliner Anwaltskammer formuliert wurden. Der Anwalt muss sich am Telefon mit Namen und Adresse vorstellen und der Anrufer das notfalls nachprüfen können. Das ist wichtig für die Haftung bei falschen Auskünften. Auch der Anrufer muss sagen, wer er ist, am Anfang des Gesprächs, denn der Anwalt muss Interessenkollisionen vermeiden. Er darf niemanden beraten, der im Konflikt steht mit anderen seiner Mandanten. Und der Anwalt muss kurz erklären, wie die Beratung technisch und juristisch abläuft, und dass der Mandant an die Telekom zahlt, die Auskunft aber einen Beratungsvertrag zur Grundlage hat, der jetzt unmittelbar vereinbart wird zwischen ihm und dem Anrufer. Und die Anwälte müssen lernen, Auskünfte nur auf einfache Fragen zu geben, im Übrigen aber sagen, das sei ein schwieriges Problem, und der Anrufer solle doch einfach zu einem Anwalt in die Praxis gehen. Vielleicht sogar in seine eigene. Da hat er Zeit, sich alles richtig zu überlegen und in den Büchern nachzulesen.

Zugang zum Recht, das ist eine jener sprachlichen Konstruktionen, die von Rechtssoziologen erfunden worden sind, um wissenschaftlich auszudrücken, was im täglichen Leben tatsächlich ein Problem ist. Viele Menschen haben Angst vor juristischen Schwierigkeiten. Schon der Brief mit dem Absender eines fremden Anwalts versetzt sie in Schrecken. Manchmal auch schon der des eigenen. In juristische Streitigkeiten verwickelt zu werden, ist ihnen unangenehm. Mit Anwälten oder Gerichten will man nichts zu tun haben. Das könnte einen schlechten Eindruck machen, schon beim Postboten. Und es kostet Zeit und Geld. Außerdem weiß man nicht Bescheid. Deshalb lassen sich viele alles gefallen. Es fehlt ihnen der Zugang zum Recht, und der »Kampf ums Recht«, den der streitbare Göttinger Professor Rudolf von Jhering 1872 in einem berühmten Vortrag von jedem gefordert hat, der wird oft nicht geführt. Denn Prozesse kosten Geld. Und auch »Besserverdienende« haben da manchmal Probleme. Wenn sie zum Beispiel Prozesse führen wollen über 100000,– DM oder sogar eine Million, dann ist das finanzielle Risiko groß. Solche Verfahren können über drei Instanzen laufen, vom Landgericht über ein Oberlandesgericht bis zum Bundesgerichtshof in Karlsruhe. Bei einem Streitwert von einer Million muss der Verlierer für Anwalts- und Gerichtskosten ungefähr 250000,- DM zahlen. Beim Streitwert von 100000,- DM ist das Kostenrisiko im Verhältnis sogar noch höher, etwa 70000,- DM für drei Instanzen. Deswegen gibt mancher lieber klein bei und verzichtet auf eine Klage. Aber auch ihnen kann jetzt geholfen werden. Das ist das Verdienst der FORIS Beteiligungs-Aktiengesellschaft in Berlin und Bonn.

Die Lösung ist einfach. Seit 1998 übernimmt sie die Kosten, wenn der Prozess verloren wird. Erhält dafür aber einen Teil des Geldes, wenn der Kläger gewinnt, nämlich 30 Prozent. Ist es mehr als eine Million, nimmt sie nur 20 Prozent. Denn die Kosten sind hier verhältnismäßig niedriger. Die FORIS AG macht das natürlich nur bei Klagen, die sie vorher geprüft und als aussichtsreich angesehen hat. Derjenige, der klagen will, muss vorher von seinem Anwalt eine Klageschrift anfertigen lassen mit allen Unterlagen, die von den Juristen bei FORIS geprüft werden. Kommen sie zu einem positiven Ergebnis, übernehmen sie alle Prozesskosten, auch die seines eigenen Anwalts, der den Prozess dann führen kann. Eine gute Idee für Leute, die entweder schlechte Nerven haben oder nicht genug Geld für die Finanzierung eines Prozesses mit hohem Streitwert. Und das Geschäft lohnt sich für FORIS schon, wenn nur die Hälfte aller Prozesse gewonnen wird. Auch für den Kläger. Er ist die Sorge los wegen der Kosten und erhält immer noch 70 oder 80 Prozent dessen, was ihm zusteht. Wenn er den Prozess gewinnt. Die Idee ist so gut, dass sich auch schon andere auf diesen Markt der Prozessfinanzierung begeben haben. Die D.A.S. zum Beispiel in München, die älteste deutsche Rechtsschutzversicherung. Mit denselben Bedingungen. Und seit kurzem gibt es sogar Überlegungen dazu, ob ein Rechtsanwalt nicht seine Vertragspflichten verletzt und wegen der Kosten haftet, wenn er seinen Mandanten bei so hohen Streitwerten nicht auf FORIS oder andere hingewiesen hat, Klage erhebt und der Prozess verloren wird. Im Gegensatz zur Hotline sind bei dieser Art von Erleichterung des Zugangs zum Recht die juristischen Schwierigkeiten geklärt. Alle sind sich einig, dass sie zulässig ist.

Zwei Anwältinnen –
stärker als ein Gesetz

Iam victi vicimus.

Wir, die Besiegten, sind nun Sieger.

Plautus, *Casina* 510

Es war noch zur Zeit der Regierung von Helmut Schmidt und Hans-Dietrich Genscher. 1982 hatte die sozialliberale Koalition im Bundestag ein Gesetz beschlossen über die Durchführung der Volkszählung 1983. Bald gab es Unruhe. Die Computerisierung hatte schon begonnen, nicht nur im Bundeskriminalamt, auch in anderen Behörden, und viele hatten Angst vor dem »gläsernen Bürger« oder dem »Bürger im Computer«. Bürgerinitiativen entstanden, und die Grünen, die damals noch nicht im Bundestag waren und deshalb einen starken linken Flügel hatten, liefen Sturm. Der Boykott des Gesetzes wurde ausgerufen an vielen Orten, und liberale Zeitschriften griffen das Thema auf mit derselben Sorge, *Spiegel* und *Stern* zum Beispiel. Datenschützer und Computerfachleute warnten vor dem Missbrauch der nach dem Volkszählungsgesetz gesammelten Informationen. Aber die Regierung Schmidt gab nicht nach. Die Volkszählung sollte stattfinden am 27. April 1983. Das war auch die Meinung der neuen Regierung unter Helmut Kohl, der im Oktober 1982 Helmut Schmidt abgelöst hatte. Ihr Innenminister Friedrich Zimmermann sagte, eine Aussetzung sei nicht möglich, weil der Stichtag im Gesetz festgelegt und außerdem schon eine Summe von 100 Millionen Mark zur Vorbereitung für dieses Datum ausgegeben worden sei. Aber zwei Wochen vor dem 27. April erließ das Bundesverfassungsgericht eine einstweilige Anordnung. Die Durchführung der Volkszählung wurde vorläufig ausgesetzt bis zu einer endgültigen Entscheidung über die Verfassungsmäßigkeit des Gesetzes. Der Jubel war groß bei den Gegnern der Volkszählung und die Regierung Kohl leicht angeschlagen. Die endgültige Entscheidung kam im Dezember 1983. Das Gesetz wurde für verfassungswidrig erklärt.

Die Volkszählung konnte nicht mehr stattfinden. Zwei kluge und mutige Hamburger Rechtsanwältinnen hatten es geschafft. Eine der großen Leistungen der deutschen Anwaltschaft.

Maja Stadler-Euler und Dr. Gisela Wild sind es gewesen, Anwältinnen in einer Hamburger Kanzlei, die damals noch mittelgroß war mit zehn oder zwölf Anwälten und heute als überörtliche Sozietät mehr als 200 Rechtsanwälte beschäftigt. Die Unruhe um das Gesetz hatte sie lange nicht berührt. Aber plötzlich wurden sie hineingezogen. Frau Stadler-Euler wurde als ehemaliges FDP-Mitglied gebeten, an einer Podiumsdiskussion über das Volkszählungsgesetz teilzunehmen. Sie ging in den großen Hörsaal der Hamburger Universität und erlebte einen Hexenkessel. Ihr wurde klar, hier gibt es ein Problem. Frau Wild erhält etwas später an diesem Tag drei Anrufe. Von Alice Schwarzer, von einem Hamburger Informatikprofessor und einem Unternehmer, der ihr Mandant ist. Alle meinen, sie solle etwas tun. Auch ihr Sohn kennt sich aus in der Datenverarbeitung und sagt: »Warum machst du nichts?« Frau Wild denkt an eine Verfassungsbeschwerde. Damit hatte sie schon einige Erfahrungen.

Die beiden Anwältinnen beraten gemeinsam. Sie sprechen mit dem Hamburger Professor für Informatik, der ihnen erläutert, was hier technisch geschehen soll mit den über das Volkszählungsgesetz gewonnenen Daten. Das ging in Richtung der Orwell'schen Schreckensvisionen totalitärer Überwachungssysteme. Sie meinten nun, man müsse handeln. Also rufen sie zwei Hamburger Juraprofessoren an und bitten sie, sie vor dem Bundesverfassungsgericht zu vertreten. Sie selbst befassen sich mit Zivilrecht und Wirtschaftsrecht. Hier waren Spezialkenntnisse zum Verfassungsrecht gefragt. Die beiden Juraprofessoren wollten nicht. Der eine hält gar nichts davon und sagt, da sei nichts zu erreichen. Er wolle mit so einer Sache nicht seinen guten Ruf ruinieren. Der andere hat wenigstens zugehört und gefunden, da ist was dran, kann aber nicht. Er will gerade in Urlaub fahren. Also fragen sie noch zwei auswärtige Professoren des Verfassungsrechts. Auch die lehnen ab. Maja Stadler-Euler wird vom NDR aufgefordert, in eine Fernsehdiskussion hinein Fragen zu stellen. Sie macht das auch, und ihre Bedenken zur Datensicherheit verstärken sich bei den Antworten der Fachleute. Und nun wissen beide, Hilfe kann nur vom Bundesverfassungsgericht kommen. Es eilt. Es ist Anfang März, und Ende April soll die Volkszählung stattfinden. Sie müssen es selbst machen.

Sie arbeiten fieberhaft, beraten nur von dem Professor für Informatik. Eines der schwierigen Probleme ist aber die Frage, ob man mit einer Verfassungsbeschwerde überhaupt direkt gegen ein Gesetz vorgehen kann. Es wird gelöst. Und sie wissen, je klarer ein Schriftsatz ist, umso größer die Aussicht auf Erfolg. Es ging um die uneingeschränkte Verwendung der Daten durch die Verwaltung und die damit verbundene Gefahr für den einzelnen Bürger. Sie besteht im Wesentlichen darin, dass jeder letztlich doch identifiziert werden kann, auch wenn bei der Einspeicherung Name, Adresse und Telefonnummer weggelassen werden. Die zu fordernde Anonymisierung sei nicht gewährleistet:

»Nach der so genannten mathematisch-statistischen Methode ist es heute schon möglich, zum Beispiel mit sechs oder sieben Einzelangaben pro Person bei einer Anzahl von 100 000 Personen die jeweilige Person herauszufinden«,

schreiben sie. Das ist das eine. Das andere:

»Mit dem Gesetz werden keineswegs nur Statistikzwecke verfolgt, sondern Verwaltungsmaßnahmen vollzogen... Durch § 9 des Gesetzes wird nicht nur ein Melderegisterabgleich ermöglicht, sondern die Verwendung der Vielzahl personenbezogener Daten im Verwaltungsbereich. Sie sind beliebig abrufbar.«

Zwei Verfassungsbeschwerden – je eine von Frau Stadler-Euler und Frau Wild – mit dem Antrag auf einstweilige Anordnung, 18 Seiten. Abgeschickt am 5. März 1983.

Von 1000 Verfassungsbeschwerden hat etwa eine Erfolg, und Anträge auf einstweilige Anordnung haben fast noch weniger Aussichten. Aber das Wunder geschieht knapp drei Wochen später, am 23. März. Das Bundesverfassungsgericht schickt eine Ladung zur mündlichen Verhandlung zum 12. April. Die beiden Anwältinnen sollen kommen, ebenso Vertreter von Bundestag und Bundesrat, der Bundesregierung und der elf Länderregierungen. Es wird verhandelt über den Antrag auf einstweilige Anordnung, drei Stunden, von zehn Uhr morgens bis ein Uhr mittags. Und dann kommt am nächsten Tag der erste große Erfolg. Die Volkszählung wird vorläufig ausgesetzt, zwei Wochen vor dem Stichtag, und obwohl die Vorbereitungen auf Hochtouren laufen mit – angeblich umsonst aufgebrachten – Kosten von 100 Millionen Mark, die Innenminister Zimmermann genannt hat.

Das Ganze war nicht ohne Risiko für die beiden. Nachdem bekannt geworden war, was sie vorhatten, kamen manche Drohungen von Mandanten, die nichts mehr zu tun haben wollten mit einer Kanzlei, die gegen die Regierung Kohl, den Bundestag und den Bundesrat prozessierte. Auch der politische Druck war nicht von schlechten Eltern, sogar vom linken Flügel der Grünen, die den Volkszorn wollten und nicht eine juristische Korrektur innerhalb des »Systems«.

Im Oktober 1983 eine zweite mündliche Verhandlung über die Verfassungsbeschwerden selbst, kurz vorher noch ein – kostenlos erstattetes – Gutachten von Frau Noelle-Neumann, die sich überzeugt auf die Seite der Gegner des Gesetzes gestellt hatte. Und schließlich im Dezember die endgültige Entscheidung. Das Volkszählungsgesetz ist verfassungswidrig. In der Begründung des Urteils steht manches, das fast eine wörtliche Wiederholung jener 18 Seiten ist, die Maja Stadler-Euler und Gisela Wild Anfang März formuliert hatten. Mit einer Ergänzung. Die beiden Anwältinnen hatten sich im Wesentlichen nur berufen auf Artikel 1 und Artikel 2 des Grundgesetzes, also auf die Würde des Menschen und das allgemeine Freiheitsrecht. Das Bundesverfassungsgericht hat daraus ein neues Grundrecht gemacht, das »Recht auf informationelle Selbstbestimmung«, von großer Bedeutung auch für unsere Zukunft. Man braucht nur an die Möglichkeiten der Verwendung unserer gentechnischen Daten zu denken. Die beiden Anwältinnen haben Rechtsgeschichte geschrieben.

Der Bundestag hat zwei Jahre später ein neues Gesetz zur Volkszählung beschlossen, die dann auch durchgeführt worden ist. Das Gesetz war sehr viel ausführlicher mit einem sehr viel besseren Schutz für die Anonymisierung und ohne jene Weitergabe von Daten für Zwecke der Verwaltung. Es gab wieder viel Protest und Aufrufe zum Boykott, die teilweise befolgt wurden. Und problematisch blieb das Ganze ohne Zweifel auch. Juristisch war nichts mehr zu machen, hart am Rande des Rechts auf informationelle Selbstbestimmung, das aber nun immerhin als Prinzip für alle Zeiten festgeschrieben war.

Europa und die Anwaltschaft

Principium dimidium totius.

Der Anfang ist schon die Hälfte des Ganzen.

Erasmus, *Adagia* 1.2.39

Was Europa war, fragt kaum jemand. Was es sein wird, weiß niemand. Mit unklaren Grenzen ist es seit Jahrhunderten eine eigenartige Mischung aus Geographie, Geschichte, Kultur und Politik. Wobei die Politik immer wichtiger geworden ist für die europäische Integration seit dem letzten Weltkrieg. Zuerst 1951 die Montanunion, zwei Jahre nach Gründung der Bundesrepublik mit den sechs Ländern Frankreich, Italien, den Beneluxstaaten und der Bundesrepublik. Zwei Jahre nach ihrer Souveränität 1955 und Aufhebung des Besatzungsstatuts dann 1957 die Verträge von Rom über die Europäische Wirtschaftsgemeinschaft und Euratom, mit denselben sechs. Inzwischen sind es 15 Staaten. Schließlich 1992, zwei Jahre nach der deutschen Einheit, der Vertrag von Maastricht mit dem Euro und der politischen Union. Dazwischen eine unendliche Zahl kleiner Schritte, zum Beispiel das Abkommen von Schengen über freien Personenverkehr mit Wegfall von Grenzkontrollen, das jetzt verwirklicht ist zwischen acht dieser 15 Staaten. Also freier Verkehr von Waren, Dienstleistungen und Personen in einem Gebiet mit einheitlicher Währung. Wie geht es weiter? Bundesstaat mit Verfassung? Oder nur Staatenbund? Staatenverbund? Niemand weiß es. Aber freier Verkehr auch von Dienstleistungen. So steht es im Vertrag von Rom über die Europäische Wirtschaftsgemeinschaft, als Niederlassungsfreiheit im alten Artikel 52. Und das heißt »die Aufnahme und Ausübung selbstständiger Erwerbstätigkeit«. Dazu gehört auch die Anwaltschaft. Trotzdem ist lange nichts passiert. Die französischen Anwälte konnten nicht nach England gehen, die englischen nicht nach Deutschland, die deutschen nicht nach Spanien und so weiter. Es war nämlich juristisch umstritten, ob das überhaupt möglich sei. Es ging doch um Recht. Das ist was anderes als Physik oder Medizin oder Kuchenbacken. Das ist überall gleich. Aber das französische Recht ist anders als das englische oder deutsche oder niederländische. Wie soll das gehen? Und außerdem war da noch Artikel 55 des EG-Vertrages (alte Zählung):

»Auf Tätigkeiten, die in einem Mitgliedsstaat dauernd oder zeitweise mit der Ausübung öffentlicher Gewalt verbunden sind, findet dieses Kapitel in dem betreffenden Mitgliedstaat keine Anwendung.«

Die Anwälte gehören doch zur Justiz, wurde gesagt. Die dritte Staatsgewalt. In Deutschland sind sie sogar »Organ der Rechtspflege« nach § 1 der Bundesrechtsanwaltsordnung. Aber dann sprach der Europäische Gerichtshof in Luxemburg 1974 ein Machtwort. Der berühmte Fall Reyners. Ein Niederländer wollte Rechtsanwalt werden in Belgien. Geht nicht, sagte die belgische Regierung. Artikel 55. Geht doch, sagte der Europäische Gerichtshof. Anwalt ist ein freier Beruf und nicht verbunden mit Ausübung öffentlicher Gewalt. Das war der Durchbruch. Aber es dauerte nochmals 14 Jahre. Erst 1988 kam eine so genannte Richtlinie vom Europäischen Rat in Brüssel. Die Länder der EU müssen Gesetze erlassen, die den Wechsel möglich machen. Können dafür noch eine besondere Eignungsprüfung vorschreiben, aber müssen ihn möglich machen. Die Eignungsprüfung ist nicht unvernünftig, denn es ist tatsächlich nicht so einfach, als deutscher Anwalt in Italien eine Klageschrift zu verfassen für ein Gericht oder als französischer Anwalt beim Amtsgericht, Landgericht oder Oberlandesgericht in Frankfurt am Main aufzutreten.

Also hat der Bundestag 1990 das »Eignungsprüfungsgesetz« erlassen und § 4 der Bundesrechtsanwaltsordnung geändert, der früher den Wortlaut hatte:

»Zur Rechtsanwaltschaft kann nur zugelassen werden, wer die Befähigung zum Richteramt nach dem Deutschen Richtergesetz erlangt hat.«

Das wurde nun für die Anwälte aus den anderen EU-Ländern ergänzt, und dann hieß es:

»Zur Rechtsanwaltschaft kann nur zugelassen werden, wer die Befähigung zum Richteramt nach dem Deutschen Richtergesetz erlangt oder die Eignungsprüfung nach dem Gesetz über die Eignungsprüfung für die Zulassung zur Rechtsanwaltschaft vom 6. Juli 1990 bestanden hat.«

Die Eignungsprüfung ist also etwas Ähnliches wie das zweite Staatsexamen, nur viel leichter, weil die ausländischen Anwälte zu Hause ja schon mal ein etwa gleichwertiges Examen gemacht haben. Also nur zwei Klausuren und eine mündliche Prüfung. Nicht acht Klausuren oder mehr wie im normalen zweiten Staatsexamen und auch kein Aktenvortrag in der mündlichen Prüfung, wie es in einigen Bundesländern üblich ist. Aber der große Andrang blieb aus. In den zehn Jahren von 1991 bis Ende 2000 etwas mehr als 200 Prüfungen insgesamt, mit einer höheren Durchfallquote als beim normalen zweiten Staatsexamen. Dort sind es etwa 15, bei der Eignungsprüfung 25 Prozent.

In den anderen Ländern der Europäischen Union ist es ähnlich. Auch dort gibt es entsprechende Gesetze mit Eignungsprüfungen. In Italien zum Beispiel sind es drei Klausuren, in Spanien nur eine. Und jeweils eine mündliche Prüfung. Aber alles auf Italienisch oder Spanisch. Und da liegt wohl das Hauptproblem. Auch für die deutschen Eignungsprüfungen. Und die Durchfallquoten sind dort noch höher. In Spanien 40 Prozent, in Frankreich 70, in Italien sogar 90 Prozent. Das war also nicht die Europäisierung der Anwaltschaft, die man sich in Brüssel vorgestellt hatte. Aber das soll sich jetzt ändern.

1998 hat nämlich der Europäische Rat in Brüssel eine neue Richtlinie erlassen, um die Integration der europäischen Anwälte zu beschleunigen. Die Eignungsprüfungen, das sah man, sind eine zu hohe Hürde, also soll es in Zukunft einfacher werden. Wenn jemand zugelassen ist als Anwalt in einem Land der Europäischen Union, kann er ohne weiteres wechseln in ein anderes Land und sich dort niederlassen als Rechtsanwalt, darf aber nicht mit der dort üblichen Bezeichnung als Anwalt auftreten, sondern nur mit der, die er zu Hause hatte. Ein spanischer Anwalt kann also nach Deutschland kommen, eine Kanzlei eröffnen, Rechtsberatung auch im deutschen Recht erteilen und vor Gerichten auftreten wie ein deutscher Anwalt, wird auch sofort Mitglied der Anwaltskammer, muss sich hier aber *Abogado* nennen auf Türschild oder Briefbogen, allerdings mit dem Zusatz »Mitglied der Anwaltskammer Düsseldorf« oder wo immer er sich niedergelassen hat. Dann können die deutschen Mandanten erkennen, aha *Abogado*, er hat nicht die Ausbildung im deutschen Recht. Ein deutscher Anwalt in Spanien oder England muss sich »Rechtsanwalt« nennen und darf nicht unter der Bezeichnung *Abogado* oder *Solicitor* auftreten. Aber es geht noch weiter nach der Richtlinie von 1998.

Wenn der Anwalt tatsächlich und ununterbrochen – wörtlich: »effektiv und regelmäßig« – drei Jahre in dem neuen Land und in dessen Recht gearbeitet hat und das auch mit seinen Akten nachweisen kann, wird er dort voll in die Anwaltschaft eingegliedert und erhält deren Berufsbezeichnung. Ein spanischer Anwalt darf sich dann also in Deutschland »Rechtsanwalt« nennen. Ohne Eignungsprüfung. Das entsprechende Gesetz hat der Bundestag für die Bundesrepublik im März 2000 erlassen. Es heißt »Gesetz über die Tätigkeit europäischer Rechtsanwälte«, abgekürzt EuRAG. Und so heißt es jetzt in § 4 der Bundesrechtsanwaltsordnung:

> »Zur Rechtsanwaltschaft kann nur zugelassen werden, wer die Befähigung zum Richteramt nach dem Deutschen Richtergesetz erlangt hat oder die Eingliederungsvoraussetzungen nach dem Gesetz über die Tätigkeit europäischer Rechtsanwälte in Deutschland vom 9. März 2000 erfüllt oder die Eignungsprüfung nach diesem Gesetz bestanden hat.«

Es wird wahrscheinlich wieder keinen Ansturm geben von europäischen Anwälten auf die Bundesrepublik. Aber es werden bald sehr viel mehr sein als jene knapp 200, die in den letzten Jahren die Eignungsprüfung geschafft haben. Die Europäisierung der Anwaltschaft in Deutschland wird stärker und auch in den anderen Ländern der EU, die solche Gesetze erst noch erlassen müssen. Sie wird positive Folgen nicht nur für Europa haben, auch für die deutschen Anwälte.

Ein großes einheitliches Wirtschaftsgebiet braucht ein einheitliches Recht. Anders geht es nicht. Schon jetzt kommt mehr als die Hälfte aller Gesetze, die unser wirtschaftliches Leben regeln, aus Brüssel. Entweder als Richtlinien, die vom Bundestag in nationales Recht umgesetzt werden müssen, oder als unmittelbar in Deutschland geltendes Recht in Form so genannter Verordnungen. Manche schätzen, dass dieses europäische Gemeinschaftsrecht mehr ausmacht als nur die Hälfte und sprechen von 80 Prozent. Dafür gibt es auch ein gemeinsames Obergericht, den Europäischen Gerichtshof in Luxemburg. Vor ihm kann jeder der etwa 500000 europäischen Rechtsanwälte auftreten. Nur wenige haben bisher diesen großen Markt für sich entdeckt. Es gibt aber schon eine gemeinsame Vertretung jener halben Million, den »Rat der Anwaltschaften der Europäischen Gemeinschaft«. Durch ihn werden sich die nationalen Anwaltschaften allmählich verändern, einander angleichen. Und das wird gut sein für die deutschen Rechtsanwälte.

Im Grund stehen sie gar nicht so schlecht da beim Vergleich mit den 14 anderen Ländern der EU. Die deutsche rechtswissenschaftliche Ausbildung ist sehr gut. Unsere Anwälte bewegen sich zwar oft im unteren Bereich dieser Ausbildung. Aber das ist immer noch besser als in vielen anderen Ländern. Nur sind sie damit nicht so gut vorbereitet auf ihren Beruf als Anwalt. Das ist anderswo besser. Denn wir produzieren den »Einheitsjuristen« mit dem Ziel der Ausbildung zum Richter, was unter anderem zur Folge gehabt hat, dass deutsche Anwälte auch nicht so starke und selbstbewusste Organisationen haben wie ihre Kollegen in anderen EU-Staaten, in denen manche schon seit Jahrhunderten bestehen. Das hängt erstens zusammen mit der territorialen Zersplitterung im alten Deutschen Reich und zweitens mit der Beamtenstellung der Anwälte in den Territorialstaaten des 18. und 19. Jahrhunderts. Da hat sich kein eigenes Anwaltsbewusstsein entwickeln können. Anwaltskammern gibt es erst seit der Freien Advokatur 1878, eine gemeinsame deutsche Vertretung seit Adolf Hitler, aber wieder im beamtenrechtlichen Rahmen als »Dienst am Recht«. Also ist die Bundesrechtsanwaltskammer die erste wirkliche gemeinsame und selbstständige Vertretung der deutschen Anwälte, das aber in deren Bewusstsein noch nicht sehr tief eingedrungen ist. Ein halbes Jahrhundert ist eben nicht viel verglichen mit der Tradition des Pariser *barreau* von über 600 Jahren. Daher auch immer noch der ziemlich große staatliche Einfluss bei uns. Ausländische Anwälte sind immer wieder verblüfft gewesen, wenn sie hörten, dass die deutschen Rechtsanwälte vom Justizminister ernannt würden. Das hat sich nun immerhin geändert. Aber das Staatsexamen ist immer noch ein Examen des Staates, nicht der Universitäten. Die Universität lehrt, das staatliche Justizprüfungsamt prüft. Auch das wird nicht so bleiben. Die Pläne liegen schon auf dem Tisch.

Heute verstehen sich Rechtsanwälte in erster Linie noch immer als Juristen in Gemeinsamkeit mit Richtern, Staatsanwälten oder denen in Verwaltung und Wirtschaft, nicht so sehr als eigenständige Berufsgruppe. Weil sie alle dieselbe einheitliche Ausbildung haben, verstehen sie sich als Einheitsjuristen. Mit dem Wachsen der europäischen Integration wird dieses Gefühl von Einheit abgelöst werden durch das Selbstbewusstsein einer Tradition von vielen 100 Jahren europäischer Anwaltschaft, die mehr Gemeinsamkeiten hat als nationale Unterschiede. Das ist gut so auf dem Weg in die Zivilgesellschaft. Der General Dr. vom Staat – wie Thomas Mann die Übertreibung von Staatlichkeit bei uns genannt hat –, er wird auch bei uns nicht mehr lange leben. Das Gesetz über die Tätigkeit der europäischen Rechtsanwälte in Deutschland ist dafür ein guter Anfang. Und der ist bekanntlich schon die Hälfte des Ganzen.

Die Robe

> Wenn einen macht gelehrt sein Rock,
> leicht Doktor wird zum Ziegenbock.
>
> Friedrich Petri, *Der Teutschen Weisheit*, Hamburg 1605, 2. Band, Seite 650

Das Wort kommt aus dem Französischen. *La robe* ist das lange Kleid, besonders für festliche Anlässe. Aber, sagt die Wissenschaft, es ist eine »Rückentlehnung«. Denn ursprünglich stammt es von den Germanen, ist aus der altfränkischen Sprache in die französische gekommen, vielleicht mit dem langen Kleid, vielleicht mit seiner anderen Bedeutung. Denn altfränkisch *rauba* bedeutete Raub, Beute, erbeutetes Kleid, Gewand. Wie im Altenglischen das Wort *reaf* die Bedeutung hatte von Raub und Beute, Rüstung und Kleid. Aus dem Germanischen ist es mit beiden Inhalten – Raub einerseits, Kleid andererseits – in das Französische übergegangen und wurde dort ebenfalls sehr früh gebraucht für den schwarzen Mantel der Rechtsgelehrten. Der wurde seit dem Spätmittelalter auch in Deutschland getragen und bei uns Schaube genannt, auch für Doktoren anderer Fakultäten, aber seit dem 16. Jahrhundert nur als besondere Standeskleidung der Juristen, für Richter, Advokaten und Prokuratoren, die das Recht studiert hatten an den Universitäten. Neben dem schwarzen Mantel der Juristen gab es noch einen roten für Richter an den höheren Gerichten mit so genanntem Blutbann, also Gerichten, die Todesurteile aussprechen konnten. So wie bei uns noch heute Richter bis zum Oberlandesgericht schwarze Roben tragen und die bei den oberen Bundesgerichten rote Roben, ohne Erinnerung an den makabren Ursprung dieser Farbe. Im 17. und 18. Jahrhundert nannte man die Robe nicht mehr Schaube, sondern sprach vom schwarzen Mantel oder Rock. Das Wort »Robe« kam erst am Ende des 18. Jahrhunderts in Gebrauch, als das Französische die Modesprache geworden war.

Im 17. und 18. Jahrhundert sind die Anwälte Beamte der Fürsten geworden, und ihr soziales Ansehen war gesunken. Aus der ehrenvollen Standeskleidung, die man tragen durfte, wurde eine Amtstracht, die man tragen musste, und zwar nicht nur vor Gericht, sondern auch auf der Straße. Ein uralter Brauch. Schon die Oberbeamten im alten Rom trugen öffentlich – und mit Stolz – die *toga praetexta*, den hellen Wollmantel mit violett-rotem Saum aus dem kostbaren Purpur, kunstvoll über die linke Schulter geworfen. Bei der Bewerbung für die Wahl zum Amt war die Toga aufgehellt mit Kreide, die weiße Toga, *toga candida*, der Ursprung unseres Wortes »Kandidat«. Amtstrachten in der Öffentlichkeit reichen vom Altertum über das Mittelalter bis in die Neuzeit, heute noch wichtig für Polizisten, Soldaten oder Feuerwehrleute. Aber Juristen? Heute?

Streit um die Robe von Anwälten gab es in Deutschland zweimal. Einmal um 1700 und zuletzt 1968 in der Protestbewegung der außerparlamentarischen Opposition. Um 1700, weil die Fürsten verlangten, Advokaten und Prokuratoren müssten sie tragen auch auf der Straße, und die armen Kerle fürchteten um ihren Ruf und ihre Chancen bei den Frauen. Also suchten sie Ausflüchte, trugen die Robe nur über den Arm oder versteckt oder gar nicht. Besonders hart reagierte 1713 der Preußenkönig Friedrich Wilhelm I.:

> »die advocatten sollen schwartz gehen mit ein Mentelchen biss an die Knie. Die Procuratores einen schwartzen Rogk ohne mantell mit einer rahbaht das auf die brust gehet, der generahlfischall soll agiren gegen die die da nicht so gehen werden und sollen karren [Zwangsarbeit, U. W.].«

Es gab jahrelangen Streit in vielen Spielarten, der schließlich gelöst wurde zu Gunsten der Anwälte am Ende des 18. Jahrhunderts. Auf der Straße brauchten sie das Mäntelchen nicht mehr zu tragen.

1968 gab es wieder Ärger. Diesmal um die Robe vor Gericht. Einige Anwälte mit dem Herzen auf dem linken Fleck weigerten sich aufzutreten in dieser Antiquität aus ständischer Gesellschaft und Absolutismus. Es war die Zeit der Studentenrevolte, die in den Universitäten rumorte mit der Parole:»Unter den Talaren der

Muff von tausend Jahren.« Die Anwälte bekamen sogar Beifall von Liberalen, scheiterten aber an der harten Haltung der Justiz, zuletzt 1970 vor dem Bundesverfassungsgericht. Das bestätigte eine Entscheidung des Landgerichts Freiburg, mit der ein linker Rechtsanwalt ausgeschlossen worden war als Vertreter seines Mandanten in einem Zivilprozess, weil er sich weigerte, »vor Gericht in Amtstracht aufzutreten«.

Amtstracht? Das war juristisch eigentlich überhaupt nicht mehr zu begründen, denn es gab kein Gesetz mehr dafür wie 1713 unter König Friedrich Wilhelm, und ein Amt hatte der Anwalt auch nicht mehr seit 1878 mit der Einführung der Freien Advokatur. Aber das Bundesverfassungsgericht berief sich für seine Entscheidung erstens auf – zweifelhaftes – Gewohnheitsrecht und zweitens auf ein preußisches Gesetz, ebenfalls von 1878. Es war jedoch ergangen, als die preußischen Anwälte noch Beamte waren, vor der Einführung der Freien Advokatur in der Reichsrechtsanwaltsordnung. Deshalb auch »Amtstracht«. Das preußische Gesetz erging im April. Die Reichsrechtsanwaltsordnung wurde vom Reichstag erst im Juli erlassen. Damit war es eigentlich schon aufgehoben. Als dann schließlich 1959 die neue Bundesrechtsanwaltsordnung beraten wurde, wusste man nicht genau, wie es zu halten sei mit der Robe und der Amtstracht, hatte die Geschichte auch vergessen und konnte sich nicht einigen auf eine entsprechende Vorschrift. Es war nämlich unklar, ob das überhaupt in die Kompetenz des Bundestages gehörte, als »Gerichtsrecht«, oder in die der Anwaltskammer als »Standesrecht«. Das blieb offen. Deshalb ging das Bundesverfassungsgericht 1970 den Ausweg über Gewohnheitsrecht und das preußische Gesetz von 1878. Eine sehr wackelige Konstruktion, die nun überholt ist durch § 20 der neuen Berufsordnung für Rechtsanwälte von 1996:

»Der Rechtsanwalt trägt vor Gericht als Berufstracht die Robe, so weit das üblich ist. Eine Berufspflicht zum Erscheinen in Robe besteht beim Amtsgericht in Zivilsachen nicht.«

Auch nicht ohne Komik, »so weit das üblich ist« vor Gericht. Aber immerhin, man hat was gemerkt. Nicht mehr Amtstracht, sondern

Berufstracht. Was immer das ist als Kombination aus Mittelalter und Trachtenwesen der Neuzeit. Aber die Posse ist noch nicht zu Ende. 1998 ging es weiter. Einige Bundesländer wollten vom Bundesjustizministerium wissen, ob die Robe nun wirklich nur »Anwaltsrecht« ist oder nicht auch »Gerichtsrecht«. Denn sie wollten den Anwälten auch vor den Amtsgerichten in Zivilsachen wieder das Mäntelchen überhängen durch eigene Gesetze im Rahmen ihrer Justizhoheit. Sachsen zum Beispiel wollte 1998 vorschreiben:

>»Rechtsanwälte tragen in den zur Verhandlung oder Verkündung einer Entscheidung bestimmten Sitzungen eine Amtstracht, sofern nicht im Einzelfall nach Auffassung des Gerichts eine andere Regelung angemessen ist.«

Also wieder Amtstracht. Aber das Bundesjustizministerium machte nicht mit, und so hatte auch diese Posse bald ein Ende. Sie wird nicht die Letzte sein, denn – so ein deutsches Sprichwort – alte Kleider und schöne Frauen bleiben überall hängen. Die Robe ist eben immer noch das Symbol der Anwaltschaft trotz Hotline 0190, Werbung, *Top Quality Management* mit Zertifizierung nach DIN EN ISO 9001, Riesenkanzleien mit Abteilungsleitern, Anwalts-GmbHs und Aktiengesellschaften und obwohl man selbst in den höheren Etagen von Aktiengesellschaften sich schon Gedanken darüber macht, ob man nicht langsam verzichten sollte auf die Krawatte als Berufstracht von *Top Quality Management*. Sicher, es gibt einen Grund, die Robe beizubehalten. Als Waffengleichheit mit den Richtern und ihrer Amtstracht. Diese Gleichheit lässt sich aber auch anders herstellen. Wie in einem Cartoon des *New Yorker* vor zehn oder 15 Jahren. Da saß ein Mann, als Clown gekleidet, hinter einem Schreibtisch, vor ihm ein Mandant. Unter der Karikatur stand der Text: »*You must look at it this way: if I weren't a very good lawyer, could I practise in a clown's costume?*«

Nachweise für die einzelnen Kapitel

Das erste Kapitel beruht auf biographischen Angaben zweier Anwältinnen, deren Namen verändert wurden, auch die Orte, in denen sie gelebt und studiert haben und in denen sie heute wohnen. Die Kapitel »Das Bild der Kindergärtnerin«, »Ein ganz normaler Schriftsatz«, »Der tödliche Krankentransport«, »Die wunderbare Einbauküche« und »Das Misstrauen des Werner Rinkowski« beruhen auf Akten von Anwälten. In allen Fällen sind Namen und Orte verändert. Wenn es trotzdem Ähnlichkeiten geben sollte mit Personen gleichen Namens, würde das nur zufällig sein.

Die große Maschine

Statistisches Jahrbuch für die Bundesrepublik Deutschland, 1999, 15. Kapitel, Seiten 347–364. Die Zahl der Richter in anderen Ländern: Thomas Raiser, *Das lebende Recht*, 3. Auflage 1999, Seite 376.

Einer wird Anwalt – wie und warum?

Anwaltsausbildung im Ausland: Martin Henssler, Jörg Nerlich (Hg.), *Anwaltliche Tätigkeit in Europa*, 1994; Heino Schöbel, »Blick über den Zaun – Aspekte der Juristenausbildung europäischer Nachbarstaaten«, in: *Bayerische Verwaltungsblätter*, 1991, Seiten 328–331; David S. Clark, Ansay Tuğrul, *Introduction to the Law of the United States*, 1992, Seiten 13–31; Deutsch-Amerikanische Juristenvereinigung (Hg.), *USA-Studienführer für Juristen* (5. Auflage 1998, Seiten 268–284).

Die Examensergebnisse in der Bundesrepublik in jedem Jahrgang der Zeitschrift *Juristische Schulung* im Index unter »Staatsexamen, Ergebnisse ...«, zuletzt 2000, Seiten 932.

Wat wolln Se denn von dem?

Der Fall ist nachgebildet der Entscheidung des Bundesgerichtshofes in der *Neuen Juristischen Wochenschrift*, 1981, Seite 2741.

Der Mandant von heute ist der Gegner von morgen

Der »juristische Supermann«: F. J. Rinsche, *Die Haftung des Rechtsanwalts und Notars*, 6. Auflage 1998, Seite 27. Die Darstellung der historischen Entwicklung der Anwaltshaftung beruht auf eigenen Untersuchungen. Allgemeine Literatur zur Anwaltshaftung: Brigitte Borgmann, Karl H. Haug, *Anwaltshaftung*, 3. Auflage 1995. Zum Vergleich mit der Haftung in anderen Berufen: Ulrich Hübner, »Die Berufshaftung – ein zumutbares Berufsrisiko«, in: *Neue Juristische Wochenschrift*, 1989, Seiten 5–11.

Der Vergleich mit dem Ausland: Ralph O. Graef, *Die Haftung des deutschen und des englischen Anwalts für fehlerhafte Prozessführung*, 1995; Hans M. Schellenberger, *Die Haftung des Anwalts in England*, Dissertation Bonn, 1970 (Seiten 159–161 zu Frankreich); John D. Gatto, *Die Anwaltshaftung im US-amerikanischen und deutschen Recht*, Dissertation Gießen, 1992.

Vater hat ungern gezahlt

Der Fall ist nachgebildet der Entscheidung des Bundesgerichtshofes in der *Neuen Juristischen Wochenschrift*, 1998, Seite 2048.

Eine ungeeignete Computeranlage

Der Fall ist nachgebildet einer Entscheidung des Bundesgerichtshofes in der *Neuen Juristischen Wochenschrift*, 1996, Seite 2648.

Die Anwaltsschwemme

Die Zahlenangaben beruhen auf eigenen Untersuchungen in verschiedenen Veröffentlichungen des 19. Jahrhunderts und in neuerer Literatur, für die letzten Jahre auf Angaben in den Mitteilungen des Bundesrechtsanwaltskammer (*BRAK-Mitteilungen*) und dem *Anwaltsblatt*. Die Zahlen für das Ausland bei Benno Heussen, *Anwalt und Mandant*, 1999, Seite 24. Die Entscheidung des Bundesgerichtshofes zum Taxifahren: *BRAK-Mitteilungen*, 1998, Seite 17. Der Beschluss der Justizminister des Bundes und der Länder vom 10. 11. 1999 ist bisher nicht veröffentlicht.

Auf der Suche nach dem richtigen Anwalt

Die infas-Umfrage: *Berliner Anwaltsblatt*, 1998, Seite 86. Das Zitat aus dem Anwaltshandbuch: John Pritchard, *Kanzleien in Deutschland*, 1998, Seite VIII.

Einkaufstüten: Anton Braun, »Anwaltswerbung in der Praxis«, in: *Berliner Anwaltsblatt*, 1998, Seite 154. Drehende Paragraphensäule: Oberlandesgericht Frankfurt, *BRAK-Mitteilungen*, 1994, Seite 195.

Bundesverfassungsgericht 1992: *Neue Juristische Wochenschrift*, 1992, Seite 1613. Bundesgerichtshof zu »Focus«: *Neue Juristische Wochenschrift*, 1997, Seite 2681.

Anwalt oder Anwältin?

Paul Noack, *Olympe de Gouge* (dtv), 1992; Deutscher Juristinnenbund (Hg.), *Juristinnen in Deutschland. Die Zeit von 1900 bis 1998*, 3. Auflage, 1998. Zu Marie Raschke, Emilie Kempin und Anita Augspurg: Christiane Berneike, *Die Frauenfrage als Rechtsfrage*, Dissertation Berlin, 1993.

Schwarz und weiß

Das juristische Problem ist am ausführlichsten beschrieben von Wolfgang Grunsky im *Münchner Kommentar zum Bürgerlichen Gesetzbuch*, Band 2, 3. Auflage, 1994, Randziffern 87 bis 90b vor § 249. Die Entscheidung des Bundesarbeitsgerichts zum Metallarbeiterstreik: Entscheidungen des Bundesarbeitsgerichts, 6. Band, Seite 231 (= »BAGE 6.231«, bei Grunsky genannt in Randziffer 89).

Der sicherste Weg in die Zukunft

Der Fall ist nachgebildet der Entscheidung des Bundesgerichtshofes in der *Neuen Juristischen Wochenschrift*, 1993, Seite 3323. Die Entscheidung von 1964: in der Zeitschrift *Wertpapiermitteilungen*, 1964, Seite 509, die vom April 1982: *Neue Juristische Wochenschrift*, 1982, Seite 1639.

Die ältere Geschichte

Der Prozess in Athen ist am besten beschrieben von Douglas MacDowell, *The Law in Classical Athens*, 1978, Seiten 247–254, zu den Logographen Seite 250.

Procuratores und *advocati* im antiken römischen Recht: Max Kaser/Karl Hackl, *Das römische Zivilprozessrecht*, 1996, §§ 29, 85.

Der Fürsprech oder Vorsprecher im alten deutschen Recht: A. Cordes, »Vorsprecher«, in: *Handwörterbuch zur deutschen Rechtsgeschichte*, 5. Band, 1998, Spalte 1065–1066.

Zu Prokuratur und Advokatur vom Mittelalter bis in die Neuzeit und zu den preußischen Assistenzräten und Justizkommissaren immer noch am besten: Adolf Weißler, *Geschichte der Rechtsanwaltschaft*, 1905, 3. und 4. Abschnitt.

Über den sozialen Wandel und das Sozialprestige der Advokaten: Filippo Ranieri, »Vom Stand zum Beruf«, in: *Ius commune,* Band 12, 1985, Seiten 83–105, und: Hannes Siegrist, *Advokat, Bürger und Staat. Sozialgeschichte der Rechtsanwälte in Deutschland, Italien und der Schweiz (18.–20. Jh.)*, 2 Bde., 1996.

Der preußische Erlass von 1780 bei Weißler, a. a. O., Seite 349 f.

Die Fehler des Hof-Advocaten Wedekind in Eisenach 1754

Der Fall bei: Johann Stephan Pütter, *Auserlesene Rechtsfälle aus allen Theilen der in Teutschland üblichen Rechtsgelehrsamkeit in Deductionen, rechtlichen Bedenken, Relationen und Urtheilen, theils in der Göttingischen Juristen-Facultät, theils in eigenem Namen ausgearbeitet*, Responsum CLVI, Band 1, 4. Teil, 1768, Seiten 1017–1021.

Die Entscheidung des Reichskammergerichts vom 19. 5. 1786 bei: Nikolaus Th. Goenner, *Handbuch des deutschen gemeinen Processes*, 1. Band, 2. Auflage, 1804, Seiten 480–486.

Zurück zum alten Prinzip schon das Oberappellationsgericht Jena am 22. 10. 1819 bei Kori, *Archiv für die civilistische Praxis* (Mittermaier), 5. Band, 1820, Seiten 399–415.

Die freie Advokatur

Werner Schubert (Hg.), *Entstehung und Quellen der RAO von 1878*, 1985; Rudolf von Gneist, *Freie Advocatur. Die erste Forderung aller Justizreform in Preußen*, 1867; Helga Huffmann, *Kampf um die freie Advokatur*, 1967; Hannes Siegrist, *Advokat, Bürger und Staat*, 1996, Seiten 389–412; Reinhard Rümp, »Die Emanzipation der Juden und die verzögerte Öffnung der juristischen Berufe«, in: Heinrichs, Franzki, Schmalz, Stolleis (Hg.), *Deutsche Juristen jüdischer Herkunft*, 1993, Seiten 1–25; Die preußische Kabinettsorder von 1801 zitiert nach Rudolf von Gneist, Seite 17.

Anwälte unter Adolf Hitler

Fritz Ostler, *Die deutschen Rechtsanwälte 1871–1971*, 2. Auflage 1982, 4. Teil, Seiten 229–304 (dort alle Zahlen, die Daten über die Vertreibung der Juden aus der Anwaltschaft, die Entwicklung der Kammern und der Ehrengerichtsbarkeit, die Auflösung des Deutschen Anwaltvereins usw.).

Zur Situation der Anwältinnen im Dritten Reich: Deutscher Juristinnenbund (Hg.), *Juristinnen in Deutschland*, 3. Auflage, 1998, Seite 28.

Zur Einschränkung der Strafverteidigung und zu den jüdischen Anwälten: Stefan König, *Vom Dienst am Recht*, 1987.

Die Bundesrepublik

Fritz Ostler, *Die deutschen Rechtsanwälte 1871–1971*, 2. Auflage 1982, 5. Teil, »Die Zeit seit 1945«, Seiten 307–374; Konrad Redeker, »Rechtsanwaltschaft zwischen 1945 und 1995 – ein Berufsstand im Wandel«, in: *Neue Juristische Wochenschrift*, 1995, Seiten 1241–1246; Rudolf Nirk, »50 Jahre NJW: Die Entwicklung der Anwaltschaft«, in: *Neue Juristische Wochenschrift*, 1997, Seiten 2625–2630.

Die Entscheidung des Bundesverfassungsgerichts von 1987: *Neue Juristische Wochenschrift*, 1988, Seiten 191–194.

Die Umfrage von Allensbach in *BRAK-Mitteilungen*, 1994, Seite 29; zu den Fachanwälten bis 1994 genauer: Detlef Olufs, in: *Der Steueranwalt*, 1995, Seiten 36–38. Die erste Anwalts-GmbH: Bayerisches Oberstes Landesgericht am 24. 11. 1994 in *BRAK-Mitteilungen*, 1995, Seite 34. Die erste Anwalts-AG: Bayerisches Oberstes Landesgericht am 27. 3. 2000, in: *Neue Juristische Wochenschrift*, 2000, Seite 1647.

DDR und was danach kam

Zur Rechtsanwaltschaft in der DDR: Thomas Lorenz, *Die Rechtsanwaltschaft in der DDR*, 1998; Torsten Reich, »Die Entwicklung der Rechtsanwaltschaft in der DDR«, in: Rainer Schröder (Hg.), *Zivilrechtskultur der DDR*, Band 1, 1999, Seiten 315–366.

Rechtsanwälte in den neuen Bundesländern: Thomas Raiser u. a., »Rechtsanwälte in den neuen Bundesländern«, in: *Anwaltsblatt*, 1994, Seiten 433–439; Michael Kleine-Cosack, »Rechtsstaat und freie Advokatur im Stasi-Strudel«, in: *Neue Justiz*, 1992, Seiten 329–335; K. M. Born u. a., »Zweites Staatsexamen oder Juristendiplom: Anwälte in den neuen Bundesländern«, in: *BRAK-Mitteilungen*, 1997, Seiten 2–5; K. M. Born u. a., »Rechtsanwälte in den neuen Bundesländern: die Entwicklung eines Rechtsanwaltssystems aus Alt und Neu«, in: *BRAK-Mitteilungen*, 1999, Seiten 12–20.

Die Entscheidung des Bundesverfassungsgerichts zum Rechtsanwaltsüberprüfungsgesetz, in: *Neue Juristische Wochenschrift*, 1996, Seiten 709–712.

Einer gegen drei

Hans Dahs, *Taschenbuch des Strafverteidigers*, 4. Auflage, 1990 (die mondhelle Nacht: Randziffer 51); Hans Dahs, *Handbuch des Strafverteidigers*, 6. Auflage, 1999 (die Fangfrage: Randziffer 492; Verfahrensabsprachen, mit weiterer Literatur: Randziffer 463); Stephan Barton, *Mindeststandards der Strafverteidigung*, 1994.

Die Verteidigung des Staatsratsvorsitzenden

Uwe Wesel, *Der Honecker-Prozess. Ein Staat vor Gericht*, 1994. Die Entscheidung des Berliner Verfassungsgerichtshofs vom 12. 1. 1993: *Neue Juristische Wochenschrift*, 1993, Seite 515. Sie ist oft kritisiert worden. Das Gericht sei gar nicht zuständig gewesen, weil es um die Strafprozessordnung ging, nicht um Landesrecht. Die Zuständigkeit ist jedoch – indirekt für alle Landesverfassungsgerichte – bestätigt worden durch eine Entscheidung des Bundesverfassungsgerichts, in: *Neue Juristische Wochenschrift*, 1998, Seite 1296 (auf Vorlage des sächsischen Verfassungsgerichtshofs).

Das Urteil gegen die drei verbliebenen Angeklagten wurde bestätigt vom Bundesgerichtshof am 24. 7. 1994, in: *Neue Juristische Wochenschrift*, 1994, Seite 2703. Die dagegen eingelegte Verfassungsbeschwerde hatte keinen Erfolg: Bundesverfassungsgericht am 24. 10. 1996, in: *Neue Juristische Wochenschrift*, 1997, Seite 929.

Notare

G. Dolezalek/K.-O. Know, »Notar, Notariat«, in: *Handwörterbuch zur deutschen Rechtsgeschichte*, 3. Band, 1984, Spalte 1043–1049; Hermann Conrad, »Die geschichtlichen Grundlagen des modernen Notariats in Deutschland«, in: *Deutsche Notarzeitschrift*, 1960, Seiten 3–33; Winfried Trusen, »Zur Geschichte des mittelalterlichen Notariats«, in: *Zeitschrift der Savigny-Stiftung für Rechtsgeschichte*, germanistische Abteilung, Band 98, 1981, Seiten 369–381.

Honorare, Rechtsschutzversicherungen, PKH

Anwaltshonorare: Peter Knief, »Das Preis-Leistungs-Verhältnis der anwaltlichen Dienstleistungen«, in: *Anwaltsblatt*, 1999, Seiten 76–96.

Rechtsschutzversicherungen: Hans Buschbell/Manfred Hering, *Der Rechtsschutzfall in der Praxis*, 1997.

PKH: §§ 114 ff. ZPO und dazu die Kommentare, z. B. Thomas Putzo, *ZPO*, 21. Auflage, 1998. Zur Geschichte: Adalbert Erler, »Armenrecht«, in: *Handwörterbuch der Rechtsgeschichte*, 1. Band, 1971, Spalte 228–229.

Die Party

Der Fall ist nachgebildet einer Schilderung von Detlev Bengel, in: *Berliner Anwaltsblatt*, 1998, Seiten 300–301.

Auch nach dem Ende des Mandats

Der Fall ist nachgebildet, etwas vereinfacht, einer Entscheidung des Bundesgerichtshofes in der *Neuen Juristischen Wochenschrift*, 1997, Seite 1302.

Anwaltskammern und Ehrengerichte

Günter Holly, *Geschichte der Ehrengerichtsbarkeit der deutschen Rechtsanwälte*, 1989. Der Fall von 1883: Entscheidungen des Ehrengerichtshofs, Band 1, 1885, Seite 140, dazu Zuck, in: *Anwaltsblatt*, 2000, Seiten 3–4; Michael Kleine-Cosack, »Zukunft der Anwaltsgerichtsbarkeit«, in: *Anwaltsblatt*, 1999, Seiten 565–570.

Der Fehler mit dem Steuerrecht

Alfons Pausch, Johann Heinrich Kumpf, *Illustrierte Geschichte des steuerberatenden Berufes*, 1984: Der Aufsatz von Ernst Heinitz: »Die Rechtsanwaltschaft bei den Finanzgerichten«, in: *Festgabe für Otto Liebmann*, 1920, Seiten 219–227.

Mediation

Stephan Breidenbach, *Mediation*, 1995; Walter Gottwald, Dieter Strempel, Rainer Beckedorff, Udo Linke, *Außergerichtliche Konfliktregelung für Rechtsanwälte und Notare* (Loseblattausgabe) seit 1997; Martin Henssler, Stephan Breidenbach, *Mediation für Juristen*, 2. Auflage, 2000.

Die großen und die kleinen Kanzleien

Die Entscheidung des Bundesgerichtshofes von 1989: Beschluss vom 18. 9. 1989 in den Entscheidungen des Bundesgerichtshofes in Zivilsachen (BGHZ), Band 108, Seiten 290–295 (= BGHZ 108.290). Im Übrigen: Benno Heussen, *Anwalt und Mandant*, 1999, Seiten 119–123; Benno Heussen, »Anwaltschaft in Deutschland und USA«, in: *Anwaltsblatt*, 2000, Seiten 385–390. Die Anzeige von Clifford Chance in der *Frankfurter Allgemeinen Zeitung* vom 5. 1. 2000 auf Seite 21.

Hotline 0190 und noch eine Neuigkeit

Zu den Hotlines: Hans Buschbelt, »Telefonberatung – eine Herausforderung für die Anwaltschaft«, in: *Anwaltsblatt*, 1999, Seiten 579–586. Die bisher letzte Entscheidung dazu (negativ): Kammergericht Berlin, *Anwaltsblatt*, 2000, Seite 315. Die Stellungnahme der Bundesregierung als Drucksache des Bundestages Nr. 14/3959 ebenfalls aus dem Jahr 2000. Die Mindestanforderungen der

Rechtsanwaltskammer Berlin, in: *Berliner Anwaltsblatt*, 2000, Seite 110.

Die juristischen Fragen der Prozessfinanzierung durch FORIS und andere: Nina Dethloff, »Verträge zur Prozessfinanzierung gegen Erfolgsbeteiligung«, in: *Neue Juristische Wochenschrift*, 2000, Seiten 2225–2230.

Über den Zugang zum Recht informiert kurz und mit weiterer Literatur: Hubert Rottleuthner, *Einführung in die Rechtssoziologie*, 1987, Seiten 95–99.

Zwei Anwältinnen – stärker als ein Gesetz

Die einstweilige Anordnung des Bundesverfassungsgerichts vom 13. 4. 1983: *Neue Juristische Wochenschrift*, 1983, Seite 1307. Die endgültige Entscheidung vom 15. 12. 1983: *Neue Juristische Wochenschrift*, 1984, Seite 419.

Europa und die Anwaltschaft

Allgemein: Heinz Weil, »Die deutsche Anwaltschaft in der Europäischen Union«, *BRAK-Mitteilungen*, 1996, Seiten 11–15.

Die Entscheidung des Europäischen Gerichtshofs von 1974: *Neue Juristische Wochenschrift*, 1975, Seiten 513–515.

Zum Eignungsprüfungsgesetz von 1990: Wilhelm Feuerich, »Die Umsetzung der Diplomanerkennungsrichtlinie durch das Eignungsprüfungsgesetz für die Zulassung zur Rechtsanwaltschaft«, in: *Neue Juristische Wochenschrift*, 1991, Seiten 1144–1151.

Zum EuRAG: Barbara Lach, »Die Möglichkeiten der Niederlassung europäischer Rechtsanwälte in Deutschland«, in: *Neue Juristische Wochenschrift*, 2000, Seiten 1609–1614, dort auch die Zahlen der Eignungsprüfungen in Deutschland von 1991 bis 2000 in Anmerkung 36. Über die Eignungsprüfungen in Italien: Rodolfo Doce, in: *BRAK-Mitteilungen*, 1999, Seiten 162–164. Spanien: *Anwaltsblatt*, 2000, Seiten 246–247. Die Durchfallquote in Frankreich: *BRAK-Mitteilungen*, 1996, Seite 193.

Zum europäischen Gemeinschaftsrecht am besten: Michael Schweitzer/Waldemar Hummer, *Europarecht*, 5. Auflage 1996.

Die Robe

Allgemein: Ruth Schmidt-Wiegand, »Die Robe«, in: *Handwörterbuch der deutschen Rechtsgeschichte*, Band 4, 1990, Spalte 1092–1094, auch mit Nachweisen zur Sprachgeschichte des Wortes. Zum Robenstreit in Preußen: Adolf Weißler, *Geschichte der Rechtsanwaltschaft*, 1905, Seiten 310–313. Die Entscheidung des Bundesverfassungsgerichts von 1970: *Neue Juristische Wochenschrift*, 1970, Seite 851. Zum Vorstoß der Länder 1998: *Berliner Anwaltsblatt*, 1998, Seite 545.

Register

Advokat 100 f.
advocatus 100
Albrecht, Hans 152, 158
Allgemeine Geschäftsbedingungen 52
alternative Konkurrenz 91 f.
Antiphon 99
Anwältinnen 85 ff.
Anwalts-Aktiengesellschaft 130
Anwaltsdichte, Ausland 61 f.
Anwaltsdichte, DDR 134 f.
Anwaltsdichte, Deutschland 61, 135, 137
Anwaltsdichte, historisch 115
anwaltsgerichtliche Verfahren 178 ff.
Anwalts-GmbH 130
Anwaltshaftung, Ausland 43 f.
Anwaltshaftung, Deutschland 39 ff.
Anwaltshaftung, Geschichte 40 ff., 112 f.
Anwaltskammern 177 ff.
Anwaltskollegien (DDR) 134 f.
Anwaltsnotare 162
Anwaltsschwemme 57 ff.
Anwaltssuchdienste 80

Anwaltssuche 79 ff.
Anwaltsvertrag 39, 41, 169 ff.
Architektenhaftung 42 f.
Armenrecht 167
Arzthaftung 42 f.
Assessorexamen 28
Assistenzräte (Preußen) 103 f.
Ausbildung der Anwälte, Deutschland 27 ff.
Ausbildung der Anwälte, England 28
Ausbildung der Anwälte, Spanien 29
Ausbildung der Anwälte, USA 28 f.
Ausbildungsreform 63 f.
avocat (frz.) 101
avoué (frz.) 101

barrister 28, 101
Becker, Nicolas 152 ff.
Befähigung zum Richteramt 27 f.
Beglaubigungen 159
Benjamin, Hilde 133
Beratungsgebühr 81
Beratungshilfe 167
Berufsordnung 1996 129
Beurkundungen 159

247

Beweislast 25
Bräutigam, Hansgeorg 153 ff.
Bundesrechtsanwaltskammer 127
Bundesrechtsanwaltsordnung 1959 127
Bundesverfassungsgericht 1987 128 f.
Bund Nationalsozialistischer Deutscher Juristen 125

Clifford Chance 212 f.
Co-Mediation 204

da mihi factum, dabo tibi ius 56, 75
DDR 133 f.
Demosthenes 99
Deutscher Anwaltverein 117, 124 f.
Diplomjuristen 133, 136 f.
Düsseldorfer Tabelle 45

Eignungsprüfungen 227 f.
Europäische wirtschaftliche Interessenvereinigung 130
Europäisierung der Anwaltschaft 131 f., 225 ff.
Ehrengerichtsbarkeit 124, 178 ff.
Erfolgshonorar 131, 165
Erzberger'sche Finanzreform 191

Fachanwälte 82, 130
FORIS 131, 219
Frank, Hans 125

Frauen als Anwälte 85 ff., 122
Frauenstudium 86
Frauen, Zulassung zu juristischen Berufen 86 f.
Freie Advokatur 124 ff.
Fürsprecher 100

Gewerbesteuer 123
Gneist, Rudolf von 116
Gouge, Olympe de 85
Großkanzleien 129, 210 ff.

Haftpflichtversicherung 42
Heinitz, Ernst 191
Heussen, Benno 78
Honecker-Prozess 151 ff.
Honorare 163 ff.
Honorarvereinbarungen 165
Hotline 0190 131, 215 ff.

immunity of the bar 43
informationelle Selbstbestimmung 223
Interessenschwerpunkte 81
Isenbiel, Oberstaatsanwalt 24
Isokrates 99
iura novit curia 50

Jhering, Rudolf von 218
jüdische Anwälte 119 ff.
Juristentag 1933 125
Justizdichte 20 ff., 135
Justizkommissare (Preußen) 104 f.

Keßler, Heinz 152, 158
Kirchmann, Julius von 138

Lasker, Eduard 119
lawyer 101
Leasingvertrag 50f.
Leonhardt, Adolf 118
Lewald, Hans 123
LLM 8
Logographen 99
Lokalisierung 132
Lokalitätsprinzip 132

Mauz, Gerhard 152
Mediation 131, 196ff., 203ff.
Mielke, Erich 152, 156
Miquel'sche Steuerreform 193f.
Müller, Arnold 103

Nirk, Rudolf 127
Noelle-Neumann, Elisabeth 223
Notare 159ff.
notarius 160
numerus clausus 58
Nur-Notare 161f.

öffentliche Urkunden 159f.
Organ der Rechtspflege 19f., 24, 180ff.

Palandt 91f., 96
Picht, Georg 59
positive Vertragsverletzung 39
procurator 99
Prokurator 100f.
Prozessfinanzierungsgesellschaften 131, 218ff.
Prozesskostenhilfe 60, 166f.

Rationalität 20
Recht auf informationelle Selbstbestimmung 223
Rechtsanwältinnen 85ff., 122
Rechtsanwalt, Wortgeschichte 105
Rechtsanwaltsaktiengesellschaft 130
Rechtsanwaltsgehilfen 65
Rechtsanwalts-GmbH 129f.
Rechtsanwaltskammern 119, 123
Rechtsanwaltsordnung 1878 118f.
Rechtsanwaltsordnung 1936 122f.
Rechtsberatungsmissbrauchsgesetz 122
Rechtsschutzversicherungen 60, 166
Reichsrechtsanwaltskammer 123f.
Referendarexamen 28
Rhetorik 99
Richterprivileg 49
Robe 231ff.
römisches Recht 99f.

Satzungsversammlung 129
Schily, Otto 151
Schmerzensgeld 14f., 17f.
Schriftsätze 65ff.
»sicherster Weg« 97f.
solicitor 28, 101
Sorgfaltspflichten des Anwalts 39ff.
Staatsexamen 29, 63, 134

249

Staatsexamen, Noten 30
Stadler-Euler, Maja 221 ff.
Standesrichtlinien 128 f.
Steuerberater 193 ff.
Steuerbevollmächtigte 191 ff.
Steuerrecht 191 ff.
Stoph, Willi 152, 156
Strafgerichte 75
Strafrecht 145
Strafverteidung 145 ff.
Streletz, Fritz 152, 158

tabelliones 160
tabularii 160
Tätigkeitsschwerpunkte 81
Top Quality Management 131

überörtliche Sozietäten 129
Unabhängigkeit der Justiz 73
Unterhaltsabänderungsklage 47
Unterhaltsleistungsklage 47
Unterlassungsanspruch 17
Unterlassungserklärung 14 ff.

Unterlassungsklage 15
Untersuchungsgrundsatz 75 f.

Verfahrensabsprachen im Strafprozess 149
Verfassungsgerichtshof des Landes Berlin 158
Vergleich 185 ff.
Verhandlungsgrundsatz 76
Verwaltungsrecht 145
Volkszählungsgesetz 1983 220 ff.

Weber, Max 20
Weißler, Adolf 58
Werbung 83 f., 131
Wild, Gisela 221 ff.
Winkeladvokaten 102
Wolff, Friedrich 151 ff.

Ziegler, Wolfgang 152 ff.
Zivilgerichte 75
Zivilrecht 145
Zulassung zur Anwaltschaft 27 f.